Ernst Ebm

GIFT IM MUND

Amalgam bedroht unsere Gesundheit

Ein persönlicher Bericht, mit der Unterstützung
der führenden Wissenschaftler auf diesem Gebiet

Medizin & Neues Bewußtsein Verlags GmbH

Sämtliche Abdruckerlaubnisse für die in diesem Buch wiedergegebenen Zitate, Dokumente, Briefe, Zeitschriftenartikel usw. liegen, soweit sie urheberrechtlich geschützt sind, dem Autor vor. Zu besonderem Dank bin ich Prof. Dr. Altmann †, Dr. Djerassi, Prof. Dr. Hanson, Peter Mandel, Dr. Hans Raue und Prof. Dr. Till verpflichtet, die den Abdruck ihrer wissenschaftlichen Arbeiten genehmigten.

Die Namen der in diesem Buch genannten Ärzte sind zum Teil geändert — niemand soll hier persönlich für das Scheitern der Schulmedizin und für deren Blindheit gegenüber den Gefahren des Amalgams haftbar gemacht werden.

CIP-Kurztitelaufnahme der deutschen Bibliothek

Ebm, Ernst:
Gift im Mund : Amalgam bedroht unsere Gesundheit /
Ernst Ebm. — Wessobrunn :
Medizin & Neues Bewußtsein Verlags GmbH, 1985
ISBN 3-925610-00-6

Fotos: Ernst Ebm
Satz: Typografischer Betrieb ZERO, Rheinberg
ISBN 3-925610-00-6

Inhalt

In memoriam:
Professor Dr. Leopold Altmann,
Vater der Herdlehre in Österreich

Ich danke den Ärzten, die mich nach den Regeln der Alternativmedizin heilten. Ich danke aber auch jenen Ärzten, die sich jahrelang vergeblich bemühten, Grund und Ursache meines qualvollen Leidens zu erkennen. Sie konnten nur den richtigen Weg nicht finden, den Altmann schon vor Jahrzehnten wies.

Um anderen Menschen mein Schicksal zu ersparen, schreibe ich dieses Buch; das Honorar kommt ausschließlich Amalgamopfern zugute.

Der Autor

Der hippokratische Eid

Ich schwöre bei Apollon dem Arzt und bei Asklepios, bei den Mächten der Gesundheit und Genesung und bei allem Göttlichen als Zeugen, daß ich erfüllen will nach meiner Kraft und meines Geistes Vermögen diesen Eid und diese Verpflichtung:

Achten will ich meine ärztlichen Lehrer gleich meinen eigenen Eltern, mein Leben will ich mit ihnen teilen und von meiner Habe geben, wenn Sie ihrer bedürfen.

Ihre Nachkommen will ich gleich meinen Brüdern halten und sie lehren diese Kunst, wenn sie nach ihr verlangen, ohne Entgelt und ohne Vertrag. An Unterweisung und Vortrag und aller übrigen Lehre will ich teilnehmen lassen meine eigenen Söhne, die Söhne meiner Lehrer und Schüler, die durch Vertrag und ärztlichen Eid gebunden sind, sonst aber niemanden.

Meine Anordnungen will ich geben nach meinem Können und Wissen zum Nutzen der Leidenden, Verderben und Schaden ihnen aber wehren.

Auch werde ich tödliches Gift niemandem geben, mag er selbst darum bitten, und auch keinen Rat dieser Art erteilen . . . Lauter und gottgefällig will ich bewahren mein Leben und meine Kunst.

In welches Haus ich auch immer kommen mag, betreten will ich es zum Nutzen der Leidenden und mich enthalten jedes vorsätzlichen Vergehens und jeder schädigenden Tat . . . Wenn ich nun diesen Schwur halte und nicht breche, so möge ich mich meines Lebens und meiner Kunst erfreuen in Ehren bei allen Menschen für alle Zeit, wenn ich aber meineidig werde, soll alles Unheil mich treffen.

Übertragung von Dr. Erna Lesky - Innsbruck.

Vorwort

Als ich den Tatsachenbericht von Ernst Ebm las, fragte ich mich: Wie viele ähnlicher Fälle kenne ich jetzt schon? Es sind Tausende, Abertausende! Auch in der wissenschaftlichen Literatur findet man zahllose Fälle aufgeführt. Ein Beispiel von vielen: Der zu seiner Zeit weltbekannte Wissenschaftler Professor E. Jaensch schrieb über seine Erfahrungen mit Amalgam schon im Jahr 1916 (!) an seinen Kollegen Professor Alfred Stock und begann mit den Worten:

> »Sie erwerben sich ein Verdienst um die Menschheit, wenn Sie die Frage der Amalgamplomben ins Rollen bringen . . .«

Doch erst 10 Jahre später wurde der Brief in der »Zeitschrift für Angewandte Chemie« veröffentlicht. Zahllos sind die Mediziner, die Zahnärzte und Dentisten, die, teils, durch Zufall, Quecksilbervergiftungen durch Amalgamplomben erkannten, doch kaum einer wagte es, seine Erkenntnisse auch auszusprechen. Jeder, der sich gegen die Dogmen der Schulmedizin stellt, wird von den angeblichen »Experten« bekämpft und verfolgt. Darum kann man den Mut des Autors Ernst Ebm nur bewundern und nicht hoch genug einschätzen, weil er endlich das tut, was schon vor Jahrzehnten hätte getan werden sollen: Ebm klärt die Bevölkerung, die betroffenen Patienten, aufgrund der eigenen Erfahrungen auf. Die öffentliche Meinung wird jetzt die Experten und Verantwortlichen zwingen, zu den Tatsachen Stellung zu nehmen, die in diesem Buch aus der Sicht des Patienten aufgezeigt werden.

Professor Alfred Stock wagte schon vor Jahrzehnten offen zu sagen:

> »Die Ärzte sollten dieser Tatsache (der Amalgam-Quecksilbervergiftung) ernsteste Beachtung schenken. Es wird sich dann wahrscheinlich herausstellen, daß die leichtsinnige Einführung der Amalgame als Zahnfüllmittel eine arge Sünde an der Menschheit war!«

An den Tatsachen kommt nun keiner mehr vorbei.

September 1985 — Mats Hanson

1 Die Stunde Null

Der erste Teil der Tragödie begann an einem wunderbaren Sommermorgen, dem 15. August 1977. Ich machte Sommerurlaub im Salzburger Land und wollte bergsteigen. An diesem Tag sprang ich mit beiden Beinen gleichzeitig aus dem Bett, doch beim Zähneputzen verspürte ich plötzlich einen Stich im Rücken, als ob mir jemand ein Messer zwischen die Rippen gestoßen hätte. Mir riß es die Füße weg, ich stürzte zu Boden. Jede Bewegung verursachte teuflisch stechende Schmerzen in der Brustwirbelsäule und Lendengegend. Ich wollte laut rufen, doch nur ein leises Wimmern drang über meine Lippen.

Nach einer guten dreiviertel Stunde wurde endlich die Türe zu meinem Zimmer aufgestoßen, und ich hörte: »Papa, wann bist du denn endlich fertig . . .?!« Doch dann riß mein älterer Sohn entsetzt die Augen auf. »Bitte, hol schnell die Mama!« stöhnte ich. So rasch sie konnte, fuhr mich meine Frau in das Landeskrankenhaus Tamsweg. Ich hatte unsagbare Schmerzen. Drei Röntgenaufnahmen wurden gemacht und gleich von vier Ärzten sorgfältig studiert.

Ich verstand damals kaum ein Wort von dem lateinischen Fachchinesisch der Mediziner, ich hatte nur furchtbare Schmerzen und eine Wut im Bauch, denn draußen schien die Sonne so herrlich, und hier in dem verdunkelten Zimmer sah ich nur die traurigen Gesichter meiner Söhne und mußte tatenlos daliegen. Nach gut zwanzig Minuten Rätselraten der Ärzte vor dem Röntgenviewer hörte ich, ich solle auf Station B 7, im ersten Stock, aufgenommen werden.

»Ja, muß denn das sein?« protestierte ich heftig. »Ich bin doch im Urlaub!«

»Wie Sie wollen!«

»Was habe ich denn, bitte, was ist mit mir passiert?«

»Das können wir noch nicht genau sagen, darum wollten wir Sie ja aufnehmen . . .«

Langsam wichen die Schmerzen, die injizierten Mittel begannen zu wirken, und ich wollte lieber zurück auf den Bauernhof.

»Es wird ohnedies schon besser. Wenn nötig, komme ich morgen wieder vorbei, besten Dank!«

Eine halbe Stunde später sank ich in den Liegestuhl im Garten vor dem großen, schönen Bauernhaus und freute mich über die Natur. Weiße Wolken zogen über den sonst blitzblauen Himmel, Vögel sangen, eine Kuh brüllte im Stall, irgendwo wieherte ein Pferd. Ich war sehr müde. »Papa, können wir morgen auf die Perner-Alm?« »Aber sicher!« »Schön, dann gehen wir heute schwimmen!« Meine Söhne rauschten ab zum Schwimmbad.

Nach etwa sechs Stunden stellten sich die Schmerzen wieder ein. Ich hatte eine furchtbare Nacht. Tags darauf bekam ich wieder Injektionen, dazu auch Tabletten. So ging das eine ganze Woche. Dann übernahm eine junge Gemeindeärztin die Behandlung, um mir den dornenvollen Weg zur Klinik zu ersparen.

So ging auch die zweite Woche herum. Kein Wandern, kein Bergsteigen, kein Schwimmen. Nur Injektionen. Bestenfalls im Liegestuhl durfte ich hocken. Statt sich mit den Kindern in Wald und Flur zu tummeln, übernahm meine Frau den täglichen Transport zu den Ärzten. Der Urlaub war total verdorben. Nach der dritten Woche mußte ich zur Heimfahrt ein Taxi mieten. Ich lag auf den hinteren Sitzen, denn sechs Stunden gekrümmt hocken konnte ich ja auch nicht. Abends bei der Ankunft in Wien bat ich den Fahrer, mich in das auf chirurgische Fälle spezialisierte Böhler-Spital zu bringen.

Die Ambulanzzeiten waren natürlich schon längst vorbei, doch ein Gastarzt erbarmte sich meiner. Als er meine Leidensgeschichte gehört hatte, runzelte er die Stirn: »Das werden wir schon machen!« Ich bekam eine Injektion und fühlte kurz danach keine Schmerzen mehr. Ich konnte Treppen steigen, schmerzlos gehen, ja sogar wieder laufen. Ich konnte mich bücken, drehen, springen. Offen gesagt, ich verfluchte die »Kurpfuscherei« in Salzburg. Doch nach 48 Stunden waren die Schmerzen in unverminderter Heftigkeit wieder da.

Ich bekam wieder eine solche »Wunderspritze« und verlebte zwei schöne Tage. Nach 14 Tagen »Pendelverkehr« war der Gastarzt einmal nicht da. Ein anderer Arzt schüttelte den Kopf: »Mit dem Mittel kann ich Sie nicht weiterbehandeln . . .« und riet mir, ich möge doch zu Herrn Professor Braunex, dem Chef der neurochirurgischen Abteilung eines großen, modernen Wiener Spitals, gehen. (Wie ich viel später erfuhr, hatte mir der Gastarzt Cortison gespritzt.) Professor Braunex rief schon nach kurzer Untersuchung zu seinem Oberarzt: »Myelographie, morgen früh bitte!«

Da eine Abklärung raumbeengender Vorgänge im Spinalkanal der Wirbelsäule ohne diese wichtige Untersuchung nicht möglich ist und man schon in Tamsweg von einem Bandscheibenvorfall gesprochen hatte, biß ich in den sauren Apfel. Am nächsten Morgen wurde mir eine lange Nadel in die Wirbelsäule gestoßen und Jodöl eingespritzt. Dann wirbelte man mich, wie auf einem Karussell, herum und röntgte meine Wirbelsäule aus gut zwanzig Positionen. Der junge Oberarzt tat dies so perfekt, daß ich von der Prozedur rein gar nichts merkte.

»Sie operiere ich nicht, solange Sie noch gehen können!« sagte Professor Braunex am nächsten Tag. Das war mein Glück. Ich hatte diesen weltberühmten Arzt gebeten, mich — so oder so — auf jeden Fall zu operieren, denn ich hielt diese wahnsinnigen Schmerzen, die nun schon monatelang andauerten, nicht mehr aus. »Herr Professor . . .«, meinte ich devot, »ich habe seit August gut und gerne zwanzig Ärzte konsultiert, aber keiner weiß, was mir fehlt und woher diese Schmerzen kommen . . .« »Bei Ihnen ist das sehr diffizil . . . das können Sie als medizinischer Laie gar nicht verstehen!« meinte Professor Braunex. Ich ließ nicht locker: »Dann, bitte, Herr Professor, schreiben Sie mir doch auf dieses Blatt Papier, was *Sie* diagnostizieren, damit die anderen Ärzte nicht länger Rätsel raten müssen!« Damit hatte der weltbekannte

Spezialist wohl nicht gerechnet. Er winkte kurz mit der Hand ab und entschwand wortlos mit der Ärzte-Crew.

Die Stationsschwester teilte mir mit, daß mir Infusionen verschrieben wurden. Rote, grüne, blaue, gelbe Fläschchen baumelten an dem Galgen, und ich bekam täglich etwa einen ganzen Liter Flüssigkeit in die Venen gejagt. Insgesamt etwa 30 Liter.

Das schleichende Gift

Wie ich heute weiß, begann zu dieser Zeit, etwa sechs, sieben Monate nach dem plötzlichen Kollaps im Urlaub, das schleichende Gift, Amalgam, zu wirken.

Amalgam ist eine Zeitbombe, die nicht sofort explodiert. Wie Dr. Ralf Türk in seinem Buch »Herdgeschehen« (Verlag für Medizin, Heidelberg 1982) schrieb, wird der Ausbruch einer solchen Herderkrankung immer durch einen sogenannten »Zweitschlag« verursacht. Eine zusätzliche Erkrankung, eine schwere Verkühlung, Infektion, Grippe, ein Beinbruch etwa, eine Verletzung des Körpers. Dann bricht die lokale Abwehr des Körpers zusammen, und mit einer unheimlichen Fernwirkung beginnen die zumeist rheuma-, gicht- und ischiasähnlichen Schmerzen. Bei mir war es ein bis dahin unerkannter und unbeachtet gebliebener doppelter Wirbelbruch, der mir plötzlich zu schaffen machte.

Zu den im August 1977 aufgetretenen Schmerzen im Rücken, die ein Gehen, Stehen, Treppensteigen, Beugen, Kopfdrehen, ja, jede rasche Bewegung des Oberkörpers unmöglich machten, schlich sich jetzt auch ganz langsam ein ständiger Schmerz in den Augen ein. Tränenfluß und Lichtscheue, verbunden mit Krämpfen in der Augengegend, waren die Folge.

»Für die Augen kann ich Ihnen einen guten Tip geben«, meinte ein Freund. »Gehen Sie doch ins Otto-Habsburg-Spital (Name geändert), in die Augenabteilung. Lassen Sie sich die Tränenkanäle spülen, das hat Wunder bei mir gewirkt!«

Ich ging. Im Erdgeschoß in die Augenabteilung und dann wieder in die Neurochirurgie. In der Augenabteilung wurden mir die Tränenkanäle gespült — erfolglos. In der Neurochirurgie bekam ich Infusionen, wochenlang, monatelang. Als die Augenschmerzen immer unerträglicher wurden, entwickelte ich mich zum Schrecken der Augenabteilung. Ich kam fast täglich. Ich erhielt Tropfen für den Morgen, andere Tropfen für Mittag und eine Salbe, die ich abends einzustreichen hatte. Der einzige Erfolg dieser Prozedur: Die Augen röteten sich und verschwollen. Ich konnte allein die Straße kaum mehr betreten.

Meine Frau riet mir, Dr. Müller, einen der fähigsten Augenärzte von Wien, zu konsultieren. Nach einer gründlichen Untersuchung konnte ich hören: »Ihre Augen sind vollkommen gesund! Da haben die vom Otto-Habsburg-Spital mit Kanonen auf Spatzen geschossen . . . oder . . . da ist etwas anderes an den Schmerzen schuld!« Dr. Müller drückte mir ein ganze Reihe von Überweisungen an andere Fachärzte in die Hand.

Sein Kollege, Dr. Wächter, Facharzt für Radiologie, sollte mich durchleuchten, auf

Herz und Lunge prüfen und vor allem feststellen, ob alles mit den Zähnen und dem Kiefer in Ordnung sei. Dr. Klein sollte alle Laborbefunde erheben, ein Universitätsprofessor der Neurologie und andere Kapazitäten der Wiener Schulmedizin sollten den »Restzustand« meines geplagten Körpers begutachten. Als erstes brachte ich den Befund von Dr. Wächter, dem Facharzt für Radiologie, zurück (siehe Anhang Nr. 2). »Da ist soweit ja alles in Ordnung«, meinte Dr. Müller. »Sie hatten recht, die Zähne sind saniert, und Granulome gibt's auch keine!«

Das war also das Urteil der Schulmedizin.

Das Urteil der »alternativen Medizin« lautete aber wesentlich anders. Drei volle Jahre quälte ich mich von einem Arzt zum anderen und war bis damals Patient in acht Spitälern. Nach diesem qualvollen Leidensweg erst stellte ein einfacher Dentist mit einer Panorama-Röntgenaufnahme fest, daß sich deutliche Aufhellungen (fast in Zentimetergröße) in meinem Oberkiefer befanden. Diese wurden durch Amalgamsplitter verursacht, die beim Ausbohren der Füllungen vom Bohrer in das Zahnfleisch geschleudert worden waren. Oberarzt Dr. Chiari entfernte diese in seiner Wiener Privatordination operativ. Dr. Rudolf Ungar erstellte am 18. Dezember 1981 in Frankfurt ein Befundblatt für zahnärztliche Herddiagnostik (siehe Anhang Nr. 4).

Es ist jetzt jedem Leser — ob Mediziner oder Laie — selbst überlassen, diese beiden Befunde (Anhang Nr. 2 und 4) und Untersuchungsmethoden zu vergleichen und sich darüber ein eigenes Urteil zu bilden. Dr. Wächter, der Facharzt für Radiologie, konnte die von Amalgamsplittern verursachten Eiterherde im Oberkiefer nicht feststellen, weil er mich meine Stahlprothese im Mund behalten ließ. Aber Dr. Wächter fertigte auch eine Reihe von Einzelaufnahmen meiner Zähne — ohne Prothese — an und erkannte auch da nicht die Amalgamsplitter und die dadurch verursachten deutlichen Eiterherde. Allein durch diese Fehldiagnose war der so fähige Augenarzt Dr. Müller im März 1979 mit meinem Zahn-Status wie auch allen anderen erhobenen Befunden zufrieden. Er schüttelte den Kopf: »Ich finde nichts!«

Der Magen-Darm-Trakt rebelliert

Verdauungsstörungen sind keine Seltenheit, doch wenn man einen ganzen Monat Durchfall hat, gibt das schon zu denken. Ich suchte meinen praktischen Arzt auf und erhielt Tabletten. Keine Besserung, obwohl wochenlang die verschiedensten Medikamente probiert wurden.

Dieser Zustand hatte sich — wie das Augenleiden — kaum merklich eingeschlichen. Dr. Heberle runzelte die Stirn und überwies mich an den bekannten Internisten, Facharzt Dr. Sieb in der Wiener Leopoldstadt. Als auch seine Radikalkur erfolglos blieb, wies mich Dr. Sieb in das Spital der »Barmherzigen Brüder« ein. Krebsverdacht.

Aber meine Untersuchungsbefunde waren vollkommen einwandfrei. Blutsenkung 1 : 4. Ich wurde ausgehungert, eine Woche nur Suppe, dreimal täglich Einlauf.

Dann wurde ich rektoskopiert (Spiegeluntersuchung des Darmes), ein stecknadelkopfgroßer Polyp wurde entfernt, doch der war negativ. Dann wurde ich irrigoskopiert (eine röntgenologische Darstellung des Dickdarmes durch Kontrastmittel), aber auch diese Untersuchung verlief absolut negativ. Nach drei Wochen wurde ich entlassen. Noch immer mit Durchfall.

Langsam stellten sich auch Schmerzen in den Ellbogengelenken und den Knien ein. Ist es ein Wunder, daß ich von Arzt zu Arzt rannte?

Ich suchte namhafte Universitätsprofessoren auf. Doch auch das half nichts. Ich wurde die Schmerzen nicht los, mein Zustand wurde nur immer schlechter. Ich wurde in das Neurologische Krankenhaus der Stadt Wien »Am Rosenhügel« eingewiesen, wo ich vier Wochen lag, doch auch diese sorgfältige Behandlung blieb leider vollkommen erfolglos.

Ich suchte Dr. Zemann, einen Orthopäden, auf, der mich und meine Wirbelsäulenleiden seit über dreißig Jahren kennt. Das war der erste Arzt, der mit mir redete und sich wirklich bemühte, den Grund und die Ursache meines Leidens zu finden. Im Wartezimmer seiner Privatordination drängten sich die Patienten, doch Dr. Zemann untersuchte mich, fragte, fragte und fragte, fast zwei volle Stunden. Injektionen sollten meine Schmerzen lindern, Massage und eine Behandlung mit den verschiedensten Geräten sollten Besserung bringen. Leider schlug auch seine Therapie fehl.

Dann wurde ich in ein orthopädisches Spital eingewiesen und lag auch dort etwa vier Wochen. Der Klinikchef glaubte, ich simuliere.

Ich wurde täglich von einem Blinden massiert. Der sagte mir eines Tages: »Ich massiere jetzt 25 Jahre, aber ich habe noch nie so eine Muskelverspannung verspürt wie bei Ihnen, sagen Sie das Ihrem Arzt!« Ich teilte das dem Herrn Chefarzt mit. »Der Blinde soll sie massieren, nicht diagnostizieren!« sagte er. (Heute steht fest: Muskelverspannungen verursachten unter anderem gerade die Schmerzen im Rücken.)

Es kam zu einer unliebsamen Auseinandersetzung mit dem Chefarzt, weil ich protestierte, daß man an mir so lange herumquacksalberte und mir derartig starke iatrogene (vom Arzt verursachte) Schmerzen zufügte, die nicht zu der geringsten Besserung führten. »Würde sich auch nur die leiseste Besserung einstellen, würde ich alles gerne ertragen, aber so? Ich bin doch kein Versuchskaninchen!« Doch die Wogen glätteten sich bald. Bei der nächsten Chefvisite wurde ich sehr lange und überaus sorgfältig untersucht, und der Klinikchef beriet sich dann mit seiner Ärzte-Crew unklugerweise direkt an meinem Bett. Der Verdacht auf »Thalamus-Syndrom« wurde geäußert, wie ich hörte, und ein bekannter Professor von der Neurologischen Universitätsklinik einer fernen Landeshauptstadt wurde nach Wien zitiert. Nichts war's! Umsonst der weite Weg für den Herrn Professor — fast 1000 Kilometer.

»Umsonst eigentlich nicht«, meinte eine geistliche Krankenschwester. »Die Krankenkasse zahlt es ja . . . und der Herr Primarius und der Herr Professor sind doch gute Freunde, da geht das schon!«

Um weiteren »iatrogenen« Schmerzen zu entgehen, bat ich dann um Entlassung aus dem Spital. Zurück zu Dr. Zemann. Wieder stundenlange Gespräche in seiner Ordination in der Arbeitergasse in Wien-Margarethen. »Ich glaube, das ist bei Ihnen eine Allergie!«

Ich war bereits in einem Wiener Allergie-Ambulatorium vom Chefarzt selbst getestet worden (Originalbefund siehe Anhang Nr. 1). Ich bin nicht allergisch, hieß es dort. Doch die Vermutung von Dr. Zemann gab mir zu denken. Ich kaufte mir das Buch »Allergie, Theorie und Praxis« von Stork und studierte dieses wissenschaftliche Werk, so gut ich das als Laie eben konnte. Ich fand viele Parallelen zu meinen Beschwerden . . .

Dr. Zemann schickte mich dann zur Untersuchung zu Herrn Professor Dr. Ebinger im »Ambulatorium für Allergie und klinische Immunologie« in Wien (Originalbefund siehe Anhang Nr. 3). Als mir Professor Dr. Ebinger den Befund überreichte und sagte, ich sei nicht allergisch, platzte mir der Kragen. »Herr Professor, gibt es denn keine weiteren Tests? Ich bin überzeugt, ich *bin* allergisch, nur weiß ich nicht, wogegen . . .« »Woher wollen Sie denn das wissen?« Ich zitierte Dr. Zemann und wagte es, dann auch noch zu sagen: »Herr Professor, weil *ich* ja die Schmerzen habe, nicht Sie und auch kein anderer Arzt, habe ich mir das Buch ‚Allergie' von Stork gekauft und da . . .«

Jetzt bekam der so souverän dreinschauende Arzt einen roten Kopf: »Wenn Sie sich ein Kochbuch kaufen und darin lesen, sind Sie auch noch kein Koch . . . und Dr. Zemann soll sich als Orthopäde um die Füße der Patienten kümmern und nicht diagnostizieren, was Allergie ist und was nicht!«

Das saß. So spricht nur ein Gott. Einer von den »Göttern in Weiß«.

Acht Monate später nahm mir ein Wiener Naturheilarzt in seiner Praxis Blut ab und schickte es an eine renommierte Arzneimittelfirma bei Stuttgart zum Allergietest ein. Nach knapp drei Wochen kam schon die Gegensensibilisierung nach Professor Theurer zurück. Ich *bin allergisch.* Doch das konnte einer der Großen der Allergieforschung in Wien, Prof. Dr. Ebinger, im Rahmen der Schulmedizin nicht feststellen.

Damals wurde ich von Ärzten der Alternativmedizin immunisiert, und es trat sofort eine wesentliche Besserung des Gesamtzustandes ein. Die Heilung jedoch würde noch eine gute Weile dauern, sagte man mir, da ja so viele Jahre ungenützt verstrichen waren. »Ungenützt« möchte ich eigentlich nicht sagen. Lesen Sie, wie ein Oberarzt vom Otto-Habsburg-Spital damals meine Zeit »nützte«:

Eines Morgens wollte ich mich ankleiden, verspürte wieder diesen heftigen, stechenden Schmerz in der Wirbelsäule und stürzte. Ich konnte mich nicht mehr aufrichten. Meine Frau schleppte mich ins Bett.

Ich schluckte Tabletten, die mir — laut Plan — verschrieben waren. Sie wirkten. Ich lallte in der Folge. Schmerzen stillten sie nicht.

Ich rief meinen praktischen Arzt an und bat um einen Hausbesuch. »Heute unmöglich . . . Nehmen Sie noch eine oder zwei der Schmerztabletten und dann ein paar Schlaftabletten . . . es wird schon gehen. Morgen nachmittag komme ich dann vielleicht vorbei!« Als braver Patient tat ich, wie mir geheißen.

Dann mußte ich zur Toilette. Auf dem Rückweg zum Bett verspürte ich noch einmal einen schmerzhaften Stich, brach zusammen und stürzte mit dem Kopf auf die Elektroheizung. Ich blieb bewußtlos liegen. Zu mir kam ich erst vollkommen blutbeschmiert im Rettungswagen. Ich wurde im Spital vom Aufzug weg in einen sehr kühlen, finsteren Raum geschoben.

Ich hatte wahnsinnige Schmerzen. Ich rief, ich schrie. Niemand hörte mich. Endlich, nach vielen Stunden, vernahm ich Stimmen. Es kam eine Krankenschwester, die das Frühstück verteilte.

Ich bat um eine Tasse Tee und ein Stückchen Brot. »Sie sind nicht bei uns aufgenommen, da gibt's nichts!« Ich hatte schon 30 Stunden keinen Bissen gegessen, nur Tabletten geschluckt.

Dann wurde mir das Blut vom Schädel gewaschen und die Wunde versorgt. Ein Arzt kam und fragte nach dem Hergang meiner Verletzung. »Hauchen Sie mich an!«

Ich hauchte.

»Sie sind ja betrunken! Sie stinken nach Alkohol!«

Ich schwor, daß ich schon jahrelang keinen Tropfen Alkohol getrunken hatte, und bat, man möge doch meine Frau anrufen. Sie bestätigte, daß wir gar keinen Alkohol im Hause haben. Man glaubte ihr nicht und mir schon gar nicht. Mittagessen bekam ich nicht.

Um 14 Uhr kam nochmals der Arzt. »Hauchen Sie mich an!« Ich hauchte. »Ganz klar, Sie stinken nach Alkohol!«

Daß ich jetzt schon fast 40 Stunden keinen Bissen gegessen hatte und *daher* aus dem Mund roch, nahm der Arzt einfach nicht zur Kenntnis. Auch daß das Lallen und die undeutliche Spache nur von den starken Schmerz- und Schlaftabletten, der Chemotherapie, kam, glaubte er nicht. Er roch nur den Alkohol, den ich bestenfalls vor drei Jahren getrunken hatte.

Im Befund stand dann: »Fötor ex ore — Alkohol, undeutliche Sprache, lallend, wirkt verdämmert . . .« Es dämmerte mir wirklich schon damals einiges über die Schulmedizin, doch ich wußte noch lange nicht alles und vor allem nicht, was mir noch bevorstand . . .

Vier leidvolle Jahre

Dr. Zemann, selbst schon ratlos, weil auch seine sonst so erfolgreiche Behandlung nichts fruchtete, wies mich wieder in ein Orthopädisches Spital ein. Dr. Bauer und sein Ärzteteam taten wirklich alles Menschenmögliche, um mir nach den Regeln der Schulmedizin zu helfen. Dutzende Pulver, Pillen und Kapseln mußte ich schlucken. Nichts half, die Schmerzen blieben. Da hatte der Oberarzt einen Einfall.

Die Ärzte-Crew um mein Bett tuschelte. Dann nickte man bedächtig mit dem Kopf. Ich bekam eine Injektion ins Gesäß. Kurz darauf kam ich mir wie die biblische Figur vor, zu der gesagt wurde: »Steh auf, nimm dein Bett und wandle!« Ich konnte schmerzfrei aufstehen und gehen. Ich hatte ganz plötzlich wieder keine Schmerzen mehr und konnte auch die Augen öffnen und in die Gegend schauen. Keine Krämpfe, kein Brennen in den Augenwinkeln. Ich war glücklich. »Schwester, was ist denn das für ein Wundermittel?« fragte ich. »Scherisolon!«

So ging es zwei Wochen, dann fragte mich Dr. Bauer bei der Chefvisite nach meinem Befinden. »So gut, Herr Doktor, daß Sie mich zur Olympiade in Moskau anmelden könnten!« Ich wurde entlassen.

Aber nach zehn Tagen war alles wieder beim alten. Ich konnte wieder nicht gehen, nicht Treppensteigen, kaum sitzen, konnte nicht mehr allein die Notdurft verrichten, konnte nicht baden, mich nicht waschen, nicht bücken, dazu kamen die schier unerträglichen Augenschmerzen und der Durchfall, von den immer stärker werdenden Schmerzen in den Gelenken und Knien erst gar nicht zu reden.

Ich wankte in die Privatordination des Klinikchefs Dr. Bauer. Die Untersuchung dauerte diesmal sehr lange. Der Arzt machte ein sehr ernstes Gesicht. »Seit wann haben Sie überhaupt Rückenschmerzen?« »Seit meiner Verwundung an der Südfront 1944, doch das hat sich dann gegeben und trat nur mehr rezidivierend (zeitweise wiederkehrend) auf. Die Schmerzen waren aber damals in der Brustwirbelsäule.« »Das ist egal«, meinte Dr. Bauer. »Es hat sich gezeigt, daß auch bei örtlichen Beschwerden und Veränderungen bestimmter Wirbelsäulenabschnitte — Halswirbelsäule, Brust- oder Lendenwirbelsäule — stets der *gesamte* Wirbelsäulenorganismus betroffen ist und behandelt werden muß!«

Jetzt wurden von meiner gesamten Wirbelsäule neuerlich Zielaufnahmen gemacht. Dr. Bauer riet mir dann zu einer Placenta-Implantation, die dann im Orthopädischen Spital in Speising durchgeführt wurde. Erfolglos.

Monatelange Heilbehandlung mit Munari-Packungen und anschließender Heilmassage kosteten zwar viel Geld, brachten aber auch keine Hilfe. Die Krankenkasse zahlte alles. Ein dreiwöchiger Kuraufenthalt in Bad Schallerbach war für die Krankenkasse nicht gerade billig, dafür aber vollkommen erfolglos. Ich wurde Stammkunde beim ärztlichen Notdienst. Kaum eine Woche verging, in der ich nicht infolge der rasenden Schmerzen den Notarzt zu mir bitten mußte.

Wegen meiner Augenschmerzen wurde mir Professor Dr. Lund empfohlen, der auch das Augenleiden des österreichischen Exbundeskanzlers Dr. Bruno Kreisky behandelte. Ein Mann von Weltruf. Nach drei Untersuchungen hörte ich: »Ihre Augen sind absolut gesund . . . ich wünschte, ich hätte die Ihren!« »Was soll ich tun, Herr Professor?« Der Gelehrte zuckte mit den Achseln. Die anderen Ärzte tippten sich schon an die Stirn. Man hielt mich offensichtlich für verrückt.

Ich konsultierte eine überaus fähige Ärztin im Orthopädischen Spital Gersthof. Ich kam ein-, zweimal die Woche in ihre Privatordination, monatelang. Ich erhielt Injektionen und sogar einen Stundenplan, nach welchem ich die verschiedensten Tabletten einnehmen mußte. Bis sie mir eines schönen Tages sagte: »Bei Ihnen bin ich mit meinem Latein am Ende . . . ich will Ihnen nicht das Geld aus der Tasche ziehen, wenn sich keine Erfolge zeigen.«

Der erste Lichtblick in meiner damals so dunklen Gegenwart war der Augenarzt Dr. Krascenics. Er sagte: »Ich glaube Ihnen. Ich sehe, daß sie Schmerzen haben.

Doch wir müssen zuerst den Grund und die Ursache der Schmerzen finden, nur dann können wir heilen. Jetzt können wir nur die Schmerzen lindern.« Dr. Krascenics verschrieb mir Augentropfen, die tatsächlich wirkten. Die oftmals unerträglichen Schmerzen in den Augenwinkeln sanken wenigstens zeitweise auf ein Minimum.

Wenn mein genereller Zustand wieder schlimmer wurde, bat ich jeweils einen der vielen Ärzte, die sich um mich bemühten, um Scherisolon-Injektionen, die mir erstmals im Orthopädischen Spital von Dr. Bauer gegeben worden waren und so wunderbar wirkten. Aus Scherisolon wurde Predinsolon. In Ampullen und Tabletten. Dieses Mittel war neu und angeblich besser.

Die Schmerzen vergingen und kamen dann mit unverminderter Wucht wieder. Vier lange Jahre. Ich war am Ende meiner Kräfte.

Der vorläufig letzte Akt der Tragödie der Schulmedizin begann. Ich konnte fast nur noch mit geschlossenen Augen im Bett liegen. Zeitunglesen oder Fernsehen war unmöglich. Ich mußte nicht nur angezogen, gewaschen, gefüttert werden, man mußte mich auch führen, wie einen Blinden. Ich mußte ständig eine 85prozentig verdunkelte Brille tragen.

Öffentliche Verkehrsmittel konnte ich nicht mehr benützen, nur in einem großen Taxi konnte ich vorne qualvoll sitzen. So fuhr ich zu den Ärzten, von denen ich mir noch immer Hilfe erhoffte. »Doktor, helfen Sie mir!« flehte ich Dr. Zemann an. »Ich bin am Ende.«

»Sind Sie nicht«, erwiderte der Arzt. »Ich sehe an Ihren Reaktionen, daß Sie eine Allergie haben. Nur wie herausfinden. Lassen Sie uns noch etwas Zeit!«

Ich konnte nur dulden und leiden. Sagen konnte ich nichts mehr. In meiner Not ließ ich mich noch einmal ins Spital Gersthof bringen. »Um Himmels willen«, rief die Ärztin dort entsetzt, »Sie haben ja schon ein Cushing-Syndrom!« »Was hab' ich?« »Ein Cushing-Syndrom, ein Cortison-Gesicht!« Jetzt erfuhr ich, daß Scherisolon und Predinsolon in Ampullen und Tabletten *Cortison*-Präparate sind, die erhebliche Nebenwirkungen hervorrufen können. »Sie müssen sofort ins Spital!« Sie griff zum Telefon. »Ich gehe in kein Spital mehr!« »Dann können Sie auch zu Hause sterben!« Das war ein Hieb in die Magengegend. Schließlich stimmte ich der Einweisung zu.

Obwohl es Anfang Mai war, wurde ich in Decken gewickelt. Ein Schnupfen, eine Verkühlung, hätte mein Tod sein können, sagte man mir. Mein Körper hatte durch die Cortisonbehandlung keine Widerstandskraft mehr. Nach drei Wochen hörte ich, die Station B sollte geräumt werden. Die Maler und Anstreicher standen vor der Tür. Ich bekam den Entlassungsschein, hatte aber immer noch die gleichen Schmerzen im Rücken, in den Augen, in den Gelenken.

Durch einen reinen Zufall besuchte uns drei Tage später ein junger frischgebackener praktischer Arzt. Dieser Mediziner schwörte auf Naturheilmethoden. Ich hatte — wie ich heute weiß — wieder einen der stürmischen allergischen Schübe mit starken Augenschmerzen.

Der junge Arzt sah mich eine Weile an. »Ich bin zwar kein Augendiagnostiker, aber Ihr Körper ist total verherdet . . .« Er reichte mir seine Karte. »Gehen Sie zu meinem Freund, einem Dentisten, der wird Sie testen!« »Zu einem Dentisten soll ich gehen? Universitätsdozent Dr. Wächter hat meinen Kiefer geröntgt, ich habe noch die Aufnahmen, und der Facharzt und Sachverständige der Zahnheilkunde Dr. Schmoll hat mich vor wenigen Tagen sorgfältigst untersucht und begutachtet. Beide sagten, mein Kiefer sei vollkommen saniert und in Ordnung!« »Warten Sie ab, was dieser Dentist sagt!«

800 Millivolt Strom im Mund

Ich saß mit weitgeöffnetem Mund im Behandlungsstuhl des Dentisten. Ich wurde gedreht und gewendet und geröntgt. Die Assistentin holte ein Gerät herbei, an dem zwei Metallstäbchen hingen. Der Dentist drückte auf verschiedene Knöpfe und stocherte mit den Metallstäbchen in meinem Mund herum. »Da haben wir es ja!« rief der Dentist. »Sie haben über 800 Millivolt Stromspannung im Mund . . . Amalgam neben einer Goldkrone!«

»Was habe ich, bitte sehr? 800 Millivolt Stromspannung im Mund?«

»Wenn Sie es durchaus nicht glauben wollen, da — schauen Sie her!« Der Dentist berührte wieder zwei meiner Zähne rechts unten mit den Stäbchen, und ich konnte durch meine 85 Prozent verdunkelten Brillen einen Zeiger fast am Anschlag pendeln sehen. »Ich bohre Ihnen diese Amalgamplombe aus, es wird Ihnen gleich besser werden!«

Schon surrte der Bohrer, Wasser spritzte umher, ich schloß die Augen.

Als er den Bohrer wechselte, öffnete ich ein ganz klein wenig die Augen: Ich verspürte keinen Schmerz mehr. Ich nahm die dunkle Brille ab. Ich konnte schmerzfrei schauen, der Lichteinfall verursachte mir keine Qualen mehr. Träumte ich? Das konnte nicht wahr sein! Er bohrte weiter. Ach, schoß es mir durch den Kopf, da hab' ich halt gerade einmal keinen Schub. Das wird schon wieder kommen. Es kam nicht wieder, doch ich sagte vorerst kein Wort von dem Wunder, weil ich selbst noch nicht daran glauben konnte. Nach dem Einsetzen einer Porzellanplombe fragte er:

»Na, wie fühlen Sie sich?«

»Hm, etwas . . . etwas besser!«

Die Röntgenbilder waren fertig. »Da, schauen Sie her! Sie haben auch noch zwei große Eiterherde im Oberkiefer. Da sitzen zwei Amalgamsplitter drin, und rundherum, sehen Sie da, diese beiden Kreise?« Ja, die sah ich. Klar und deutlich. »Wie kommen denn diese Amalgamsplitter in den Oberkiefer?«

»Amalgam als Füllungsmaterial muß ja auch wieder ausgebohrt und erneuert werden. Bei 3000 bis 5000 Umdrehungen des Bohrers in der Minute werden kleine Amalgamsplitter in den Kiefer geschleudert, und darum herum bilden sich dann Eiterherde. Den Eintritt der Splitter in den Kiefer merken Sie nicht, weil das kaum blutet. Und dann spülen Sie ja auch meistens mit Wasser nach.«

Ich war beeindruckt. Die Eiterherde im Oberkiefer sah ich auf dem Röntgenbild ganz deutlich, doch daß meine Augenschmerzen jetzt vorbei sein sollten, konnte ich noch immer nicht glauben.

»Welche Schmerzen haben Sie noch?«

»Im Rücken und in den Gelenken vor allem . . .«

»Ich probiere etwas, das ich erst kürzlich bei einem Kurs in Deutschland gelernt habe. Ich werde Sie im Mund akupunktieren. Wenn dann die Schmerzen sofort weg sind — man nennt das ein ‚Sekundenphänomen'* —, ist das der Beweis, daß Herde für Ihre Schmerzen verantwortlich sind.«

Der Dentist füllte eine kleine Injektionsspritze mit einer hellen Flüssigkeit und stach mich sechs-, sieben-, achtmal in den Ober- und Unterkiefer. Die Schmerzen waren weg. Ich konnte die Arme, die Beine schmerzlos bewegen. Auch die Rückenschmerzen hatten sehr nachgelassen. Ich sprang von dem Stuhl wie ein Gesunder.

»Glauben Sie mir jetzt?«

»Ja, gewiß, und ich kann auch schmerzfrei sehen!«

»Freuen Sie sich aber nicht zu früh, diese Schmerzen kommen wieder. Die Herde müssen entfernt werden, und das ganze Amalgam muß raus!«

Mir schwirrte der Kopf. Wachte oder träumte ich? Fünf Jahre hatte ich Schmerzen, die man sich kaum vorstellen kann, und mußte eine stark verdunkelte Brille tragen. Jetzt sah ich die Bäume grün, so grün, wie sie wirklich waren. Nicht nur schwarze Schemen durch eine Blindenbrille. Ich konnte schmerzfrei gehen, laufen, konnte die Arme bewegen, ohne vor Schmerz zusammenzuzucken.

Aber die Schmerzen kamen wieder, wie der Dentist gesagt hatte. Am nächsten Samstag saß ich schon um 9 Uhr wieder in seiner Praxis.

Ich mußte die nackten Füße auf Metallplatten stellen, in einer Hand einen Metallgriff, umwickelt mit feuchter Gaze, halten, und er drückte mir einen dicken, roten Stift mit einer kleinen runden Kugel an der Spitze gezielt auf Punkte meiner rechten Hand und der Finger. Dieser Stift war mit einem Apparat verbunden, der laut und leise, hoch und tief summte und pfiff. Auf einer Skala schlug ein Zeiger aus. Dann kamen die linke Hand dran, die Beine und die Zehen.

Nach über drei Stunden erklärte mir der Dentist: »Sie sind schwer allergisch . . .« Ich blickte ihn verwundert an, denn bisher hatte das nur Dr. Zemann behauptet. Der Herr Universitätsprofessor hatte das ja bestritten. »Und wogegen bin ich allergisch?« »Gegen Quecksilber und Kupferamalgam!« »Was haben Sie noch herausgefunden?« »Sie haben Störungen, welcher Art, weiß ich natürlich nicht, im Dick- und Dünndarm, starke Entzündungen im Kieferbereich, mit den Augen und Gelenken stimmt etwas nicht, aber das sagten Sie mir ja. Dann ist etwas nicht in Ordnung mit dem Blinddarm und den Mandeln . . . oder den Narben, wenn sie keine mehr haben, auch mit der Prostata gibt es Probleme, mit den Lymphknoten, auch mit der Leber,

* Siehe Fremdwörterverzeichnis im Anhang.

Galle, Niere. Sie haben wahrscheinlich auch zuviel Schlaftabletten und andere Medikamente genommen, und dann ist da noch etwas mit dem Magen, ja, und unter Muskelverspannungen dürften Sie auch leiden. Das ist meine Diagnose. Ich bin für die Zähne, für Amalgam, zuständig, das andere muß ein Arzt behandeln.«

Ich schluckte. »Und das haben Sie alles mit diesem Apparat herausgefunden?« »Ja.« »Dann raus mit dem Amalgam aus meinen Zähnen! Aber schnell!«

»Langsam, langsam. Nicht alles auf einmal. Sonst kriegen Sie einen Kollaps!« Ich drängte: »Auf mein Risiko. Raus mit all dem Amalgam. Und zwar sofort!«

Der Dentist bohrte und bohrte. Um 16 Uhr hatte ich statt Amalgam- nur noch Porzellanplomben im Mund und fühlte mich wie ein junger Gott. Aber nur knapp 24 Stunden. Dann brach die Hölle über mich herein. Es ging ganz plötzlich. Schlagartig waren die Schmerzen wieder da, die ich schon für alle Ewigkeit los zu sein glaubte. Sie schienen ärger als je zu vor. Das war der Kollaps, den mir der gute Mann vorausgesagt hatte. Es war, als ob man mir Reibsand in die Augen gestreut hätte, ich konnte die Lider nicht mehr öffnen. Erst gegen 4 Uhr morgens wurde mir schlagartig besser. Ich konnte die Augen wieder öffnen. Nur die Schmerzen in den Gelenken und im Rücken blieben.

Bei einem neuen Akupunktur-Test stellte mir der Dentist Nosoden (kleine Ampullen mit homöopathischen Präparaten) zusammen, die mir der Naturheilarzt injizierte.

So pendelte ich zwei Monate zwischen den beiden hin und her. Mein Zustand wurde einmal besser, dann wieder schlechter. Mein Körper kämpfte gegen das Gift: Quecksilber, Cortison, Schmerztabletten, Schlaftabletten, kurz: Medikamentenabusus. Allerdings waren mir die Medikamente von den Ärzten der Schulmedizin verschrieben worden.

Similia similibus curantur

Die von der Schulmedizin noch belächelte Homöopathie beruht auf dem Grundsatz: »Ähnliches mit Ähnlichem heilen« — mit anderen Worten: Dem Körper werden die Dinge, die ihn krank machen, in ganz geringen Mengen zugeführt, und er entwickelt von sich selbst aus die notwendigen Abwehrkräfte. Da gibt es keine chemischen Stoffe, die den Körper erst richtig ruinieren, da hilft die Natur sich selbst. Das geht allerdings nicht von heute auf morgen. Eine Giftspritze der Chemie mit einem schmerzstillenden Mittel wirkt natürlich schneller. Nur muß der Körper dann gleich zwei Belastungen ertragen. Das eigentliche Leiden und auch noch das Gift, das ihm in Form von Pillen, Pulvern, Kapseln, Zäpfchen und Injektionen zugeführt wird.

So wurde ich von den beiden Naturheilern vier Monate lang behandelt. Ich fühlte mich zwar noch nicht »topfit«, doch es ging mir wesentlich besser. Vor allem konnte ich wieder ohne die dunkle Brille in die Welt blicken. Dr. Zemann hatte ich monatelang nicht gesehen. Jetzt wollte ich ihn, den Schulmediziner par excellence, überraschen.

An der Tür empfing ich ihn freudig lächelnd ohne dunkle Brille und ohne Stock, stramm dastehend wie ein Zinnsoldat.

»Was? Das ist der Ebm? Mir bleibt die Spucke weg!«

Zemann wollte wissen, welch ein Wunder da geschehen war. Ich erzählte ihm die Amalgam-Geschichte, und er fragte: »Also *doch* eine Allergie?« »Ja. Ganz sicher. Ein Naturheilarzt desensibilisiert mich jetzt nach der Methode von Professor Theurer.« Ich verheimlichte ihm nicht, daß ich noch nicht »ganz auf dem Damm« war, daß ich noch immer Schmerzen hatte und fallweise auch Schübe.

Dr. Zemann, der Arzt, der mein Leiden jahrelang verfolgt hatte, beschloß, seinem Kriegskameraden, Dr. Kurt Steyrer, dem österreichischen Gesundheitsminister, einen Bericht zu schreiben. Ich stimmte freudig zu. »Vielleicht kann der Gesundheitsminister da etwas ändern . . .?« »Ganz sicher!« Es war der 12. August 1981.

Ich wußte damals noch nicht, wie viele Schmerzen ich noch zu ertragen hatte, wie viele schlaflose Nächte es noch kosten würde, bis ich dem Herrn Gesundheitsminister gegenübertreten konnte als leibhaftiger Zeuge für die Folgen einer wahllosen und unkontrollierten Verwendung von Amalgam als Füllung für die Zähne der Patienten.

Ich wurde nur mehr nach Naturheilmethoden weiterbehandelt. Nun allerdings unter den Argusaugen der Schulmedizin. Dr. Zemann ließ sich laufend berichten. Ich selbst recherchierte. Ich fand medizinische Literatur, die Jahre, Jahrzehnte zurückliegt, die aber bisher immer totgeschwiegen wurde. Und ich fand auch neueste Forschungen, die sich unmittelbar mit meinem Problem (und dem vieler anderer) befaßten, die ebenfalls weithin verschwiegen werden.

So hat zum Beispiel Dr. Hans Raue in Wiesbaden in einer seiner Arbeiten festgestellt, daß »Mundbatterien« viele chronische Schmerzzustände, Haut-, Magen- und Darmkrankheiten vor allem, verursachen. Da die Oberfläche einer Amalgamfüllung im Mund durch den Kau- und Eßakt immer einer Abrasion (Abschleifung) unterworfen ist, bildet sich nahezu nie eine sogenannte Deckschicht an der Kontaktfläche. Dazu kommen noch die Zahnputzgewohnheiten und außerdem die Möglichkeit, daß zusätzliche Auflösungserscheinungen durch verschiedene Lösungen auftreten, wie zum Beispiel Kochsalz. Ganz besonders löst sich Amalgam durch *Fluorzahnpasten*. Eine Deckschicht kann sich also nur in jenen seltenen Fällen bilden, wenn zum Beispiel gegenüber kein Zahn mehr vorhanden ist. Somit findet bei *jeder* Amalgamfüllung gegenüber dem Mundboden und noch mehr bei Anwesenheit anderer Metalle im Mund (Gold, Silber) ein *Stromfluß* statt, der auch *meßbar* ist! Dadurch lösen sich ganz langsam kleinste Teilchen aus der Füllung.

Dr. Hans Raue macht den Vorschlag, unbedingt Strommessungen im Mund zu machen, um rechtzeitig vorsorgen zu können. Raue warnt vor diesbezüglicher Nachlässigkeit und vor der Möglichkeit, Fehldiagnosen zu stellen, wenn die toxischen Schadwirkungen nicht richtig erkannt werden.

Als Gesundheitsstörungen durch Amalgame im Mund nennt Raue: Kopfschmerzen, Gesichtsneuralgien, Migräne, Schwindel, Ohrensausen, Herz-Kreislauf-Störungen, Darmerkrankungen, Hautkrankheiten, rheumatische Beschwerden und noch viele andere Leiden, die kein Mensch in Zusammenhang mit Zahnfüllungen, mit Amalgam, bringen würde. Ich setzte mich mit Dr. Raue sofort in Verbindung. Wer ganz genau wissen will, was Dr. Hans Raue als Augenarzt (!) schon vor Jahren schrieb, lese seine Veröffentlichungen in den Zeitschriften »Ärztliche Praxis« und »Augenarzt« (siehe Anhang Nr. 17-19).

Dr. Raue rechnet aus seiner eigenen praktischen Erfahrung hoch, daß in der Bundesrepublik Deutschland in einem Untersuchungszeitraum von knapp zwei Jahren 200.000 Patienten (!) wegen teilweise erheblicher Beschwerden allein durch erhöhte Mundstromwerte infolge *Amalgams* zu ihren Ärzten gehen, diese die Ursache aber nicht diagnostizieren können, weil ihnen über den gesamten Komplex (bis auf wenige Ausnahmen) praktisch nichts bekannt ist.

Als ich Dr. Zemann Veröffentlichungen von Dr. Hans Raue vorlegte, konnte er es kaum fassen, daß Hunderttausende mein Schicksal teilen, die Ärzte der Schulmedizin davon wissen, aber dagegen nichts tun. »Da muß doch endlich etwas geschehen«, meinte er trocken. Aber was? Ich nannte den Namen Dr. Josef Issels.

Ein warnendes Beispiel?

Erinnern Sie sich an diesen Arzt, der versuchte, mit anderen Methoden als denen der Schulmedizin den Krebs zu bekämpfen? Dieser wohl umstrittenste Krebsarzt der Welt betrachtete Krebs multikausal, als eine Erkrankung des *gesamten* Organismus. Er war davon überzeugt, ein *gesunder* Körper könne trotz (umwelt-)schädigender Einflüsse nicht an Krebs erkranken. Deshalb, meinte er, müßten vor allem die Krankheitsursachen bekämpft und ausgeschaltet werden, die das Zusammenbrechen der Abwehrkräfte des Körpers verursachen und dadurch erst die Tumorbildung ermöglichen beziehungsweise nicht mehr verhindern können. Diese Ansicht versuchte Dr. Issels anno 1953 auch der Schulmedizin nahezubringen.

Issels hatte mit seiner homöopathischen Bekämpfungsmethode vielfachen Erfolg. Man schickte ihm todkranke, bereits aufgegebene Patienten. Wenn Issels sie heilte, hatte sich die Schulmedizin »geirrt«: Diese Patienten wären ja gar nicht krebskrank gewesen. Starb aber einer der Todeskandidaten, begann das laute Geschrei. Nach einem Intrigenspiel sondergleichen klagte man Issels wegen Betrugs und fahrlässiger Tötung an. Am 31. Juli 1961 wurde der Arzt von der zweiten Strafkammer des Landesgerichts München II zu einem Jahr Gefängnis verurteilt.

Der Verteidiger legte Berufung ein. Am 9. Dezember 1964 ging der zweite Prozeß zu Ende. Issels wurde in allen Anklagepunkten freigesprochen. Man hatte den Freispruch erwartet, die Stimmung im Publikum, in der Öffentlichkeit, war zu eindeutig geworden, besonders die Tagespresse war für Issels eingetreten.*

Seit 1979 gibt es keine »Issels-Klinik« mehr. Dr. Issels arbeitet nur mehr in seiner Privatpraxis. Issels ist dennoch stiller Sieger über die Schulmedizin geblieben. Denn

* Siehe auch das Buch von D. Sonntag: »Dr. Issels, Protokoll eines Skandals«, Gehrden 1985.

heute wird seine Methode, seine Idee, die eigentlichen Krebsursachen von »innen her« und mit verschiedenen Therapien gleichzeitig zu bekämpfen, von immer mehr Ärzten praktiziert — auch wenn die Schulmedizin nach wie vor dagegen ist und man endlose Summen vollkommen sinn- und zwecklos auch weiterhin in die schulmedizinische »Krebsforschung« steckt.

Was hat Dr. Issels aus seinen bitteren Erfahrungen gelernt? Es ist einfacher, die offizielle Lehrmeinung der Schulmedizin zu unterlaufen, als ihr offen eine Alternative anzubieten. Diese Situation habe ich mit Dr. Zemann besprochen. »Wir müssen trotzdem weitermachen!«

Dr. Ungar hatte einmal gesagt: »Sie können hundert Herde haben und damit hundert Jahre alt werden. Erst wenn ein ‚Zweitschlag' kommt, die Abwehrschranke des Körpers zusammenbricht, dann . . .« Dr. Issels sagte dasselbe.

Bei mir kam der »Zweitschlag« durch die Spätfolgen meiner Kriegsverletzung und damit eine Erkrankung des gesamten Organismus. Und kein Arzt in Wien — vom praktischen Arzt bis zum Universitätsprofessor — erkannte die Ursache.

Ärzte, Wissenschaftler, Leser, die es interessiert, können erfahren, was Dr. Issels in seinem Buch »Mehr Heilungen von Krebs« (siehe Quellenverzeichnis) allein über Zahnerkrankungen und Herdforschung im Zusammenhang mit Krebserkrankung schon vor Jahrzehnten schrieb. Man wird sich wundern.

Milliarden wurden bisher schon in die Krebsforschung gesteckt. Vielleicht leben mehr Menschen sehr gut *vom* Krebs, als *an* Krebs sterben. In die Zahn- und Herdforschung steckte man keinen Heller. Auf Issels hörte man nicht. Ihn stellte man vor Gericht wie einen Verbrecher, weil er der Schulmedizin entgegentrat.

»Was haben denn die Zahnärzte bis heute getan?« Diese Frage wurde von Ärzten aufgeworfen und auch beantwortet: »Nichts, absolut gar nichts. Sie verwenden heute — nach wie vor — Amalgam. Dieses unheimliche Gift aus dem Mittelalter wird in Fachzeitschriften, in Publikationen sogar von Universitätsprofessoren gelobt!« (Amalgam wurde erstmals 1528 im Zusammenhang mit Alchimie genannt.)

Mit Quecksilber vergiftet

Meine eigene Heilung schritt zuerst zügig voran, doch dann war ein Punkt erreicht, wo ich keinen Fortschritt mehr merkte. Oberarzt Dr. Chiari hatte meinen Oberkiefer saniert. Nach den Röntgenaufnahmen des Dentisten hatte mir der Arzt die Amalgamsplitter herausoperiert: Die Umgebung meines Mundes und mein Mundinneres wurden desinfiziert, dann erfolgte die Lokalanästhesie. Ich spürte überhaupt nichts, nicht einmal einen Stich. Plötzlich begann es zu stinken, als ob ich in eine Jauchegrube gefallen wäre. Dr. Chiari wischte mit sterilem Mull und einer Pinzette. Dann bohrte er dort, wo ich gar keine Zähne mehr hatte, es krachte und brummte in meinen Ohren, verspürt habe ich nichts. Dann wurde ich geröntgt. »Die Splitter sind weg!«

Ich fragte: »Herr Doktor, was hat denn da so bestialisch gestunken?« Dr. Chiari wies auf einen fahrbaren Tisch, der dreiviertel voll mit blutigem Mull war. »Ich habe

Ihnen auch das Granulom-Gewebe ausgeräumt, es war ja alles vereitert, auch der Kieferknochen war schon angegriffen!« Ich fragte weiter: »Das konnte Dr. Wächter als Facharzt der Radiologie nicht feststellen?« und legte dessen Röntgenbilder vor.

Dr. Chiari betrachtete jedes einzelne Bild und die Panorama-Aufnahme. Er schüttelte den Kopf und schwieg. »Kein Kommentar. Ich kann dazu nichts sagen!« Ich dankte mit mulmigem Mund. Nach einer Woche wurden die Nähte entfernt. Was konnte jetzt also meine Gesundung noch hemmen? fragte ich mich.

Ich wurde noch einmal mit Elektro-Akupunktur getestet. »Sie haben noch immer Amalgam im Mund!« rief der Dentist entsetzt. »Ja, wo denn nun noch?« fragte ich fast zornig. »Unter den Goldkronen.« »Sind Sie sicher?« »Absolut!«

Mir wurden die letzten Zähne gezogen. Sie waren alle amalgamgefüllt. Zahnlos kam ich in die Praxis des Wiener Naturheilarztes. Der gab mir als Begleittherapie zwei Injektionen, dann ging ich. Ich kam aber nicht weit. An der Kennedy-Brücke in Wien-Hietzing brach ich zusammen. Ein Taxi brachte mich heim.

Ich lag im Bett wie gelähmt, hatte die alten Schmerzen wieder, konnte die Augen nicht mehr öffnen. Ich war verzweifelt. Ich hatte doch keinen einzigen Zahn, kein einziges Milligramm Amalgam mehr im Mund und noch immer diese verteufelten Schmerzen! Ich hoffte auf Besserung, doch die kam nicht. Ich rief den Dentisten an. »Zähne haben Sie nicht mehr im Mund, auch kein Amalgam, das stimmt. Aber Sie werden Herde im Kiefer haben, und da kann ich nichts mehr machen . . .« Nach einer kurzen Pause fügte er hinzu: »Ich fahre mit Ihnen zu Dr. Ungar nach Frankfurt, das ist ein Freund und Schüler von Professor Altmann in Wien!«

»Das ist doch unmöglich, so wie es mir jetzt geht!«

»Wir werden es schon schaffen.«

Im Liegewagen kamen wir am nächsten Tag in Frankfurt an. Dr. Ungar operierte gerade. Vier bis sechs Operationen stehen bei ihm täglich auf dem Plan. Es gibt ja viele Amalgamopfer, auch in der Bundesrepublik. Staunend sah ich zu. Speicheldichte Nähte verschlossen die oft sehr großen Operationswunden, eine Lage Bienenwachs darüber, und ab zur Elektro-Akupunktur.

Dr. Ungar testet, welche Medikamente dem Patienten nicht schaden, und nur diese bekommt er verschrieben. Je nach der Schwere der Operation wird der Patient dann in einer Privatklinik untergebracht und dort sorgfältigst nach den neuesten Errungenschaften der Naturheilkunde gepflegt — oder er bleibt in ambulanter Behandlung. »Nach zehn, vierzehn Tagen können die meisten schon wieder laufen«, stellte Dr. Ungar fest. Auch das Essen ist in der Privatklinik auf den Zustand des Patienten abgestimmt. Alkohol und Nikotin sind strengstens verboten.

Nach der letzten Operation ging Dr. Ungar von der Klinik in seine Praxis. »Was glauben Sie, wie viele Patienten schon auf mich warten?« vertröstete er mich. »Morgen früh werden Sie untersucht!«

»Allergie, Herde, Quecksilbervergiftung« war schließlich auch die Diagnose von Dr. Ungar. »Wir, meine Mutter, Frau Dr. Gassner und ich, sind *auch* Schulmediziner«, betonte Dr. Ungar. »Nur blieb die Zahnheilkunde in der Zeit um die Jahrhundertwende stehen, wir aber bildeten uns weiter und forschten, selbst mit den wenigen

Mitteln, die uns zur Verfügung stehen. Wir sind keine Außenseiter!« Es sei schwer, die Meinung von auch nur zehn Ärzten auf einen Nenner zu bringen. »Die meisten sehen das Amalgamproblem monokausal an, und das ist es nicht!«

Die praktischen Ärzte sollten die Patienten darauf aufmerksam machen, daß eine Herderkrankung — nicht allein durch Amalgam — auch durch schlechte, tote Zähne möglich ist. »Wenn die Ärzte, vor allem die praktischen Ärzte, nicht den Anstoß geben und sagen: ‚Geh jetzt endlich zum Zahnarzt und laß deine Zähne in Ordnung bringen, sonst kann ich dich nicht weiterbehandeln', werden wir niemals einen durchschlagenden Erfolg haben können.« Es fehlt also vor allem an der Zusammenarbeit der Ärzte.

Dr. Ungar und Frau Dr. Gassner sprachen lange mit mir und erklärten mir meine persönliche Situation, wie das Ärzte ganz allgemein immer tun sollten. Doch die meisten Mediziner haben dafür keine Zeit. Als mir meine triste Lage klar war, fragte ich: »Und das muß gerade *mir* passieren?« »Das passiert nicht nur Ihnen, die anderen wissen es nur nicht! Die glauben, sie hätten Rheuma, Gicht, Ischias und so weiter. Nur schlechte Zähne haben sie!«

Am nächsten Morgen war ich schon um 7 Uhr im städtischen Krankenhaus. Eine Schwester nahm mir Blut ab. Dann wurde ich zum EKG geführt. Radfahren, Kniebeugen. Nach einer Harnabnahme durfte ich wieder gehen. »In genau drei Stunden sind Sie wieder hier!«

In der Zahnpraxis Dr. Gassner-Dr. Ungar wurde dann ein Elektro-Fokaltest vorgenommen. Nach dieser Prozedur mußte ich, hungrig, wie ich war, zurück zum Krankenhaus. Der Weg war qualvoll. Mit den starken Schmerzen im Rücken, besonders in der Beckengegend, dauerte es fast eine Stunde. Wieder Blut- und Harnabnahme und zurück in die Zahnpraxis. Dort wurde ich einer Untersuchung am Impulsdermographen unterzogen. An meiner Stirn wurde ein Metallband befestigt, und zwei Metallgriffe an Drähten wurden mir in die Hand gedrückt. Zischend fuhr ein Zeiger des Impulsdermographen auf einem Papierstreifen umher und zeichnete seltsame Kurven.

»Das sind alles Störzonen«, hörte ich.

Wieso hatte man das in den Wiener Spitälern nicht feststellen können? fragte ich mich auf dem neuerlichen Weg zum städtischen Krankenhaus. Nach der dritten Blutabnahme hörte ich, daß die Befunde noch am selben Tag an Dr. Ungar geschickt würden. In seiner Praxis wurde ich dann wieder an den Impulsdermographen gesetzt, diesmal zeichnete der Zeiger rot.

Inzwischen war es 15 Uhr geworden, ich durfte endlich »frühstücken«. Abends kam ich dann gleich zur Sache: »Herr Doktor, ich habe furchtbare Schmerzen. Können Sie mich nicht gleich hierbehalten und operieren?« Dr. Ungar verzog sein Gesicht. »Nein, lieber Freund, daß Sie Schmerzen haben, glaube ich aufs Wort, so sehen Ihre Befunde auch aus, aber operieren kann ich Sie jetzt nicht. Sie kippen mir ja glatt um!« Frau Dr. Gassner murmelte etwas von einer eintretenden Regulationsstarre, die auf dem Diagramm deutlich ersichtlich sei.

»Zuerst müssen Sie sich einmal drei Monate vernünftig ernähren, damit Ihr Körper wieder zu Kraft kommt, Sie haben doch überhaupt keine Energien mehr.« Mit diesen Worten überreichte mir Dr. Ungar einen Diätplan. Schon auf den ersten Blick verschwand mir die Lust am Essen überhaupt. »Von Müsli soll ich leben, von Sojamilch, Weizenkeimen, Pellkartoffeln, Hirse, Buchweizen und Sojaklößchen?« fragte ich zweifelnd. Drei Monate, hörte ich, müsse ich mich genau an diesen Diätplan halten. Weg vom tierischen Eiweiß — lautete die Devise. Zwei, drei Monate nach den Operationen könne ich dann wieder normal essen.

Frau Dr. Gassner reichte mir den »Elektro-Fokaltest«, den sie am Vormittag aufgenommen und bis jetzt ausgearbeitet hatte, ebenso erhielt ich von Dr. Ungar das »Befundblatt für zahnärztliche Herddiagnostik« (siehe Anhang Nr. 4) in die Hand gedrückt, er hatte auch schon die Befunde vom Krankenhaus ausgewertet. Ich traute meinen Augen nicht: »Alle vier Kieferquadranten zeigen röntgenologisch massive Aufhellungen, die für restostitische Prozesse sprechen . . .«, hieß es da. »Im Röntgenbild und im Elektro-Hauttest zeigt sich die rechte Kieferhöhle entzündlich verschattet . . . der Leukozytentest* zeigt pathologisch hohe Werte bei paradoxer Reaktion auf Elpimedbelastung. Diese Tatsache spricht für eine starke entzündliche Belastung im Sinne einer chronischen Entzündung . . . Das Impulsdermogramm zeigt ebenfalls den Beginn einer Starre . . . Die Rückströme zeigen im Kopfbereich entzündliche Tendenz.«

Mir verschlug es die Sprache. »Das konnte man in Wien nicht feststellen?« fragte ich zornig. »Ein Universitätsdozent der Radiologie untersuchte mich (siehe Anhang Nr. 2), und in keinem einzigen von den acht Spitälern in Wien hat man Entzündungsherde gefunden?«

»Ich sagte Ihnen schon, die Leute sind mit ihren Methoden um die Jahrhundertwende stehengeblieben. Glauben Sie es ruhig, meine Befunde stimmen!«

Obwohl ich dazu keinen Grund hatte, schlich sich leiser Zweifel ein. Wie kann ein Arzt an einem einzigen Tag einen Befund feststellen, den die Schulmedizin in fünf Jahren nicht gefunden hatte? Ich wußte damals ja noch nicht, daß die späteren histologischen Befunde der Universitätsklinik in Hameln diesen Befund hundertprozentig bestätigen sollten (siehe Anhang Nr. 7).

»Sie wissen jetzt alles, Sie haben Ihre Befunde«, meinte Dr. Ungar. »Sie können sich auch in Wien operieren lassen, wenn das dort jemand kann!« Er gab mir einen Plan zur Operationsvorbereitung. Mit Elektro-Akupunktur hatte er ausgemessen, welche Medikamente inklusive Sauerstoffbeatmung ich zur Stärkung meines Körpers brauchte.

* Siehe Fremdwörterverzeichnis im Anhang.

2 Die Operationen

Zu Weihnachten wollte ich die gute Wiener Küche noch nicht missen, doch am 1. Januar 1982 aß ich mein erstes Müsli, das mir mein Sohn, der es schon jahrelang ißt, zusammenbraute. Wozu hatte ich ihm schließlich eine Getreidemühle gekauft? Er mahlte also diesmal auch für mich Weizen und Roggen und weichte das recht grobe Gemisch über Nacht in Wasser ein. Es schmeckte arg, doch meine Schmerzen waren noch ärger. Was blieb mir also übrig? Ich biß in den sauren Apfel, der in das Müsli geschnitten war, und schluckte den Brei.

Nach kaum sechs Stunden verspürte ich schon die erste Wirkung: Ich hatte sehr starke Blähungen. Ich rief den Naturheilarzt an. »Das sind die ersten Zeichen der Umstellung, Ihr kranker Darm wird endlich ausgeheilt!« »Aber *so* geht das doch nicht . . .« »Anders aber auch nicht, lieber Freund!« Am nächsten Morgen bereitete mir mein Sohn das Müsli anders. Mit Wasser, Honig und Bananenscheiben. Ich aß statt Beefsteak nur noch Salatplatten, Sojafrikadellen, Hirsebratlinge, Bohnen-Soja-Eintopf, Obst und wieder Obst.

Ich mied Fleisch, Fisch, Eier und alle Milchprodukte, verwendete Meersalz und süßte, falls überhaupt, mit Honig. Weißmehl war für mich tabu, nur selbstgemahlenes mit viel Schrot war mir gestattet. Auf den Salat kamen Distel- oder Leinsamenöl, natürlich nur kalt gepreßt. Ich verschlang Vitamine, Mineralien, Spurenelemente, Fermente, Basen und Ballaststoffe und lebte streng nach dem Diätplan. Ich nahm 2 bis 3 Kilo pro Woche ab und fühlte mich von Tag zu Tag wohler. Sogar das Müsli schmeckte täglich besser.

Jede Woche wurde ich mit Elektro-Akupunktur getestet, und die Nosoden, die mir Dr. Ungar verschrieben hatte, spritzte mir der Wiener Naturheilarzt. Die Sauerstoffbeatmung führte DDr. Guberner aus Wien-Neubau durch. »Ihre Werte dürfte nur ein 96jähriger haben!« bemerkte der Arzt nach dem ersten Test.

Die Schmerzen vergingen leider nicht, doch mein Allgemeinbefinden besserte sich zusehends.

Fast genau drei Monate hatte ich »gesund« gelebt. Am 24. März 1982 fuhr ich wieder in die Klinik nach Frankfurt, 24 Stunden später lag ich unter dem Messer. Apparate tickten und gaben ein ganz sonderbares Geräusch von sich, zwei Schwestern hantierten mit sterilem Gerät. Mit seiner Maske fast nicht zu erkennen, kam Dr. Ungar und stellte mir Frau Dr. Djerassi aus Sofia vor, auch eine Schülerin von Prof. Altmann aus Wien. Dann kam ein ebenfalls steril gekleideter Herr mit einer riesigen Kamera. 10 Milligramm Valium bekam ich in die Venen injiziert: »Machen Sie mal den Mund auf!«

Was jetzt passierte, verspürte ich nicht. Ich hörte nur das Rauschen des Absauggerätes und Plätschern im Mund. Daß das Spritzblutungen waren, die mit Elektrotom gestillt werden mußten, wußte ich ja nicht. Mir war die ganze rechte obere Schleimhaut, wo einst die Zähne 11 bis 18 waren, aufgeklappt worden, und der gesamte Kieferknochen mußte gesäubert werden. Weh tat es nicht. Auch als mir die Kieferhöhle rechts oben aufgebohrt wurde, hatte ich keine Schmerzen. Flink hantierten die Schwestern, der Fotograf blitzte und blitzte. Dr. Ungar arbeitete voller Konzentration. Schweißperlen quollen unter seiner weißen Haube hervor. Ich sah das wie durch ein milchiges Fenster, doch ich war seltsam ruhig. Dann wurde die Knochenkante an der Wunde geglättet, und die große, offene Operationswunde wurde speicheldicht vernäht. Bienenwachs kam darüber, dann meine provisorische Prothese, und ein dicker Verband über beide Ohren verschloß mir den Mund (siehe Anhang Nr. 5). Ich sprang von dem Operationssessel, als ob ich niemals Schmerzen gehabt hätte, und war glücklich. Restlos glücklich.

Was noch alles auf mich zukommen sollte, wußte ich ja damals noch nicht.

Das böse Erwachen

Ich hatte die Nacht ruhig geschlafen, ich hatte sogar geträumt. Von Mariapfarr und vom Bergsteigen, vom Wandern und Schwimmen. Schmerzen hatte ich ja nicht, nur ein komisches Ziehen in der rechten Gesichtshälfte. Das rechte Auge brachte ich nicht ganz auf.

Als ich bei der Morgentoilette in den Spiegel sah, erschrak ich: *So* kann ich doch nicht ausschauen? Nein, so nicht! Aber ich war es. Die rechte Gesichtshälfte war so verschwollen, als hätte ich einen großen Apfel im Mund, das Auge war blutunterlaufen, und der Tränensack hing — auch voll mit Blut — zentimeterweit herunter. Doch da ich die Schmerzen im Körper — vor allem in den Augen — los war, nahm ich alles in Kauf.

Ich erhielt Rotlichtbestrahlung, Elektromassage, drei Stunden Sauerstoffbeatmung täglich, Heizkissen, Injektionen, Tabletten, Vitamine, alles homöopathische Präparate, taten mir sehr gut. Schon nach sechs Tagen kamen die Nähte heraus. »Sehen Sie, welch eine Widerstandskraft Ihr Körper jetzt schon hat? Alles ist bestens verheilt. Das wäre vor drei Monaten noch nicht möglich gewesen!« meinte Dr. Ungar.

Sieben Tage später wurde ich wieder operiert, diesmal links unten. Jetzt kannte ich das alles schon und hatte mehr Zeit und Gelegenheit zum Beobachten. Wieder Valium in die Vene und »Mund auf!« Dann wurde lokalanästhesiert. Wieder wurde die Schleimhaut (Zahnfleisch) vollkommen aufgeklappt. »Massive blaue Einlagerung!« sagte Dr. Ungar zu seiner Assistentin. »Abtragen bis zur gesunden Schleimhaut!« »Alles stark entzündlich verändert!« Auch hier wurde der gesamte Kieferknochen gesäubert — vor und nach der Behandlung auf Dias aufgenommen. Wieder das Plätschern im Munde und das sägende Geräusch. Die erste Operation hatte knapp eine Stunde gedauert, jetzt saß ich schon 70 Minuten, dann kamen erst Nadel und Zwirn (siehe Anhang Nr. 6).

Befreit sprang ich vom Stuhl und wurde sofort mit Elektro-Akupunktur getestet. Mit meinen Medikamenten verschwand ich wieder in meinem Zimmer und begann die »Heimbehandlung« mit Rotlicht, Sauerstoff, Massage. Dr. Ungar war mit dem Fortschritt der Heilung und dem sichtbaren Erfolg sehr zufrieden. Als Lektüre gönnte ich mir wissenschaftliche Arbeiten über Amalgam. So lernte ich auch wissenschaftliche Erkenntnisse des Wiener Professors Dr. Thomas Till kennen. Nach 16 Tagen fuhr ich zurück in die Donau-Metropole. Ich fühlte mich frisch und gesund und verständigte Dr. Zemann davon. Auch Professor Till suchte ich sofort auf.

Zurück in Wien

Schon bei unseren ersten Gesprächen erkannte ich, wie doch die Worte Dr. Ungars stimmten, daß man da einem gravierenden Unverständnis gegenübersteht. Was hatte Professor Till schon alles geforscht, erkannt und geschrieben, war in Kontakt mit Medizinern in aller Welt, die alle das gleiche Bestreben haben, die gesundheitliche Bedrohung durch Amalgam zu bannen oder zumindest auf ein Minimum einzuschränken — und was hatten all diese Ärzte bisher erreicht? Praktisch nichts. Hunderttausende Bürger in der Bundesrepublik und Österreich — wie in allen anderen Ländern der Welt — werden jedes Jahr von Amalgam vergiftet, müssen kaum glaubliche Schmerzen ertragen. Sie leiden, wie sie meinen, an Rheuma, Asthma, Ischias, Neuralgien, doch diese Diagnosen sind zum Teil falsch. Viele von ihnen leiden nur an einem kleinen Klümpchen im Munde, an einer Amalgamplombe, die diese Schmerzen und Krankheitszustände hervorruft.

Professor Till übergab mir einen Teil der Veröffentlichungen seines Forscherteams (siehe Anhang Nr. 20 und 21), und ich fragte: »Wo blieb die breite Wirkung Ihrer bedeutsamen wissenschaftlichen Werke?«

»Die ist leider ausgeblieben . . . nur Kollegen wissen davon!«

»Was sagt der Gesundheitsminister dazu?«

»Bisher nichts!«

Folgende Hauptpunkte fand ich in den Arbeiten von Professor Till und seinem Forschungsteam dargestellt:

1. **Es kommt sowohl bei Vorhandensein verschiedener metallischer Reparaturmaterialien im Mund als auch bei Vorhandensein einzelner Amalgamfüllungen zwischen diesen und dem Mundboden zu einer Galvano-Elementbildung, und der numerische Wert der auftretenden Spannungen sinkt nie auf einen Wert Null ab. Durch die Gegebenheiten im Mund geht ständig Quecksilber aus Amalgamfüllungen in kleinsten Dosen in Lösung.**
2. **Die sich herauslösende Quecksilbermenge konnte erstmalig experimentell gemessen werden.**

3. **Es wurde der Nachweis erbracht, daß sich das aus Amalgamfüllungen stammende Quecksilber sowohl im Kieferknochen als auch an den Zahnwurzeln anlagern und speichern kann, und es wurden dort Werte bis zu 1200 ppm gemessen.**
4. **Aufgrund des Vorhandenseins unserer Mund-Dysbakterie konnte darauf hingewiesen werden, daß die Anwesenheit bestimmter pathogener Keime im Mund auch Anlaß zu vermehrter Schadwirkung durch Bildung von Methylquecksilberverbindungen aus dem sich herauslösenden Quecksilber sein könnte und dadurch »örtliche Auflösungserscheinungen« entstehen. Dies konnte tierexperimentell bestätigt werden. Es zeigten sich deutlich Knochenauflösungserscheinungen.**
5. **Es wurde der Nachweis erbracht, daß bereits geringste Konzentrationen von Methylquecksilberlösungen imstande sind, die Reparaturvorgänge in der Zelle zu blockieren.**
6. **Es konnte tierexperimentell nachgewiesen werden, daß es bei Abwesenheit bestimmter Keime im Mundmilieu kaum zur Kariesbildung oder zu parodontalen Krankheitserscheinungen kommt, während bei Verabreichung von Normalkost sehr wohl derartige Abbauerscheinungen auftraten. Damit wurden neuerdings die Kollathschen Forschungsergebnisse und die Forschungen vieler anderer Wissenschaftler bestätigt, die unsere denaturierte Zivilisationskost als Ursache unseres pathologischen Gebißabbaues erkannt haben.**
7. **Bei Untersuchungen über die Auswirkungen von verschiedenen Kostarten auf das Kauorgan von Ratten konnten diese Forschungen eindeutig verifiziert werden.**
8. **Aus In-vivo-Beobachtungen an Patienten geht eindeutig hervor, daß Alkohol-Abusus ein deutliches Ansteigen der Karies- und Parodontose-Krankheitserscheinungen erzeugt.**
9. **Aufgrund des vorhandenen Patientenmaterials konnte eindeutig festgestellt werden, daß das Quecksilber, das sich aus Amalgamfüllungen ständig herauslöst, nicht nur örtliche Schadwirkungen, sondern auch Quecksilberdepotbildungen verursachen kann. Dadurch ist nicht nur das Auftreten von Allergien möglich, sondern auch eine langsam fortschreitende Erkrankung in Form von chronischen Quecksilbervergiftungen. Diese Erkrankungsart ist äußerst schleichend und ergreift hauptsächlich das ZNS (Zentralnervensystem). Die Symptome ähneln neurasthenisch und vegetativ dystonischen Krankheitserscheinungen und zeigen nur in seltenen Fällen die Zeichen des Mercurialismus (Quecksilbervergiftung), obwohl gezielte Quecksilber-Harn-Untersuchungen diesbezügliche Hinweise geben. Es ist mit ziemlicher Sicherheit anzunehmen, daß Restostitiden (Knochenentzündungen) mit Quecksilberdepotbildungen hinsichtlich ihrer bisher festgestellten Wirksamkeit Störfeldern gleichzusetzen sind.**

Diese Resultate aus den verschiedensten Randfachgebieten der Zahnmedizin, wie

Pathologie, Mundbakteriologie, Toxikologie, Biologie, analytische Chemie, Neuraltherapie, Allergologie und Ernährungswissenschaft, konnten nur durch fruchtbare Zusammenarbeit von Experten der einzelnen Disziplinen erbracht werden. Eine der wichtigsten Voraussetzungen hierzu war die völlige Weisungsungebundenheit.

Till war auch der erste Wissenschaftler, der es wagte, dem Patienten bezüglich der Tatsache reinen Wein einzuschenken, daß es bisher kein einziges ideales Füllungsmaterial für Zahndefekte gibt und daß alle Defektreparaturen an Zähnen eine mehr oder minder kurzfristige provisorische Versorgung des Zahnes und keinesfalls eine echte Sanierung darstellen. Er begründete auch, warum ein gegossenes Gold-Inlay keine ideale Versorgung ist. Da nunmehr die falsche Ernährung als Ursache für Karies und für Parodontose bekannt ist, ergibt sich daraus für jeden einsichtigen Laien die logische Konsequenz, daß es besser ist, diese Ursache zu bekämpfen, als sein Heil in Flickarbeiten, wenn möglich noch mit gifthaltigen Substanzen, zu suchen, denn diese können nicht nur den vorzeitigen Abbau des Zahnbestandes nicht aufhalten, sondern unter Umständen noch andere Krankheitserscheinungen auslösen.

Die Untersuchungsergebnisse von Till sind jederzeit durch entsprechende nicht weisungsgebundene Expertenteams reproduzierbar. Dies wurde bereits unter Beweis gestellt. Es ist daher völlig unnötig, daß vielleicht auch noch weiterhin mangelhaft ausgebildete Lehrpersonen der Zahnmedizin oder andere Personen Patienten zu unzumutbaren Versuchen oder Untersuchungen animieren, wie dies durch andere Gruppen geschah.

3 Märchenstunde im ORF

Es war der 5. August 1981, also noch 8 Monate vor meinen ersten Operationen in der Bundesrepublik und kurz nach der erstmaligen Besserung meines Zustandes durch Entfernung aller Amalgamplomben. Ich hatte aber nach wie vor immer wiederkehrende Schmerzen. Manchmal war es so arg, daß ich mich kaum bewegen konnte, an anderen Tagen wieder ging es besser. Nicht nur die Ärzte, auch meine Freunde schauten mich schon von der Seite an und schüttelten den Kopf. Ich zweifelte an mir selbst. An diesem 5. August 1981 war es ein wenig besser. Ich saß vor dem Fernseher — ohnedies meine einzige Freude des Tages — und schaute mir durch die verdunkelte Brille die langen Abendnachrichten an, um wenigstens zu wissen, was draußen in der Welt geschah.

Plötzlich hörte ich in dem wissenschaftlichen Teil der Sendung: ». . . der steigende Goldpreis ließ die Dentalforscher neue Legierungen suchen . . .« Ich riß die schmerzenden Augen auf und sprang — so gut ich das konnte — zum Videorecorder, um die Sendung mitzuschneiden. Es hieß dann weiter:

> Sie müssen leicht zu bearbeiten sein, über eine gewisse Härte verfügen und zusätzlich im menschlichen Gewebe verträglich sein. Es zeigte sich, daß die Legierungen aus Gold, Silber und Paladium chemisch resistent sind, keine Allergien hervorrufen und nicht korrodieren. Entscheidend ist auch, ob alte Einlagen wieder entfernt werden können. Gefährlich sind Nickel-Chrom-Kobalt-Legierungen, die seit einiger Zeit häufig verwendet werden. Bei diesen harten Materialien schlagen die Wissenschaftler Alarm . . .

Na endlich, dachte ich. Das ist die Sternstunde. Endlich befassen sich Wissenschaftler mit dem brennenden Problem. Nur das Wort »Amalgam« war bisher noch nicht gefallen. Das ist doch auch eine Legierung und hartes Material, dachte ich, bei der Quecksilber bis zu 50 Prozent beigemengt wird, und Quecksilber ist ein tödliches Gift. Ach, das wird schon noch kommen, glaubte ich. Doch ich hatte mich getäuscht. Dr. Gerd Henning vom Institut für Zahnforschung in Basel sprach weiter:

> Zur Zeit werden vor allem Untersuchungen gemacht mit Zellkulturen, Hypoplastikkulturen, man untersucht allergische Reaktionen, die ja vom Nickel her bekannt sind, und der Trend geht dahin, heute Chrom-Kobalt-Legierungen ohne Zusatz von Beryllium und Nickel zu verarbeiten . . .

Ein Sprecher sagte: »Die Patienten merken die Folgen solcher Legierungsexperimente erst später.« Dr. Henning dozierte weiter:

> Die verschiedenen Legierungen bilden eine Art Batterie im Mund durch den unterschiedlichen sauren oder alkalischen Speichel. Es wandern Komponenten der Legierungen wie das Chrom, das Nickel oder wie bei einigen Legierungen auch noch das Kupfer aus, und

diese führen zu Geschmacksveränderungen, zu Gewebsschädigungen, Gewebeveränderungen oder auch zu Verfärbungen. Sie kennen die Effekte, daß sich manche Kronen violett oder bläulich verfärben . . .

Wieder der Sprecher: »Was der Österreicher als Zahnersatz bekommt, hängt ab vom Zahnarzt und von den finanziellen Möglichkeiten des Patienten, denn die Kosten der edlen Metalle muß jeder selbst tragen.«

Schluß, aus war die Sendung. Nicht ein Wort von Amalgam. Von dem Gift im Mund, das Hunderttausende krank machen kann. Doch es sollte noch viel schlimmer kommen. Es wurde in der Sendung »10 vor 10« ein ORF-Interview zu diesem gerade mich betreffenden Problem mit Herrn Dr. Rudolf Slavicek aus Wien-Döbling angekündigt.

Es ist nicht alles Gold, was glänzt

Ich wußte, daß dieser Doktor Slavicek ein bedeutender Mann der Zahnheilkunde sein soll. Von ihm erhoffte ich mir eine Aufklärung der Bevölkerung, doch auch der Inhalt dieser Sendung war für mich eine furchtbare Enttäuschung:

Ein Goldmakler sprach über den Druck auf den Goldpreis, und man sah im Bild eine Goldwaage. Die internationale Lage auf dem Goldmarkt wurde diskutiert, man palaverte über den hohen Zinsfuß, über Verkäufe von Südafrika und aus der UdSSR.

ORF-Reporter: Den sicher nur relativen Preisverfall von Gold könnten die Patienten nützen, um sich ihre Zahnkronen oder Einlagen doch wieder aus Gold anfertigen zu lassen. Denn, wie sich jetzt herausgestellt hat, ist der Ersatz für Gold, verschiedene Legierungen von Nickel, Chrom und auch Beryllium, gesundheitsschädlich. Diese Hartmetalle führen nach jüngsten Schweizer Untersuchungen zu Allergien und Hautkrankheiten. Darüber möchten wir jetzt ein paar Worte mit dem Herrn Doktor Rudolf Slavicek wechseln, der sich da auskennt. — Sie sind Zahnarzt. Ist es gefährlich, wenn man sich Ersatzmetalle aus Kostenersparnisgründen hat einsetzen lassen?

Jetzt, glaubte ich, muß doch die Bombe platzen. Dr. Slavicek, als »Kenner der Materie«, muß doch zumindest wissen, was sogar ein einfacher Dentist weiß: daß es nicht erst »jüngste Schweizer Untersuchungen« vom Institut für Zahnforschung in Basel waren, die den sogenannten »Batterie-Effekt« entdeckten, und daß allergische Erkrankungen, Gewebsveränderungen, den Patienten schwer beeinträchtigen. Das alles hat doch Professor Leopold Altmann, der einmal Chefarzt der Zahnstation Wien-Lainz war, schon vor über dreißig Jahren festgestellt und schon damals in Fachzeitschriften veröffentlicht. Nur hat Professor Altmann deutlich dazugesagt, daß Amalgam *Gift* ist. Darum hat man Professor Altmann totgeschwiegen wie alle anderen nach ihm auch, die das behauptet haben. Das wird aber Dr. Slavicek, der TV-Star der Zahnheilkunde, jetzt endlich sagen. Glaubte ich.

Ich habe mich geirrt. Dr. Slavicek, angesprochen, ob es gefährlich sei, wenn man sich Ersatzmetalle (auch Amalgam ist ein Ersatzmetall) aus Kostenersparnisgründen einsetzen lasse, sprach:

Slavicek: Das kann man nicht ganz so direkt beantworten, es ist aufgrund der erwähnten Situation ein enormer wirtschaftlicher Druck sowohl auf die Patienten als auch auf die Zahnärzte der Welt zugekommen. Man hat Alternativen gesucht. Die Alternativen sind relativ frühzeitig beschritten worden, und es hat eine Reihe von guten Entwicklungen gegeben. Forciert wurde diese Entwicklung erst mit dem akuten Goldanstieg.

Und auf die Frage des Reporters, ob es nicht verantwortungslos von den Zahnärzten sei, daß sie mit Metallen operieren, deren Wirkung sie nicht kennen, antwortete er:

Slavicek: Die Patienten zahlen insofern nicht die Rechnung, weil eine derartige breite Entwicklung der Allergie nicht stattfindet, wir sind ja gegen viele Stoffe allergisch, und die Zahnärzte sind sich ihrer Verantwortung voll bewußt.

ORF-Reporter: Herr Dr. Slavicek, trauen Sie sich, das zu schätzen, sind das ein paar tausend, hundert- oder zehntausend Patienten, die da jetzt Sorge haben müssen?

Slavicek: Nicht Sorge haben, ich würde sagen, daß man bei entsprechendem Auftreten von Hauterkrankungen zum Beispiel auch an diese Dinge denken kann, aber bis zu einem Minimum an Prozentzahlen.

Dr. Slavicek brillierte im Fernsehen mit der Aussage, daß »eine breite Entwicklung der Allergie nicht stattfindet . . .« Frau Dr. Elena Djerassi schrieb 1973 ihre Habilitationsschrift über Amalgam und die Folgen wie Allergie und Quecksilbervergiftung. Darüber hinaus schrieb Dr. Djerassi drei Jahre später in der »Österreichischen Zeitschrift für Stomatologie«, Januar 1976 (siehe Anhang Nr. 16), wie folgt:

Die Prozentquote der Allergie liegt im allgemeinen hoch, bis 58,8 %, ganz besonders bei beherdeten Personen, bei denen sie 71 % erreicht.

Noch etwas stellte Frau Dr. Djerassi schon vor 10 Jahren fest: Bei Medikamenten liegt Amalgam mit 53 positiven Reaktionen und 17,6% absolut an der Spitze.

Doch von Amalgam sprach Dr. Slavicek ja kein Wort. Warum? Amalgam *ist* doch eine feste, harte Metall-Mischung im Mund. Der Zahnarzt sprach nur von Metall-Legierungen, aus welchen Zahnprothesen hergestellt werden, und daß diese Allergien und andere gesundheitliche Schädigungen hervorrufen können. Von Amalgam, von Quecksilber, von Gift im Mund sprach er nicht. Das schien harmlos zu sein.

Als ihn der ORF-Reporter sehr treffend fragte, ob es nicht von den Zahnärzten verantwortungslos sei, mit Metallen zu operieren, deren Wirkung sie nicht kennen, lenkte der Zahnarzt ein und sprach vom Weltkrongreß im nächsten Jahr. Die katastrophale Wirkung von Amalgam ist wohl jedem Zahnarzt bekannt, nur wird sie verschwiegen, verniedlicht, bestritten. ». . . und wir zahlen dann als Patienten die Rechnung?« bohrte der ORF-Reporter. »Nein«, sagte Dr. Slavicek. *Ich* mußte leider sehr tief in die Tasche greifen!

Schön wäre es, hätte Dr. Slavicek mit seiner Behauptung recht, daß ein Patient mit Beschwerden zu seinem Behandler gehen kann und dieser dann spezifisch genau testet, ob das mit zahnmedizinischen Fragen in Zusammenhang steht. Ich konsultierte über fünf Jahre lang die Spitzen der Wiener Schulmedizin. Jedem Arzt klagte ich über meine heftigen Beschwerden, und jeder Arzt sah, daß ich Goldkronen und Amalgamplomben im Mund habe. Bei mir wurde der Kiefer von einem Facharzt der Radiologie, dem Universitätsdozenten Dr. Wächter, untersucht, und knapp eine

Woche vor dem schicksalhaften Zusammentreffen mit dem Wiener Naturheilarzt hatte mich der Sachverständige der Zahnheilkunde, Dr. Schmoll, gut eine Stunde sorgfältigst getestet.

Händeringend habe ich jedem mein Leid geklagt, doch kein einziger dieser sicherlich sehr fähigen Ärzte fand den Grund meines Leidens: Amalgam! Wie sagten doch Dr. Ungar und seine Mutter, Frau Dr. Gassner: »Es mangelt an der Zusammenarbeit zwischen den Medizinern und den Zahnärzten!« Wie sollen da, zum Beispiel, praktische Ärzte wissen, welche furchtbaren Leiden Amalgam hervorrufen kann, wenn es selbst die »Großen« der Zahnheilkunde nicht wissen oder nicht wissen wollen oder nicht wissen dürfen?

Kennen diese Ärzte Herrn Professor Altmann wirklich nicht? Ist ihnen auch Professor Till ein Unbekannter? Dr. Slavicek kennt zwar Dr. Henning in der Schweiz, aber die vielen Zahnärzte und Mediziner, die in der Bundesrepublik seit Jahren die Barrikaden stürmen, weil Amalgam ein Problem für die Menschheit wurde, kennt er nicht?

Oder verhält es sich ganz allgemein so wie bei Dr. Ian MacDonald und Dr. Henry Garland in den Vereinigten Staaten?

Ein Päckchen am Tag

Die beiden Mediziner Dr. MacDonald und Dr. Garland erstellten 1953 einen wissenschaftlichen Report der California Medical Association, der später als Grundlage für nahezu alle anderen medizinischen Gutachten über das Zigarettenrauchen herangezogen wurde. MacDonalds Ausspruch: »A pack a day keeps lung-cancer away« (Ein Päckchen am Tag verhindert den Lungenkrebs) prangte an allen möglichen Plätzen, auf und in den Bussen, den Straßenbahnen, den Zügen, man konnte das in allen Zeitungen und Illustrierten lesen, im Radio und Fernsehen bekam man es tagtäglich vorgesetzt. In ganz Amerika. *Was* sagt man aber *heute* dazu?

Auf großen Plakaten lesen wir vor jeder Wahl, wie mündig doch die Bürger geworden seien, um diese oder jene Partei zu wählen. Daß aber auch der Patient mündig wurde, vergessen die Damen und Herren der Regierung, vor allem die hohen Herren der Schulmedizin. Der mündige Patient darf nur zahlen . . .

Bis heute arbeiten noch immer ärztliche Berater mit dem Argument, Amalgam, dieses mittelalterliche Gift aus der Goldmacher-Zeit, sei vollkommen ungefährlich, und riesige, geschickt gemachte Inserate in den verschiedensten Ärzte-Zeitungen werben für den Absatz des unheimlichen Giftes, weil es ». . . nichts Besseres gibt!«

Der finanzielle Erfolg der Amalgam-Lobby ist gesichert, denn die Krankenkassen zahlen ja nur Amalgamplomben. Darüber hinaus bekommen die Zahnbehandler dann womöglich auch noch von einem prominenten Mediziner attestiert, Amalgam sei doch unschädlich. Die eigenen Zweifel — die selbst der österreichische Gesundheitsminister über die Verwendung von Amalgam hat — werden viel leichter überwunden, wenn man so einen Befund, ein derartiges Gutachten liest. Wenn man auch nicht selbst davon überzeugt ist, hat man zumindest eine prominente Rückendeckung und kann weiter Gift im Mund der Patienten verwenden.

Die Kasse stimmt. Der Patient aber muß mit seiner Gesundheit bezahlen.

Wenn ein Dr. Henning etwas von einer »Batterie im Mund« erzählt, von einem »sauren und alkalischen Speichel«, wodurch es zu »Gewebsveränderungen«, zu »Gewebsschädigungen« kommt, kann sich doch ein Laie der Medizin nichts darunter vorstellen. »Batterie im Mund« — was heißt das?

Hier ist die Antwort:

Zwischen hochwertigen Metallen — vor allem Gold — und niederwertigen Metallen — Nickel, Beryllium, Kupfer, Chrom, aber *auch* Quecksilber (jede Amalgamplombe ist bis zu 50 % aus diesem Gift) — entstehen Stromspannungen, die man im Munde gar nicht spürt. Diese »Batterie im Mund«, wie Dr. Henning das nennt, induziert feine elektrische Ströme, die vollkommen unmerklich zur Lösung der Metalle — und somit auch des Quecksilbers — führen. *So* kommt Quecksilber durch das Gewebe — und nicht durch den Magen-Darm-Trakt — in den Körper.

Selbst kleinste Mengen dieses schweren Giftes können dann, wie Wissenschaftler bewiesen haben, Allergien und die schmerzhaftesten Erkrankungen im ganzen Körper hervorrufen. »Rheuma, Gicht, Ischias«, sagt die Schulmedizin dazu, weil sie nichts anderes weiß, nichts anderes wissen will. Nur Quecksilber ist es, Amalgam, Gift im Mund, das zu diesen Schmerzen führen kann, die rheuma-, gicht- und ischiasähnlich sind. Das aber hat Herr Dr. Henning vom Baseler Zahnforschungsinstitut nicht gesagt. Aber namhafte Wissenschaftler aus aller Welt — von Hansen aus Schweden bis zu Altmann und Till in Wien — haben es schon vor Jahrzehnten, schon um die Jahrhundertwende, erkannt und bewiesen, und sie haben diese Tatsachen der Öffentlichkeit auch nicht verschwiegen. Nur konnte ihre Lehre nicht durchdringen.

Wenn ein Universitätsprofessor vom Wiener Wilhelminenspital nicht weiß, wie sich feste Metalle im Mund lösen können, *wie* soll das dann ein medizinischer Laie verstehen? Wenn er als Gymnasiast in der 2. oder 3. Klasse geschlafen hat, als von Galvano-Elementbildung, von Elektrolyse gesprochen wurde, ist das traurig. Noch trauriger ist es aber, wenn er als Student und auf seinem weiteren Lebensweg nichts mehr von dem jederzeit beweisbaren und bekannten Phänomen gehört und dazugelernt hat.

Auf der Unwissenheit der einen und der Schweigsamkeit der anderen, die es wissen oder wissen sollten, basiert der Amalgam-Verbrauch. Die Patienten müssen am Ende die sehr hohe Rechnung bezahlen. Nicht mit Geld, sondern mit ihrer Gesundheit und mit kaum erträglichen Schmerzen.

4 Viribus unitis

Als ich von meinen beiden ersten Operationen nach Wien kam, trat ich mit Ärzten in Verbindung, die meiner Ansicht waren, daß man die Amalgam-Frage endlich einmal — zum Wohle der Patienten — öffentlich klären müsse.

Stundenlang wurden Gedanken ausgetauscht. Dann wurde der Entschluß gefaßt: Dr. Zemann schreibt seinem Kriegskameraden, dem österreichischen Gesundheitsminister, einen Brief:

OMR Dr. Leopold Zemann

Facharzt für Orthopädie und
orthopädische Chirurgie

Arbeiterg. 17, A-1o5o Wien

An den
Herrn Bundesminister für Gesundheit
und Umweltschutz
OMR Dr. Kurt Steyrer

Stubenring 1
A-1o1o Wien

Wien, 1981 1o 13

Sehr geehrter Herr Minister!

Aus gegebenem Anlaß möchte ich Dir über biologisch-medizinische Entgleisungen berichten, die wahrscheinlich größte Breitenwirkung auf die Volksgesundheit haben.

Einer meiner Patienten - ein Journalist - zeigte in zunehmendem Maße allergische Erscheinungen im Bereich der Augen mit hochgradigen entzündlichen Erscheinungen an beiden Bulbi, den Lidern, Tränenfluß, Lichtscheu. Weiters zunehmende radiculäre R[illegible]
bereich und incipiente entzünd[illegible]
te Durchtestung im Al[illegible]
verwertbar[illegible]

Genau einen Monat später, am 13. November 1981, kam die Antwort:

BUNDESMINISTER
DR. KURT STEYRER

1010 Wien, den 13. November 1981
Stubenring 1
Telephon 7500

Zl. II-826.413/1-6b/81

Sehr geehrter Herr Obermedizinalrat!
Lieber Kollege!

Mit Schreiben vom 13. Oktober 1981 hast Du mir eine sehr wesentliche Mitteilung gemacht, die allerdings im Hinblick auf die weitreichende Bedeutung gründlich überlegt werden sollte. In der wissenschaftlichen Literatur ist die Berechtigung der Verwendung von Amalgam in der Zahnheilkunde immer wieder in Zweifel gezogen worden. Tatsache ist, daß für dieses Füllungsmateri

den konnte, d

Verarb ... Ich habe daher den Inhalt Deines Schreibens zum Anlaß genommen, mit dem Problem Verwendung von Quecksilber-Amalgam den Obersten Sanitätsrat zu befassen, um ein interdisziplinäres Gutachten zu erhalten. Erst auf Grund des vorliegenden Gutachtens sollten weitere Schritte, falls notwendig, überlegt werden.

Nochmals vielen Dank für Dein Bemühen und herzliche Grüße

Dein Kurt Steyrer

Der Minister befaßte daraufhin, wie Sie lesen können, den Obersten Sanitätsrat. Der Leser merke sich aber den einen Satz des Gesundheitsministers sehr gut:

> In der wissenschaftlichen Literatur ist die Berechtigung der Verwendung von Amalgam in der Zahnheilkunde immer wieder in Zweifel gezogen worden.

Ich werde gleich darauf zurückkommen. Am 26. Mai 1982 schrieb der Gesundheitsminister an Dr. Zemann:

BUNDESMINISTER
DR. KURT STEYRER

1010 Wien, den 26. Mai 1982
Stubenring 1
Telephon 75 00

Zl. II-826.413/1-6b/82

Sehr geehrter Herr Obermedizinalrat!
Lieber Kollege!

Wie ich Dir mit meinem Schreiben vom 13. November 1981 mitteilte, habe ich Deine sehr interessanten Anregungen zum Anlaß genommen, mit dem Problem der Verwendung von Quecksilberamalgam in der Zahnheilkunde den Obersten Sanitätsrat zu befassen. In seiner Vollversammlung am 13. März 1982 hat sich der Oberste Sanitätsrat sehr eingehend mit dieser Materie auseinandergesetzt und ist zu folgender Schlußfolgerung gekommen:

Die Verwendung des Quecksilberamalgams in der Zahnheilkunde hat weltweit enorme sozialmedizinische Bedeutung. Intoxikationen durch Quecksilber aus Amalgamfüllungen sind in Anbetracht der außerordentlich geringen Mengen, die einen verschwindenden Bruchteil des mit der Nahrung zugeführten Quecksilbers ausmachen, auszuschließen. Irritationen durch Quecksilberamalgamfüllungen, in welcher Form solche Irritationen auch immer auftreten [illegible], sind extrem selten. Sie unterschreiten sogar [illegible] die Anzahl je[illegible]ei and[illegible]
bitte[illegible] [illegible]e in d[illegible] [illegible]ten Sinn, da e[illegible] [illegible]e Ablehnung von Amalgam[illegible]lungen nach dem derzeitigen Wissensstand nicht berechtigt ist. Solltest Du nach Deiner enormen Erfahrung den Eindruck haben, daß in dem einen oder anderen Fall Störungen durch Amalgamfüllungen aufgetreten seien, dann wende Dich bitte an den Leiter der Universitätszahnklinik, Herrn Univ.Prof.Dr. Keresztesi, um eine wissenschaftliche Abklärung des betreffenden Falles vorzunehmen.

Mit dem nochmaligen Dank für Deine sehr wertvollen Hinweise verbleibe ich mit herzlichen Grüßen

Herrn Ob.Med.Rat
Dr. Leopold Zemann

Aus dem seitenlangen Brief des Ministers ist besonders hervorzuheben:

> Intoxikationen durch Quecksilber aus Amalgamfüllungen sind in Anbetracht der außerordentlich geringen Mengen, die einen verschwindenden Bruchteil des mit der Nahrung zugeführten Quecksilbers ausmachen, auszuschließen.

Der Minister hatte doch zuerst geschrieben, daß in der wissenschaftlichen Literatur die Berechtigung der Verwendung von Amalgam in der Zahnheilkunde *immer wieder in Zweifel gezogen worden ist,* und jetzt auf einmal ist eine Schädigung *auszuschließen*?

»Das ist ja der Fehler, das haben ihm medizinische Analphabeten gesagt, keine Ärzte, Fachärzte. Wenn Quecksilber durch den Magen-Darm-Trakt, also durch die Nahrung, in den Körper kommt, ist das doch ganz etwas anderes, als wenn Quecksilber durch das Gewebe, das Zahnfleisch, entlang dem Zahn, die Wurzel, in den Kiefer und von dort in das Blut kommt«, meinte Professor Altmann, als er mit dem Brief des Ministers konfrontiert wurde.

Sein Kommentar dazu lautete: »Ich habe das schon vor dreißig, vierzig Jahren behauptet und geschrieben: Die Herren von der Regierung und der Sozialversicherung tragen allein die Verantwortung für das Leid, die Not, die Schmerzen und schließlich auch für den Tod der Patienten, die Amalgamplomben im Mund haben. Es endet zwar nicht immer so tragisch, Gott sei Dank, aber zu einem verhältnismäßig hohen Prozentsatz. Und wenn es auch nur einer wär', wär' der eine schon zuviel! Nur weil er arm ist und sich Amalgamplomben einsetzen lassen *muß*, weil er nicht genug Geld hat, muß er sterben! Ich hab' keine Amalgamplomben im Mund!«

Ich selbst darf mir keine medizinischen Kenntnisse anmaßen, ich bin in diesen Dingen, wie viele Millionen anderer Bürger auch, ein absoluter Laie, aber ich bin ein *Patient*, der selbst über fünf volle Jahre unsagbar leiden mußte, und ich sah viele mit mir leiden wegen dieser Giftplomben. Da stellte ich die Frage: »Wer ist denn da im Obersten Sanitätsrat? *Wer* sind denn die Herren, die unseren Gesundheitsminister *so* beraten?«

Keiner der Ärzte, die ich fragte, konnte mir sagen, welche hohen Herren im Obersten Sanitätsrat das große Wort führten. Dann fand ich eine Aufstellung der Mitglieder dieses Gremiums im Amtskalender. In einer Diskussion mit einer Reihe von Wiener Ärzten stellte ich fest: Es ist in diesem ganzen hohen Gremium kein einziger Zahnarzt, kein Kieferchirurg, kein Mundbakteriologe, kein Mikrochemiker, kein analytischer Chemiker, kein Elektro-Akupunkteur, kein einziger Fachmann der Naturheilkunde, und *nur* diese Experten hätten urteilen können. »Das ist doch so, als ob Schuster über die Arbeiten von Tischlern urteilen sollen oder Maurer über die Kuchen, die ein Konditor bäckt«, erklärte Dr. Zemann. Nach langer Beratung faßten die Mediziner den Entschluß: Ich, als Amalgamopfer, sollte selbst mit dem Gesundheitsminister reden.

Am 16. Juni 1982 schrieb ich meinen ersten Brief an den Gesundheitsminister. Doch der Herr Minister hatte keine Zeit. Auch Dr. Zemann hatte einen langen Brief an den Herrn Minister geschrieben, der nichts an Deutlichkeit zu wünschen übrigließ. Das war der Schluß des bedeutsamen Schreibens:

»Für Dein Bemühen in dieser Causa möchte ich Dir danken. Feste und ehrwürdige Institutionen sind auch von Dir von einem eingefahrenen Weg nicht abzubringen. Ich werde somit nur in meinem eigenen ärztlichen Wirkungskreis Amalgamintoxikationen aufspüren und behandeln und ev. Fachvorträge in einschlägigen Gremien halten.
Mit herzlichem Gruß Dr. Zemann e. h.«

Und so lautete mein Schreiben:

ernst ebm

REPU...
Bundesministerium für Gesundheit und Umweltschutz
Eingel.: 15. J... 1982
Zl. ...
Vorzahl ... 19...

1020 W i e n, 16. Juni 1982
II., Josef Gall Gasse 1/2
24-14-14

Sehr geehrter Herr Bundesminister,

Herr OMR Prim. Dr. Leopold Z e m a n n behandelt mich seit 1950 als Schwerkriegsbeschädigten und seit 1977 - wie sich erst später herausstellte - auch als "Amalgam-Opfer". Wie mir bekannt ist, wurde mit Ihnen diesbezüglich korrespondiert und auch mein Name genannt.
56 Ärzte mit Rang und Namen vom praktischen Arzt aus dem 5er-Haus "Am Schüttel" bis zu den Herren Universitätsprofessoren haben alle versucht, meine kaum erträglichen Schmerzen zu lindern, zu heilen. Erfolglos. Viereinhalb lange Jahre.
Auch neun Spitalsaufenthalte waren erfolglos. Ebenso wie tausende Pillen, Pulverln, Kapseln, Injektionen, Infiltrationen, Salben, Zäpfchen und Tropfen.
Dr. Thomas K r o i s s, Wien-Mauer, ein praktischer Arzt, der auf Naturheilmethoden schwört, hat mich im Verein mit Dentist Kurt [redacted], mit de...
Dr. [redacted] heilte tausende "Amalgam-Opfer" in der BRD, jetzt gibt es bei ihm auch schon eine "Österreich-Kolonie" und ich darf ruhig sagen: DR. [redacted] MACHT LAHME WIEDER GEH'N UND BLINDE WIEDER SEH'N!
Glauben Sie bitte nicht, verehrter Herr Bundesminister, ich sei ein phantasievoller Journalist und will eine "ganz tolle Story verfassen", Herr Minister, ich stelle jedes meiner Worte unter Beweis.
Ich habe über 6 Stunden Tonbandaufnahmen, Interviews mit "Amalgam-Opfern" in Österreich und Deutschland sowie über 400 Fotos in Kodak-Color über diese so erfolgreiche Heilungsmethode von der Diagnostizierung angefangen über die Operationen (meine auch auf Dias) bis zu der anschließenden Therapie.

Wie ich Sie aus den Worten von Prim.Dr. Zemann, von Kollegen und auch sonst zu kennen glaube, werden Sie sich meiner Bitte jetzt sicherlich nicht verschließen:

ICH BITTE SIE UM EINE PERSÖNLICHE AUSSPRACHE.

Ich möchte abschließend verbindlich feststellen: Ich beweise Ihnen T a t s a c h e n, Herr Minister. T a u s e n d f a c h e r h ä r t e t durch ähnliche, gleichartige und auch noch viel ärgere Fälle, als es meiner war.
Nicht umsonst hat Prim.Dr. Zemann schon vor Monaten zu mir gesagt:"Ich glaube, wir haben heute den Grundstein zu einer Änderung des Gesundheitswesens gelegt...!"
Wenn jetzt auch wissenschaftliche, akademische Gespräche geführt wurden, wie ich hörte, müssen diese doch leere Worte bleiben, Herr Minister.
Entweder wissen die damit befaßten Herren nicht, was sich wirklich tut oder sie vertreten eigene, persönliche Interessen oder solche der heute noch so mächtigen Amalgam-und Chemie Industrie. "Gesunde Geschäfte" sagt Ihnen doch etwas...

Ich gehe einen anderen Weg. Wie mir Prim.Dr. Zemann vorschlug, möchte ich zuerst mit Ihnen und den verantwortlichen "Medizinmännern" reden.
Ich stelle mich gerne jedem medizinischen Forum.
Ich bitte sogar darum.
S i e können dann diese echte und umwälzende Revolution des Gesundheitswesens herbeiführen und zum Wohle Aller durchsetzen.
Oder auch nicht.
Ich werde dann schreiben.
So oder so.
Ich darf Ihnen heute schon für Ihr Interesse und Ihre ganz besondere Mühe danken, stehe jederzeit zu Ihrer Verfügung und verbleibe

mit freundlichen Grüßen
Ihr sehr ergebener

ERNST EBM

Inzwischen schritt Dr. Zemann zur Selbsthilfe für die Patienten. Mir war der Verlauf der Dinge recht. Denn wie mir auch Dr. Ungar nach den ersten beiden Operationen in Frankfurt vorausgesagt hatte, kamen meine Schmerzen langsam, aber sicher zurück. Ich wollte daher vor allem zu den nächsten Operationen nach Frankfurt fahren, wie es schon vor drei Monaten vereinbart worden war.

Da leistete sich das Landesinvalidenamt, dem ich ja leider unterstehe, noch einen recht makabren Scherz: Man wollte mich vollkommen gesetzwidrig noch schnell in das Neurologische Krankenhaus der Stadt Wien einweisen. Man wollte mich womöglich als Narr hinstellen und mich entmündigen lassen. Ebenso ist es schon anderen Amalgamopfern gegangen. Sogar Ärzte sollten zum Schweigen gebracht werden, nur weil sie gegen die Verwendung von Amalgam auftraten. Doch daraus wurde bei mir nichts.

Ich sollte am 16. August 1982 in der Nervenheilanstalt »Am Rosenhügel« bis spätestens 11 Uhr eintreffen. Ich schrieb sofort zurück: »Ich komme nicht, meine Herren. Ich will jetzt nicht mehr länger sinn- und zwecklos iatrogene Schmerzen erleiden. Ich will endlich gesund werden, und das kann ich nur durch die schon monatelang vorgeplanten Operationen bei Dr. Ungar. Den dort festgesetzten Termin werde ich einhalten!«

Nun schaltete sich sogar der Chefarzt des Landesinvalidenamtes ein, der nach der Rechtslage in meinem Fall überhaupt kein Wort mehr zu reden hatte. Mit Brief vom 16. August 1982 erteilte er mir im Majestätsplural eine Rechtsbelehrung mit Rechtschreibfehlern (siehe Anhang Nr. 8). Der Herr Chefarzt versuchte sich vergeblich als Jurist. Meine Rechtsansicht wurde 14 Monate später vom Höchstgericht bestätigt (siehe Anhang Nr. 9).

Für mich aber ging damals im August 1982 der Zug in die Bundesrepublik pünktlich ab.

Wieder unter dem Messer

Morgens früh traf der Zug in Frankfurt ein. Diesmal wurde ich links oben operiert und der Kieferknochen zu einem guten Teil abgetragen. Eine seltsame Ruhe überkam mich, als ob mich das alles gar nichts anginge. Schmerzen hatte ich nicht, und nach 105 Minuten sprang ich vom Operationsstuhl. Nach einer Woche lag ich wieder auf dem Operationsstuhl, doch dieses Mal sollte es nicht mehr so glatt gehen.

Als ich, wie sonst üblich, von dem großen, weißen Stuhl springen wollte, knickte ich ein. Ich hatte ganz plötzlich wieder diese entsetzlichen Schmerzen, die ich schon in alle Ewigkeit überwunden glaubte. Diese Operation war wohl die schwerste gewesen und hatte volle 135 Minuten gedauert. Ich wurde in mein Zimmer gebracht, mein Gesicht war schon jetzt total verschwollen. In der Nacht fand ich keine Minute Schlaf.

Dr. Ungar, Dr. Djerassi und die Schwester besuchten mich abwechselnd mit besorgtem Gesicht. Ich fragte Frau Dr. Djerassi: »Ist da etwas schiefgelaufen?« »Schiefgegangen ist da gar nichts, nur Ihr ganzer Körper ist schon so verherdet, daß Sie immer noch Schmerzen haben. Sie wissen ja, was bei Ihnen alles angegriffen ist: Wirbelsäule, Magen, Darm, Niere, Leber, Blinddarm, Prostata . . .« Ich war entsetzt. »Was kann man da jetzt noch machen?« Die Ärztin zuckte mit den Achseln. Ich sah ihr sorgenvolles Gesicht. Ihr Schweigen sagte mir mehr als viele Worte. Ich schluckte. Ich schluckte noch Blut.

»Wie soll es weitergehen?« fragte ich betroffen.

»Gehen Sie zum Altmann, wenn Sie nach Wien kommen . . . Ich komm' dann auch nach. Zum Ärztekongreß in Wien.«

Alles in Ordnung?

Kaum war ich in Wien angekommen, erlitt ich einen Kollaps auf offener Straße. Mein Sohn mußte mich heimbringen, ich konnte die Augen nicht mehr öffnen und hatte Schmerzen im ganzen Leib. Professor Altmann aber war auf Urlaub.

Ich mußte im Bett liegen, und mein Sohn mußte mich pflegen, da meine Frau selbst operiert worden war. Da kam endlich der Anruf: Frau Dr. Djerassi war in Wien und besuchte den Zahnärztekongreß.

Sie vermittelte mich in meiner Not und mit all meinen Schmerzen an Herrn Oberarzt Dr. Döppel, dessen ausgezeichnete Fähigkeiten ihr bekannt waren. »Ich hoffe, der kann Ihnen helfen . . .«

Oberarzt Dr. Döppel verlangte Befunde. »Bringen Sie alle Befunde, die Sie haben, und die Anamnese!«

Am 25. Oktober 1982 stand ich um 8 Uhr vor dem EKG-Raum eines Wiener Spitals. Acht Seiten Anamnese und, fein säuberlich geordnet, 34 Seiten Befunde, und meine Reisetasche hatte ich in der Hand. Ich wurde sofort behandelt. EKG, Blutdruck, schmerzstillende Pulver, Infiltrationen. Langsam ging es mir etwas besser.

Am 27. Oktober 1982, kurz nach 10 Uhr, kam die Visite: Professor Dr. Schneck, Frau Dr. Sommer und Dr. Wiener. Frau Dr. Sommer, eine junge Assistenzärztin, hatte meine Befunde von Oberarzt Dr. Döppel bekommen und diese gründlich studiert. Sie referierte dem Herrn Professor: »Das ist der Amalgam-Quecksilber-Fall!« »Das ist doch nicht möglich«, sagte Professor Schneck sofort. »Amalgam ist doch ein festes Metall, wie kann sich das im Munde lösen? Da müßten wir alle quecksilbervergiftet sein!« Dr. Sommer reichte dem Professor meine Befunde. »Das ist sehr interessant . . .!« Doch Professor Schneck stand schon vor dem Nebenbett. Frau Dr. Sommer verzog ihr Gesicht, zuckte mit den Achseln und fragte mich: »Haben die Infiltrationen gewirkt?« »Ja.« »Dann werden wir das eben weitermachen!« Jetzt verzog ich mein Gesicht. Sie lachte. »Sie müssen sich entscheiden: die Schmerzen — oder die Infiltrationen!« Dann huschte sie dem Herrn Professor nach. Nach einer halben Stunde kam sie mit Dr. Wiener noch einmal zu mir. Ich bedankte mich für ihr Eintreten vor dem Herrn Professor. »Nicht wegen der ganz geringen Schmerzen, die die Infiltrationen verursachen, verzog ich vorhin mein Gesicht. Ich will endlich meine Schmerzen nicht nur betäubt haben, ich will *geheilt* werden, Frau Doktor!« sagte ich. Dann waren beide weg aus dem Zimmer.

Ich fragte mich ernstlich, ob ich Herrn Professor Schneck sagen sollte, *wie* sich Quecksilber im Mund löst. Das hatte mein jüngster Sohn schon mit 12 Jahren im Gymnasium gelernt, und der Herr Professor sollte davon nichts wissen? Ich sah dann aber ein, daß es doch keinen Zweck hat, als Patient in einem Spital mit dem Professor ein medizinisches Streitgespräch zu führen, und ließ es bleiben.

Ich drückte aber der jungen Assistenzärztin medizinische Unterlagen, die ich selbst erst kürzlich von Professor Altmann und Till erhalten hatte, in die Hand: »Lesen Sie das, Frau Doktor, dann können Sie vielleicht Ihrem Chef beibringen, wie sich Quecksilber im Mund löst!« Freitag, den 29. Oktober 1982, glaubte ich schon an ein Wunder. Professor Schneck kam in das Zimmer und reichte mir die Hand. »Ich habe jetzt sehr viel von Ihnen gehört.« Und zu Frau Dr. Sommer gewendet: »Bitte berichten Sie mir in der nächsten Woche über Ihre Amalgam-Studien beim Patienten!« — Doch ich hörte nichts mehr von ihm.

Dr. Sommer kam, solange sie auf der Station war, täglich und berichtete mir über die Untersuchungen, die mit mir gemacht wurden: »Ihre Befunde sind gut. Leber und Niere sind nicht angegriffen. Ich will Ihnen die Mühen einer Kontrastmittelspritzung ersparen!« — »So gute Funktionsbefunde haben wir selten!« hieß es nach anderen Untersuchungen am nächsten Tag. Mehr als zwanzig Untersuchungszettel hingen schon an meinem Bett. Dr. Sommer: »Bei Ihnen ist doch alles in Ordnung und bestens!« So ging es weiter, volle vier Wochen lang.

Die weißen Mäuse

Den Vogel schoß Frau Dr. Bene, die Neurologin des Spitals, ab, deren Wissen und Können weit über die Grenzen des Spitals bei ihren Kollegen, mit denen ich sprach, bekannt ist. Ich saß schon über eine Stunde vor ihrem Zimmer. Da kam eine sehr gütig aussehende Dame mit ergrautem Haar heraus und fragte nach mir. »Was verfolgt Sie denn, mein Lieber?« mußte ich hören. Ich drehte mich um. »Meinen Sie mich?« »Ja, ja!« »Mich verfolgt nichts. Wüßte nicht, was!« »Aber ja, doch, ich weiß alles, kommen Sie rein!«

Direkt liebevoll legte die Dame ihren Arm um meine Schultern. »Na, wer oder was verfolgt Sie? Mir können Sie es ruhig sagen!« Ich schüttelte den Kopf. »Mich hat noch niemand verfolgt, höchstens ich verfolgte die anderen, Frau Doktor!« Als ich beinhart dabei blieb, daß ich nicht verfolgt werde und mich auch nicht verfolgt fühle, sagte sie: »Ziehen Sie sich aus!« Weil ich das nicht allein tun kann und bei jeder Bewegung Schmerzen habe, half sie mir dabei. Das hat bisher noch kein Arzt getan.

Immer wieder flocht sie ein: »Na, sagen Sie es schon, *wer* verfolgt Sie . . . oder was?« Mir war das schon zu dumm. Ich schüttelte nur noch den Kopf.

»Na, wie sind denn die Schmerzen, die Sie jetzt haben?«

»Arg, sehr arg.«

»Und woher kommen denn die?«

Ich erzählte in ganz kurzen Worten meine Leidensgeschichte. »So, so, Strom hatten Sie im Mund . . . elektrischen Strom . . . wie stark war denn der?«

»800 Millivolt!«

»So, das wissen Sie auch?«

Plötzlich fragte sie, wie aus der Pistole geschossen: »Und was verfolgt Sie jetzt oder verfolgte Sie früher einmal?«

Da platzte mir der Kragen. »Ja, wenn Sie mich *so* fragen, *muß* ich wohl eine Antwort geben . . . aber das ist schon lange her!«

»Na, endlich. Jetzt sind wir soweit. Also, was verfolgt Sie?«

»Eine weiße Maus!«

Die Neurologin machte riesige Augen, ihr Mund blieb offen. »Eine weiße Maus?«

»Ja!«

»War die groß oder klein?«

»Groß. Sehr groß!«

»War sie auch schnell?«

»Sehr schnell!«

»Wie war das dann . . . erzählen Sie es mir. Ruhig, ganz ruhig . . .«

»Aber Frau Doktor, das ist doch schon so lange her!«

»Trotzdem, ich will es wissen!«

»Also bitte: Ganz plötzlich war sie da, die weiße Maus, und wollte mich aufhalten. Doch das gelang ihr nicht!«

»Wieso?«

»Weil ich schneller war!«

»Wie lange fühlten Sie sich von der weißen Maus verfolgt?«

»Ich fühlte mich nicht nur verfolgt, ich *wurde* tatsächlich verfolgt von der weißen Maus. So an die zehn Minuten!«

»Ja, ja, und was war dann?«

»Dann war plötzlich eine zweite weiße Maus da!«

»*Was?* Eine zweite weiße Maus? Moment! War die größer oder kleiner?«

»Viel größer noch. Riesengroß. Und auch viel schneller . . .«

»Und was war dann?«

Ich überlegte.

»Erzählen Sie, erzählen Sie!«

»Na, die größere und schnellere weiße Maus ist mir dann mit ihrer 500er Maschine, wie der Marlon Brando, rechts vorgefahren und hat mich gestoppt. ‚Fuffzig Schilling kriege ich', brüllte mich die weiße Maus wütend an. ‚Wegen Schnellfahrens im Stadtgebiet!'«

Jetzt war sie böse auf mich, die liebe Frau Doktor Bene. Denn erst jetzt merkte sie, daß meine »weißen Mäuse« Wiener Verkehrspolizisten waren, die diesen liebevollen Spitznamen in Österreich tragen.

Im Befund las ich dann: Patient redet wirre. Aber nicht wegen der »weißen Maus«. Nein, ich redete wirre von Amalgam und Goldplomben im Mund, die mich vergiftet hätten, und darum hätte ich in Deutschland operiert werden müssen. Für 250.000 Schilling. Und ich leide an paranoiden Zügen! Als ich den Befund schon am 4. November aus meiner Krankengeschichte herausfischte und den Inhalt auf mein Tonband diktierte, fuhr mir tatsächlich der Schrecken in die Glieder.

»Paranoia« ist doch eine Geisteskrankheit: die Entwicklung eines systematisierten Wahns, wenn auch bei erhaltener Klarheit des übrigen Denkens, Wollens und Handelns. Endstation ist aber dann doch meist das Irrenhaus.

Ich rief sofort Professor Till an. Sicher ist sicher. Denn ich kannte einen Patienten, ein Amalgamopfer wie ich, der über Schmerzen klagte, die keinen positiven Niederschlag in den Befunden der Schulmedizin fanden, und der tatsächlich wegen »Paranoia« nach Steinhof (das größte Irrenhaus von Wien) kam. Das war nicht gerade mein Wunsch und mein Ziel.

Ich schwieg also von dem Tag an eisern vor allen Ärzten über Amalgam und Goldplomben und ließ nur alle Untersuchungen über mich ergehen.

Dann wurde Frau Dr. Sommer von Frau Dr. Thanninger abgelöst, und ich wurde in das Zimmer 4, zu Herrn Amtsrat Maurer, geschoben, wohl weil ich mich mit einigen Säufern zerstritt, die in dem Spital gehegt und gepflegt werden wie in einem Sanatorium in Hollywood. Und diese »Alkoholkranken«, wie man sie jetzt nennt, nehmen den unverschuldet kranken Patienten die Betten weg.

Frau Dr. Thanninger fragte mich schon bei ihrer ersten Visite: »Sie haben jetzt kein Amalgam mehr im Mund und klagen noch immer über Schmerzen, wie erklären Sie sich das?« Um nicht wegen »paranoider Züge« ins Irrenhaus zu kommen, sagte ich nur: »Da müssen Sie bitte Herrn Professor Altmann oder Herrn Professor Till fragen, *die* wissen das, ich nicht.« Ich konnte ruhig sein: Dem Altmann oder dem Till wird niemand wegen deren Ansicht über Amalgam »Paranoia« zuschreiben.

Sonst kam ich aber nicht nur mit Frau Dr. Thanninger, sondern auch mit allen anderen Ärzten und Schwestern ganz blendend aus. Alle taten ihr Bestes. Alle wollten mir helfen. Nur konnten sie das nach den Dogmen der Schulmedizin nicht.

Starke Beweise

Amtsrat Maurer, mit dem ich jetzt das Zimmer teilte, hatte sehr heftige Asthma-Anfälle und starke Schmerzen in den Gelenken. Was ist das Thema Nummer eins im Spital? Man klagt gegenseitig über die Schmerzen und die Leiden, die man hat. So erzählte ich meinem Zimmergenossen halt auch meine Geschichte. Zum Schluß fragte ich ganz beiläufig: »Haben Sie nicht auch Amalgam und Goldkronen im Mund? Das Gift im Mund kann nämlich auch Asthma und Gelenkschmerzen bewirken.« »Ja, habe ich«, erwiderte er. »Jede Menge!«

Ich versprach ihm, mich um ihn zu kümmern, wenn er aus dem Spital entlassen würde. Wir fuhren dann zu meinem Dentisten, der bei Maurer eine Stromspannung von 500 Millivolt feststellte und die Amalgamplomben ausbohrte. Heute ist Amtsrat Maurer vollkommen gesund; sein Körper war noch nicht so verherdet, wie es meiner leider schon war.

Als Maurer mir von seiner Heilung berichtete, nahm ich das natürlich auch auf Tonband auf und ließ ihn dann vor dem österreichischen Gesundheitsminister ganz kurz — via Tonband — reden. Ich hatte damals schon 30 Stunden Tonbandaufnahmen mit Gesprächen von Amalgamopfern. Ich zeigte dem Herrn Minister auch eine

Ansichtskarte, die mir Maurer von einer Bergwanderung mit dem Stempel einer Almhütte im Großglocknergebiet geschickt hatte. »Kein Amalgam mehr im Mund« stand darauf, »auch kein Asthma und kein Rheumatismus!« »Das sind allerdings starke Beweise«, sagte Steyrer, als er das hörte und las. »Das hat Hand und Fuß, dem kann ich mich nicht verschließen!«

Am 20. November 1982 war es wieder einmal soweit. Ich verließ das zehnte Spital. Ungeheilt und mit Schmerzen. Da ich ein höflicher Mensch bin, verabschiedete ich mich von allen Ärzten und Schwestern. Ich dankte für die — allerdings erfolglose — Mühe. Ich möchte hier ausdrücklich festhalten: Ich ehre und schätze auch heute noch alle Ärzte, die sich — wie sie ihr Eid verpflichtet — ehrlich um die Heilung und die Besserung der Gesundheit der Patienten bemühen.

Gegen 8 Uhr stand ich noch einmal vor dem EKG-Raum und schüttelte dem Oberarzt Dr. Döppel die Hand. »Es tut mir leid, wir konnten bei Ihnen nichts finden . . .« Zusammenfassend halte ich fest: Laut dem Befund des letzten Spitals, der Endstation der Schulmedizin, fehlte mir nichts, absolut gar nichts. ». . . Bis auf die Beschwerden, deren Herkunft nicht geklärt werden konnte.« Was aber hat Professor Altmann ein paar Tage später festgestellt? Sie werden es gleich lesen. Dann wird jeder sehen, wie groß der Unterschied zwischen Schul- und Alternativmedizin ist.

5 Der große Alte

Am 20. November 1982 wurde ich also als ein — nach der Schulmedizin — vollkommen gesunder Mensch aus dem Spital entlassen. Ich quälte mich, gekrümmt vor Schmerzen, zu Professor Altmann. Ich hatte ihn zwar schon früher kennengelernt, war aber noch nie von ihm untersucht worden. Er ist einer der Großen der Wiener Medizin und Begründer der Herdlehre, aber heute werden seine Leistungen von der Schulmedizin geflissentlich verschwiegen.

Am Hauseingang hängt ein kleines, vollkommen unscheinbares Schild, und darauf steht schlicht und einfach »Dr. L. Altmann«, sonst nichts. Hinter diesem Namen verbirgt sich der wohl umstrittenste Zahnarzt der Welt, so wie einst Dr. Josef Issels, übrigens ein Freund von Altmann, der umstrittenste Krebsarzt der Welt war. Plötzlich stand der bescheidene Gelehrte im weißen Ärztekittel vor mir, lächelte und streckte mir beide Hände entgegen: »Ich hab' Sie schon erwartet . . . der Ungar hat Sie in Deutschland operiert!« Ich erzählte ihm meine Leidensgeschichte, er fragte, er notierte und schrieb die Anamnese (Vorgeschichte meiner Erkrankung) auf.

Dann saß ich auf dem Stuhl zur Untersuchung mit einem EHT-Gerät (Elektro-Hauttest-Gerät). »Das ist eines der Urgeräte aus den vierziger Jahren!« stellte Altmann das Wunderding vor. »Das ist das erste Modell, mit dem ich auch heute noch immer klaglos arbeite!« Meine rechte Hand wurde mit feuchtem Mull umwickelt, dann kam eine Klammer darauf, und die Schwester tauchte einen der Pinsel in Wasser und begann dann damit über mein Gesicht zu streichen. Ich spürte zuerst nur ein ganz feines Kribbeln. »Kieferherde hat er sicherlich nicht mehr!« meinte Altmann. Als die Schwester über meine Stirn strich, zuckte ich zusammen. Ich hatte die Augen geschlossen, doch wie Funken sah ich plötzlich zahllose weiße Punkte. Aber die Schwester pinselte ruhig weiter. An der Nasenwurzel schmerzte es besonders.

Als ich die Augen öffnen konnte, sah ich Altmanns besorgtes Gesicht. Die Schwester strich jetzt mit dem Pinsel über meine linke Schulter. Wieder ein Stromschlag und Rötung der Haut. Immer hatte ich über Schmerzen in der linken Schulter geklagt, doch Röntgenbilder, die Dr. Zemann machen ließ, gaben keinen Aufschluß über den Grund. Als dann über die Brust, dann Galle, Leber, Niere gepinselt wurde, krümmte ich mich. Professor Altmann hielt mich an der Hand. »Das ist ja der elektrische Stuhl«, versuchte ich zu witzeln, doch das verging mir, als dann der Magen-Darm-Trakt drankam. Ich glaubte, Tausende Ameisen verbissen sich in meiner Haut. Als über den Hals gestrichen wurde, mußte ich stark husten. »Alles Herde . . .«, hörte ich.

Dann wurde ich umgedreht. Die Haut der gesamten Wirbelsäulengegend färbte sich hochrot, immer wieder zuckte ich zusammen, besonders in der Sakralgegend

(Kreuzbeingegend) beiderseits und am linken Sakroiliakalgelenk (Gelenk zwischen Kreuzbein und Darmbein) schmerzte es. An zwei Stellen der oberen Brust waren rote Pünktchen aufgetaucht. Die Schwester nahm eine Lupe und zählte, wie viele es im Quadrat waren. Links waren es etwa vierzig, rechts waren die Pünktchen so zahllos, daß »X« notiert wurde.

Diese sehr heftigen Reaktionen zeigten schwere Störungen im Körper an. Die Kapillarresistenz war vermindert (eine gefäßbedingte Reaktion), und die Histamin-conjunctivalprobe nach Remky war in beiden Augen positiv.

Nach gut einer Stunde hing ich im Stuhl wie einer, den man geprügelt hat. Ich keuchte, die Haut an meinem Körper brannte wie Feuer, ich hatte Kopfweh und sah fast nichts mehr. »Wie soll es jetzt weitergehen?« brachte ich mühsam heraus. »Ich werde Ihnen zuerst einmal einen wissenschaftlich wohl fundierten Befund über den Status quo geben, dann werden wir weitersehen«, sagte Altmann. Dann hörte ich noch, ich sei dem Totengräber in der allerletzten Sekunde von der Schaufel gesprungen . . .

Die Schwester half mir aus dem Stuhl. Draußen warteten schon andere Patienten. Ich hielt mich an Altmanns Arm fest und fragte: »Wie ist denn das möglich, Herr Professor? Vor ein paar Tagen hat man mir doch gesagt, ich sei vollkommen gesund, hier ist der Spitalsbefund, erst vor ein paar Tagen ausgestellt.«

Altmann schwieg.

»Bitte, ich will das jetzt wissen!«

Altmann sagte kein Wort.

Die Schwester gab mir einen Termin, und Altmann schüttelte meine müde Hand. »Ich habe Journalisten bisher wie die Pest gemieden. Kommen Sie in drei Wochen, dann rede ich mit Ihnen ein offenes Wort! Jetzt kann ich nicht. Draußen warten ja Patienten, denen ich auch helfen muß. Leben Sie wohl!« Dann wurde ich durch die Hintertür hinausgeschoben. Ich wäre sicher kein erfreulicher Anblick für die anderen Patienten gewesen.

Die Stunde der Wahrheit

»Schon um die Jahrhundertwende«, begann Altmann, »gab es die ersten Stimmen namhafter Wissenschaftler in Deutschland und Österreich, die aufgrund sorgfältigster Untersuchungen und Forschungsergebnisse vor der Verwendung von Quecksilber-Amalgam-Zahnfüllungen warnten. Quecksilber ist schweres, tödliches Gift, wenn es im Mund durch den ‚Batterie-Effekt', also durch eine elektrochemische Elementbildung oder Galvanisation, entlang der Zahnwurzel in das Gewebe eindringt. Die Folge davon sind rheuma-, gicht- und ischiasähnliche Schmerzen. Das sind die Fernwirkungen der im ganzen Körper hervorgerufenen Herde . . . Das sind die Folgen der Quecksilberintoxikation, wie sie die Schulmedizin bis heute nicht kennt!« Altmann erklärte, daß sich ja auch alle anderen metallischen Elemente durch den »Batterie-Effekt« im Munde lösen können. »Warum also nicht auch Quecksilber?«

»Herr Professor, Sie haben Bahnbrechendes geleistet, ich habe den Erfolg Ihrer Lehre am eigenen Leib verspürt, warum sind Sie damit nicht durchgedrungen, warum blieb der große Erfolg aus?«

»Wenn ich so mein Lebenswerk überblicke, habe ich den Eindruck, daß es doch erfolgreich war. Wenn das aber nur beschränkt richtig ist, erklärt sich das sehr einfach: Die offiziellen Stellen warfen immer wieder die Frage auf: ‚Was machen wir ohne Amalgam?', und man erfand die primitivsten Ausreden, man redete über Dinge, die mit *Medizin* überhaupt nichts zu tun haben. Man sagte: ‚Gold-Inlays und andere Alternativen können wir nicht bezahlen, also müssen wir Amalgam weiterverwenden, wenn es auch noch so schädlich sein kann', und daran scheiterte der Durchbruch meiner Lehre. Das ganze Herumgerede ist doch nur eine Alibihandlung und geht darauf hinaus, wenigstens eine oberflächliche Ausrede und Verteidigung für die Sozialversicherung zu finden, die immer behauptet und den Versicherten versprochen hat, daß alles für die *Gesundung* gemacht wird!«

Genau das Gegenteil ist aber der Fall. Ich hatte das am eigenen Leibe erfahren müssen. Die Sozialversicherung hätte sich bei mir über eine Million Schilling erspart, hätte man mir nicht Amalgam in die Zähne gefüllt und andere gravierende Fehler bei der »Zahnbehandlung« gemacht.

Der zahnkranke Mensch

Im Jahre 1952, also vor über 30 Jahren, schrieb Professor Altmann, damals Chefarzt der Zahnstation Wien-Lainz, wörtlich (vergleiche Anhang Nr. 14 und 15):

> Heute wissen wir, daß die Erkrankungen der Zähne und der Mundhöhle überhaupt nicht unabhängig von den Lebensvorgängen im übrigen Körper betrachtet werden dürfen. Wir wissen heute um die Bedeutung der Ernährung, der Vitamine, der inneren Sekretion usw. für die Entwicklung der Zähne im Kiefer, und wir kennen andererseits die Bedeutung der Erfolge und der Mißerfolge in der Zahnbehandlung für das allgemeine Krankheitsgeschehen. Die Zahnheilkunde ist heute ein markantes Fach der Heilkunde überhaupt und nicht mehr ein Kunststück wie in früheren Zeiten. Die Ärzte lassen sich seit langer Zeit schon von der Überlegung leiten, daß es keine kranken Zähne, sondern nur zahnkranke Menschen gibt . . .

Doch welchem Patienten wurde das von seinem Zahnarzt gesagt? Professor Altmann schrieb schon vor drei Jahrzehnten, daß es leider vielen Patienten nicht klar ist, daß die Zahnbehandlung oft entscheidenden Einfluß auf Gesundheit und Arbeitsfähigkeit haben kann. Haben das die Herren und Damen der Sozialversicherung nicht gelesen oder nicht wenigstens davon gehört? Amalgamplomben sind billiger, das glaubt man auch heute noch. Von der Gesundheit der Menschen, dem höchsten Gut, das wir haben, darf man nicht reden.

> Die Ursache für spätere Erkrankungen des Gesamtorganismus liegt in der anatomischen Beschaffenheit der Zähne und Kiefer. Jeder Zahn kann fallweise Ursache für eine folgenschwere Erkrankung sein . . .

stellte Altmann schon anno 1952 fest, doch niemand hielt es für nötig, auf ihn zu hören.

> Wenn man früher die Erhaltung des Kauvermögens ohne Rücksicht auf den Gesamtorganismus als die Aufgabe der konservierenden Zahnheilkunde auffaßte, so muß die Forderung der heutigen Zeit dahin gehen, dem Patienten die Zähne gesund zu erhalten, aber nicht um den Preis, Zahnleichen zu konservieren . . .

schrieb Altmann damals. Was tat man? Man bettete Zahnleichen in goldene Särge. Goldkronen verdeckten die Schandtaten der Zahnbehandler, und wer recht viele »Goldzähne« im Mund hatte, galt sogar als reich und angesehen. Sicher, räumt Altmann ein, löst der Zahnverlust im Unterbewußtsein des Menschen verschiedene Reaktionen aus. Jeder Mensch hat das Bestreben, so lange wie möglich jung und schön zu sein. Es ist altbekannt, daß die ersten Anzeichen des Alterns — besonders bei Frauen — sorgfältig verdeckt werden. Daß man sich Zähne nur sehr, sehr ungern ziehen lassen will, ist nicht nur mit der Angst vor dem Schmerz begründet, man empfindet den Zahnverlust als psychisches Trauma: als Angst vor dem Alter.

Nicht anders ist die Angst vor den »falschen« Zähnen zu verstehen. »Ich glaube aber nicht, daß bei entsprechender Aufklärung solche an sich verständlichen Komplexe einer Gesunderhaltung (des ganzen Körpers) im Wege stehen dürfen«, schrieb Altmann vor dreißig Jahren, doch wer hat das den Patienten bis heute gesagt?

Verständlich, daß man schwieg: Es ist doch durchaus üblich, mit Amalgam zu plombieren und nervtote Zähne mit Goldkronen zu überdachen. Damit erfüllt man dann auch noch den »Wunsch« des Patienten, der die furchtbare Wahrheit ja nicht kennt. Der Ausbruch von Erkrankungen des gesamten Organismus ist aber jederzeit möglich.

> Es bedarf oft nur eines geringfügigen äußeren Anlasses. Vom Liegen auf der grünen Wiese . . . bekommt man keinen Rheumatismus. Hat der Mensch aber einen Herd im Körper, so kann ein so geringfügiger Anlaß genügen, eine Erkrankung auszulösen. Es müssen nicht immer nur bakterielle Schädigungen ins Auge gefaßt werden, auch toxische, chemische, mechanische müssen dabei berücksichtigt werden . . .

So heißt es bei Altmann. Hat das der Allergie-Experte von Wien, Professor Dr. Ebinger, gewußt, als er mir sagte, ich hätte auf keinen Fall irgendeine Allergie? Als er meinte, Dr. Zemann möge sich als Orthopäde lieber um die Füße der Patienten kümmern und sich nicht in sein Fachgebiet einmischen?

Falsch programmiert

Wie vieles im Leben ist auch die »Zahnheilkunde« falsch programmiert, meint Altmann. Eine Ersparnis durch Amalgamplomben gibt es gar nicht, abgesehen von Einzelfällen. Man denkt ja nicht an die Folgeerkrankungen einer falschen Zahnbehandlung, und damit ist nicht nur die Verwendung von Amalgam gemeint. Es gibt kein Gebiet der Medizin, in das Zahnerkrankungen nicht hineinspielen.

»Aber für die schweren Erkrankungen, die durch die grundfalsche Programmierung der Zahnheilkunde hervorgerufen werden, geben sie Geld aus. Millionen, Milliarden. Meine Schüler kennen die Wahrheit, und das sind viele, Gott sei Dank, aber auch die anderen verantwortungsbewußten Zahnärzte müßten das wissen. Nur können die ja nicht anders. Die Kasse zahlt nur Amalgam. Ich könnte mir sogar vorstellen, daß Politiker und die hohen Herren der Sozialversicherungen das verstehen oder dabei zumindest ein sehr ungutes Gefühl haben. Aber die können ja jetzt nicht Farbe bekennen, wo sie doch den Leuten immer eingeredet haben, daß doch ohnedies alles für die Gesundheit getan wird. Kein Politiker wird es wagen, jemals zu sagen, man hätte nicht immer das Beste gemacht«, sagt Altmann.

Er gibt zu, daß man einfach nicht glauben wird, was er da sagt. »Weil es niemand fassen kann, was sich die Kassen, die Politiker, die ja allein eine Reform herbeiführen könnten, da leisten und zulassen. Auch die ‚Experten', die da immer genannt werden, die das Amalgam verteidigen, stehen unter Druck. Ich weiß nicht, ob es wirklicher Druck ist oder nur moralischer Druck, weil man die Fehler der Vergangenheit nicht eingestehen und die Leute nicht beunruhigen will. Aber mit Halbwahrheiten ist niemandem gedient. Ob ich will oder nicht, ich muß sagen, die heutige Zahnheilkunde hat ja mit Medizin nichts zu tun!«

Derartig harte Worte hatte ich nicht erwartet. »Zahnärzte heißen zwar ‚Ärzte', in manchen Ländern sind sie aber gar keine ausgebildeten Mediziner«, fährt Altmann fort. »Die Richtung für die heutige Zahnheilkunde wird von der FDI (Fédération Dentaire Internationale) mit Sitz in Paris, New York, ja fast überall in der Welt, angegeben. Das ist, man könnte fast sagen, eine internationale Zahnärzte-Gewerkschaft, die auch und vor allem die finanziellen Interessen ihrer Mitglieder vertritt. Da wird hie und da ein Kongreß abgehalten, mit einem wissenschaftlichen ‚Beiprogramm', Hauptsache ist gut essen, gut trinken, man läßt es sich gutgehen. Die Mitglieder zahlen — und die Funktionäre leben gut. Diese Interessengemeinschaft wird als ‚wissenschaftliches Forum' hingestellt, was sie nie war und auch nie sein kann und sein wird. Man wird dort vielleicht hören, wie man noch schneller und noch leichter arbeiten kann, wie alle noch mehr von dem Kuchen abschneiden können . . . aber Medizinisch-Wissenschaftliches wird man von dort nicht erfahren können. Jeder soll seine wirtschaftlichen Interessen vertreten, aber bitte im Rahmen des moralisch Möglichen!«

Altmann spricht wie ein Junger, nicht wie ein 85jähriger Gelehrter, der sechzig Jahre seines Leben in den Dienst der Wissenschaft gestellt hat. Er gibt einen treffenden Hinweis: Die FDI hätte jetzt den Zahnärzten sogar geraten, das Amalgam nicht selbst oder von der Assistentin anrühren zu lassen, weil man sich dabei sehr leicht eine Quecksilbervergiftung zuziehen könne. Seine Schülerin Elena Djerassi habe schon vor vielen Jahren darüber geschrieben und gesagt, daß Quecksilbervergiftungen bei Zahnärzten ganz allgemein eine Berufskrankheit werden wird.

Der große Fehler

Professor Sauerwein, Ordinarius in Bonn, stellte im Rahmen der konservierenden Zahnheilkunde fest, daß 85 Prozent der in seiner Klinik überprüften Amalgamfüllungen nicht »*lege artis*« (also nicht mit der genügenden Sorgfalt, nicht kunstgerecht) verarbeitet wurden.

»Wenn man jetzt tatsächlich meint, es gäbe angeblich kein besseres Zahnfüllungsmaterial als Amalgam, würde das Problem schon ganz anders aussehen, wenn man Amalgam auch so sorgfältig verarbeitete, wie es unbedingt notwendig ist«, betont Altmann.

Keresteszi (Leiter der Universitätszahnklinik in Wien) zum Beispiel geht aber davon aus, daß alle Amalgamfüllungen richtig und fachgerecht, eben »lege artis« verarbeitet werden. »Das ist ein großer Fehler, auch der Fehler der anderen, die Amalgam befürworten. Denn, wie Professor Sauerwein klinisch bewiesen hat, werden ja 85 Prozent *nicht* mit der unbedingt notwendigen Sorgfalt verarbeitet, und diese 85 Prozent aller derer, die Amalgam im Mund haben, sind die Opfer, die mit den Leiden (den Herderscheinungen) leben müssen, bis sie eben sterben!«

Altmann erklärt mir dann, was bei der Herstellung einer Amalgamfüllung alles beachtet werden müßte, doch ich bin kein Zahnarzt, und kaum ein Leser — es sei denn, er wäre Zahnarzt — würde all das und diese vielen Fachausdrücke verstehen. Mir sagt Altmann schließlich: »Aber das alles zu machen ist in der Praxis vollkommen unmöglich, denn die Herstellung einer solchen Plombe wäre so zeitaufwendig, daß sie, *lege artis* gemacht, fast ebenso teuer käme wie eine Goldfüllung. Vollkommen ausschließen kann man selbst dann nicht, daß Quecksilber nicht doch, auch aus einer solchen *Lege-artis*-Füllung, ausgeschieden wird. Das habe ich Ihnen jetzt erklärt, und es ist wissenschaftlich fundiert. Unter diesen Umständen ist es wohl besser und richtig, was Till sagt: ‚Überhaupt kein Amalgam verwenden! Da gibt es dann kein Problem!' Kaum ein Zahnarzt, kein medizinisch gut Beratener, keiner, der sich andere Zahnfüllungen leisten kann, hat Amalgam im Mund. Dem armen Teufel aber, dem Krankenkassenpatienten, der auf ‚Schein' behandelt wird, bohrt man ein Loch in den Zahn und verschmiert es mit dem teuflischen Gift. Da ist das Risiko zu hoch!«

»Wenn jetzt Zahnärzte aufschreien: ‚Für dieses wenige Geld können wir keine Amalgamfüllungen lege artis herstellen', ist das keine ärztliche Entschuldigung«, donnert Altmann. »Ich habe den Ärzten immer gesagt, laßt doch die Finger von der Krankenkasse, doch die Antwort der meisten, daß man ohne Kasse nicht leben kann, ist auch nicht ganz vom Tisch zu wischen! Das muß eben jeder mit seinem Gewissen ausmachen. Und wenn jetzt gar Zahnärzte behaupten sollten, sie machten die Füllungen ohnedies so, wie es sich gehört, stelle ich nur eine einzige Frage: Wie konnte dann Professor Sauerwein die 85 Prozent der falsch verarbeiteten Amalgamfüllungen klinisch beweisen?«

Auch Zahnärzte leben gefährlich

Medical Tribune

Internationale Wochenzeitung — Ausgabe für Österreich

Jahrgang 15, Nr. 8 *Aktuelle ärztliche Berichte — akkurat, weltweit, objektiv* Freitag, 25. Feber 1983

Amalgam-Füllung

Zahnärzte sind quecksilber-gefährdet

PHILADELPHIA – Zahnärzte leben ge- … einmal das Hepatitis- … USA, spürten die Untersucher Quecksil- … Muskelaktionspotentiale und sensible … motorische Nervenleitgeschwindig- … Muskeln. Bei 30 %

Dieser Bericht stand in der angesehenen internationalen Wochenzeitung »Medical Tribune« am 25. Februar 1983. Dr. Irving M. Shapiro, School of Dental Medicine, University of Pennsylvania, Philadelphia, USA, schrieb diesen Tatsachenbericht, der offensichtlich nur für Ärzte bestimmt war und nicht an die Öffentlichkeit dringen sollte. »Zahnärzte leben gefährlich«, heißt es in diesem internationalen wissenschaftlichen Beitrag:

> Als chemische Noxe (krankheitserregende Ursache) drohen Quecksilberdämpfe, die bei der Anfertigung von Amalgamfüllungen anfallen. Sie schlagen sich durchaus zu Buche, bedenkt man, daß ein Zahnarzt durchschnittlich pro Jahr mehr als ein Kilogramm Quecksilber verarbeitet . . .

Des weiteren wird berichtet, daß nicht unbeträchtliche Quecksilberdämpfe frei werden und daher Quecksilber folgerichtig in höheren Mengen im Harn und in den Haaren zahnärztlichen Hilfspersonals auftritt. Eine Arbeitsgruppe in den USA ging der Sache auf den Grund und stellte fest, welche Folgen eine solche Quecksilberexposition hat.

Der wissenschaftliche Bericht von Prof. Dr. Irving Shapiro endet mit den bedeutsamen Worten:

> Somit scheint es durchaus gerechtfertigt, die Zukunft der Zahnärzte für die Noxe Quecksilberdämpfe in ihrer Praxis hellsichtig zu machen.

So »hellsichtig« war Professor Altmann schon vor 40 Jahren!

Hunderte »Zahntoter« jährlich

Da ich fünf Jahre leiden mußte, bis man herausfand, daß Amalgam Grund und Ursache meiner schweren Erkrankung war, konnte ich mit Professor Altmann ganz anders reden als ein anderer Patient und stellte gezielte Fragen, auf die er sehr konkrete Antworten gab.

»Ich wurde vor drei Monaten zum vierten Mal operiert, habe kein Amalgam, keinen einzigen Zahn mehr im Mund. Dennoch folgen den Remissionen (Besserung des Gesundheitszustandes) immer wieder Rezidive (Verschlimmerungen), wie ist das möglich?«

»Das ist eine ganz einfache medizinische Sache, die sich aus der Allergielehre ergibt. Die Wirkung ist eine zeitweise und typische für das Krankheitsbild. Das gehört zum Herdgeschehen, der zyklische Verlauf ist ein Charakteristikum.«

»Wie lange wird das noch dauern?«

»Sie haben kein Amalgam mehr im Mund, aber dafür das Quecksilber noch immer im Körper. Das ist das Gefährliche, daß man immer nur vom Mund redet. Jedes Atömchen Quecksilber geht durch die Schleimhaut, kommt in den Blutkreislauf und so in den ganzen Körper. Bis es aus dem Körper wieder eliminiert ist, kann es Jahre dauern. Das hat zwar bisher noch keiner untersucht, aber es ist doch ganz klar, daß man in der Leber, in der Niere und im Magen-Darm-Trakt, ja im ganzen Körper Quecksilber findet bei einem solchen Patienten, wie Sie leider einer sind. Das könnte man sogar wissenschaftlich beweisen. Die Intervalle zwischen Remissionen und Rezidiven werden bei Ihnen immer größer werden, aber . . .«

Plötzlich zögert der Gelehrte, den Satz fortzusetzen.

»Ich habe das noch keinem Menschen so offen ins Gesicht gesagt. Aber Sie wollen ja die Wahrheit wissen. Ich bin der Meinung, daß die gesundheitlichen Schäden, die der Mensch durch Quecksilber erlitten hat, fast unheilbar sind . . .«

»Wieso, Herr Professor?«

»Wenn Sie einen kranken Blinddarm haben, so wird der Appendix herausgeschnitten, und Sie haben Ihre Ruhe. Die Vergiftung oder Sensibilisierung, die Quecksilber hervorruft, die *bleibt* aber. Mir drängt sich folgender Vergleich auf: Das ganze Herdgeschehen, wobei wir nicht nur vom Quecksilber reden, ist mit einem Karzinom vergleichbar. Der Karzinomkranke wird operiert, er fühlt sich sofort erleichtert. Ihnen wurden die Zähne gezogen und die Herde ausgeräumt, der jahrzehntelange Nachschub von Quecksilber oder Leichengift aus nervtoten Zähnen wurde unterbrochen. Sie fühlten sich auch sofort erleichtert. Das brachte wohl eine Besserung, aber — wie beim Krebskranken — keine restlose Heilung. Wer weiß, wie viele andere Herde Sie noch in Ihrem Körper haben. Die Herde im Kiefer sind jetzt ausgeräumt, vielleicht werden jetzt andere aktiv.«

Ein wenig betroffen werfe ich ein, daß das nicht sehr erfreulich und ermunternd klinge.

»Aber es ist die Wahrheit. Hoffen wir das Beste. Sie wissen ja nicht, was *wir* da alles sehen. Es gibt Patienten, die im Rahmen des Gesamtherdstatus acht, neun, zehn und noch mehr Herde haben, an denen sie bis zu ihrem seligen Ende leiden müssen . . . Es gibt Hunderte Zahntoter im Jahr, nur schweigt man darüber. Im Obduktionsbefund, falls überhaupt einer gemacht wird, steht natürlich nicht: ‚Er ist an den Zähnen gestorben!' Nein, ganz sicher nicht. Herzinfarkt ist die Todesursache. Oder Kreislaufkollaps. Beides kann aber von kranken, schlecht behandelten Zähnen hervorgerufen werden.«

Jetzt schaue ich ihn groß an. Ich kann das nicht glauben. Ich will darüber hinweggehen, doch Altmann fährt fort:

»Das ist die Tragik, das bedrückt mich, weil ich das Ganze übersehen kann. Mit meinen Kenntnissen als Professor der Inneren Medizin *und* als Zahnarzt und meinen sechzigjährigen Erfahrungen kenne ich alle diese Zusammenhänge . . . das fehlt eben den anderen!«

Amalgamgeschädigte müssen, so Altmann, mit dem jeweiligen Status quo zufrieden sein. Sie *müssen* zufrieden sein, besonders wenn sie auch noch ein anderes Leiden haben, wodurch die Abwehrkraft des Körpers vermindert wird. Man darf bei derartigen chronisch gewordenen Leiden nicht vergessen, daß man ja nicht jünger wird und die Widerstandskraft des Körpers mit zunehmendem Alter abnimmt, ein ganz natürlicher Vorgang also. Aber alles ist individuell und hängt immer von der jeweiligen Konstitution des Körpers ab.

Die Schwester reicht Professor Altmann eine Krankengeschichte, die sie ihm herausgesucht hat. Aus der Anamnese liest er mir vor:

»Beeindruckend sind die Hinweise auf Herzattacken 1942 (die Patientin war damals drei Jahre alt), 1945 Einsetzen eines Milchzahnverfalles auf der Flucht vor den Russen, dramatische Extraktionen 1947, angeblich Herzmuskelentzündung 1949, Blinddarmentzündung mit angeblich 62 diagnostizierten Verwachsungen, 1951 Mandeloperation, Gallensteinschaden, 1949 Stirnhöhleneiterung, 1959 Eierstockentzündung, Entzündung beider Kieferhöhlen, die sich 1974 wiederholte, 1981 ergibt Nasennebenhöhlen-Röntgen ausgedehnte Verschattungen beider Kieferhöhlen, zarte Veränderungen der übrigen Nasennebenhöhlen, Schulterschmerzen haben sich 1982 nach Eliminierung einiger kranker Zähne schlagartig gebessert, 1980 Harnweginfektion, die Wirbelsäule macht immer wieder bedenkliche Beschwerden.

Derzeit stehen die Darmbeschwerden im Vordergrund, die etwa 1963 begannen.«

Wie mir auch Professor Till bestätigt hat, plombierte man der Ersparnis halber, oder weil es eben im Krieg nichts anderes gab, Milchzähne mit *Kupfer*-Amalgam und meinte, die Milchzähne würden ohnedies ausfallen. »Da macht das ja nichts!«

Altmann sagt in einem gelassenen Ton: »Sehen Sie, ich wollte Ihnen nur das einmal zeigen, was uns tagtäglich unterkommt. Und das wird *nur* von den Herden im Körper, den Veränderungen des Gewebes, verursacht. Ich gebe zu, das ist ein extremer Fall.«

Um wieder auf meinen eigenen Fall zurückzukommen, gebe ich zu bedenken, daß ich doch fast fünf Jahre lang von einem Arzt zum anderen lief, ohne daß einer den Grund und die Ursache meines Leidens fand. Zahnarzt und Allgemeinmediziner, so höre ich, sind heute auch rein äußerlich zwei verschiedene »Heilberufe«. Das wird hauptsächlich von den Zahnärzten betont, die von einer »Zahnmedizin« reden. »Als ob es so etwas geben könnte«, sagt Altmann.

»Gibt es denn eine Ohrenmedizin, eine Nasenmedizin? Das ist ja auch ‚Medizin', oder? Das ist die Tragik. Ein Internist weiß heute von der Zahnheilkunde viel zuwenig. Die Zähne sind für ihn ein peripheres Organ. Das steht auch nicht auf seinem Krankenschein. Ich bin frühzeitig für Teamarbeit eingetreten, ich riet jedem Zahnarzt, er möge sich einen guten Internisten suchen und umgekehrt. Damit beide miteinander reden können. Dabei sind die Zahnärzte — bitte kein Werturteil — obstinater als die Internisten. Die Internisten sehen im Zahnarzt nur den Handwerker, der plombiert und goldene Kronen macht, den Kosmetiker, und der Zahnarzt sieht nur den mehr oder weniger schönen Mund. Sonst nichts. Alles andere ist ihm gleichgültig geworden.«

»Das ist ein altes Beispiel von mir: die Fokalallergie. Wenn der Patient eine schlechte Amalgamfüllung bekommt und sich nach einiger Zeit ein Ekzem am Fußrücken zeigt, dann glauben der Patient *und* der Zahnarzt nicht, daß das zusammenhängt! Auch der Dermatologe nimmt das Ekzem nur zur Kenntnis, denkt aber nicht an den Grund und die Ursache. Er behandelt das Ekzem, und die Ursache, wodurch das Ekzem entstand, bleibt. Das ist geradezu haarsträubend, unglaublich, aber eine Tatsache!«

Ich muß beipflichten. Vor etwa 25 Jahren machten sich Hautveränderungen an meiner Brust bemerkbar. Die Haut war in der Größe eines 10-Schilling-Stückes gerötet und nesselte. Schmerzen hatte ich nicht. Ich ging zum Hautarzt und bekam Salben, Tropfen, Pillen, nichts änderte sich. Nach einem halben Jahr eifriger Behandlung durch den Dermatologen wurde ich gefragt: »Tut's weh?« »Nein!« »Dann lassen wir's!«

Ich ging zu einem zweiten Dermatologen. Dasselbe. Als dann auch der dritte Dermatologe keine Besserung erzielte, gab ich es auf. Der »Brandfleck« — so sah das aus — blieb. Bis Frau Dozent Djerassi aus Sofia — nach zwei Jahrzehnten — die richtige Diagnose stellte: »Das kommt vom Amalgam!« Sie hatte ihre Habilitationsschrift über Amalgam und die Folgen verfaßt und legte sie mir vor. Genau beschrieben und bebildert waren in ihrer Arbeit die Hautveränderungen, wie ich sie auf der Brust hatte.

Wieso haben das nicht einmal die Fachärzte gewußt? Die Antwort ist einfach: Früher gab es einen praktischen Arzt, einen Dr. med. univ. (universale), der ein profundes Wissen über die gesamte Heilkunde hatte, und nur wenige Fachärzte. Heute ist der Umfang der medizinischen Wissenschaft so riesengroß und unübersichtlich geworden, daß der praktische Arzt die »universale« Heilkunde — oder auch nur das Wichtigste daraus — gar nicht mehr erfassen kann. Dafür gibt es heute für jeden Pickel schon einen »Facharzt«, und der denkt auch wieder nur in seiner eigenen Fachrichtung. Das Wissen über den Zusammenhang der Vorgänge im menschlichen Körper aber ging den (Fach-)Ärzten weitgehend verloren. Sonst hätte man schon vor über 20 Jahren, beim ersten Auftauchen des »Amalgamfleckens« auf meiner Brusthaut, genau im epigastrischen Winkel, erkennen müssen, was sich da anbahnte, und mir wären unsagbare Schmerzen erspart geblieben. Die Lehre von Professor Altmann ist ja seit weit über 30 Jahren bekannt — oder sollte jedem bekannt sein.

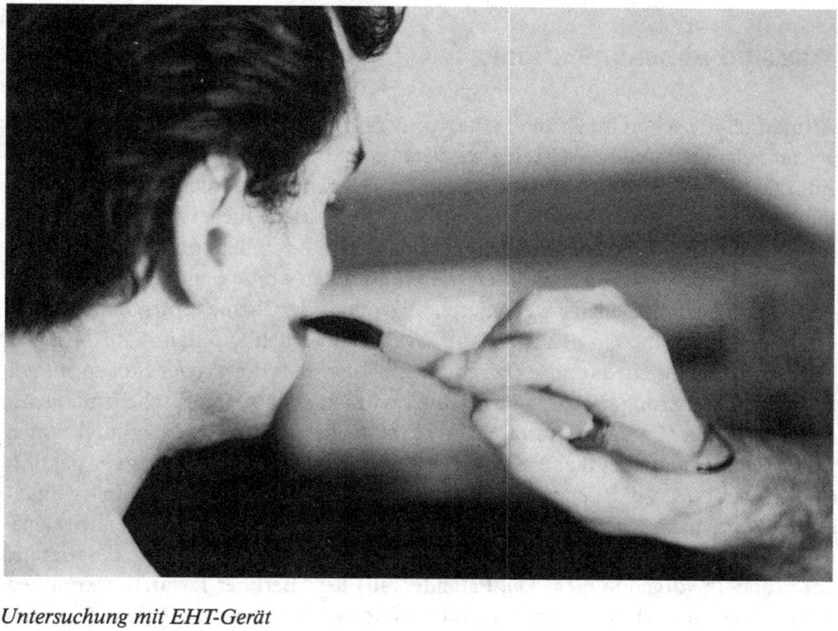

Untersuchung mit EHT-Gerät

6 Milliarden könnten gespart werden

»Wenn ich auch anfangs den Weg in die Zukunft als verschlossen bezeichnet habe . . .«, sinniert Altmann, »wenn ich so mit Ihnen rede . . . dann gibt es vielleicht doch noch einen gangbaren Weg in der heutigen Zeit. Das ist der Weg der *Patientenaufklärung*!«

»Von der Medizin her, von der Wissenschaft her und ihren wohlfundierten Erkenntnissen, ging es nicht. Da war die ‚Zahnmafia' am Werk. Mit größtem Erfolg, wie man sieht. Auch die Sozialversicherung und die Krankenkasse. Die Patienten sind aber die Masse. Die Patienten sind die öffentliche Meinung und, wenn Sie wollen, auch die *Wähler*«, stellt Altmann fest. »Nur auf dem etwas komplizierten Umweg über die *Politiker* könnte sich da noch etwas ändern. Ich habe immer Medizin und Politik streng auseinandergehalten, heute ist aber schon alles mit der Politik so verquickt, daß es nicht mehr anders geht. Und auch die Medien haben da heute ein großes Wort mitzureden . . . wenn sie sich in den Dienst der guten Sache stellen wollten . . . vielleicht . . .«

Was sind »Fokalinfektionen«?

Altmann hatte schon im Ersten Weltkrieg Erfahrungen mit Infektionskrankheiten gesammelt. Im Zweiten Weltkrieg wurde er ganz besonders zur Bekämpfung von Infektionskrankheiten in Rußland eingesetzt. Der Kampf galt nicht nur der Cholera und dem Typhus, auch die Tularämie und das Wolhynische Fieber machten den Ärzten viel zu schaffen. Altmann begann damals, sich besonders für »Fokalinfektionen« (nach *focus* = Herd) zu interessieren, und das wurde dann auch sein Fachgebiet. Solche Infektionen werden durch Mikroben oder Toxine verursacht, die dauernd oder in Schüben in den Kreislauf abgegeben werden und dann im Körper an *anderer* Stelle absiedeln und Entzündungen, Allergisierungen oder Störungen der nervlichen Steuerung hervorrufen. Heute sagt man auch »Herdgeschehen« dazu.

In jahrelanger Forschungsarbeit fand Altmann heraus, daß bei Fokalinfektionen fast immer rheumaähnliche Schmerzen auftreten. Bei der Sanitätsinspektion erreichte er, daß zwei Rheuma-Lazarette — eines in Wien, eines in Berlin — eingerichtet wurden. In Berlin wurde Rheuma nach den herkömmlichen und altbekannten Methoden behandelt, in Wien wurde auch eine Sanierung der Zähne, des Kiefers, der Mandeln vorgenommen. Die Patienten aus dem Berliner Lazarett erkrankten bald wieder, die nach Altmanns Methode in Wien »herdsanierten« Patienten blieben topfit. Hunderttausendfach war das belegt und bewiesen. Altmann begann, in Richtung Fokalinfektion weiterzuforschen, wo sich doch schon so große Erfolge in bezug auf Rheuma, aber auch auf den ganzen übrigen Gesundheitszustand abzeichneten.

Altmann veröffentlichte seine Erkenntnisse zum Wohle der Menschheit, doch sie wurden bisher von der Zahnlobby, den Politikern und den Sozialversicherungsträgern übergangen und nicht beachtet.

Die falsche Therapie

Professor Altmann schrieb in »Ärztliche Praxis«, XV. Jahrgang Nr. 16 vom 20. 4. 1963:

> In der Balneologie (Heilbäderkunde) ist es eine lange bekannte Erfahrungstatsache, daß versteckte, meist entzündliche Krankheitsherde während einer Kur aufflammen können und eine temporäre Verschlimmerung des Allgemeinzustandes zur Folge haben, ja sogar manchmal zu einer Unterbrechung oder zum Abbruch der Kur führen. Hierbei sind besonders pathologisch-anatomische Veränderungen im Kieferbereich aufgefallen, es sei nur an die »dicke Backe« Goethes in Karlsbad erinnert. Die Badeärzte treten daher seit je — zumindest auf dem Papier — für die Entfernung solcher entzündlichen Veränderungen *vor* Antritt einer Kur ein . . .
>
> Die moderne Herdlehre konnte ein System in diese zunächst empirischen Beobachtungen bringen. Heute stehen wir auf dem klaren Standpunkt: Fokaltherapie bei jedem *herdbedingten* Leiden *vor* Antritt der Badekur . . . Die Bäderbehandlung stellt eine vegetative Umstimmung (Reizbehandlung) dar. Im allergischen Geschehen der Herdkrankheit kann es durch das Bad bei Vorhandensein von potentiellen Herden zur Antigen-Antikörper-Reaktion und so zur Verschlimmerung des Leidens kommen . . .

»Doch all meine Erkenntnisse, meine Ratschläge wurden bis heute mißachtet!« sagt Altmann heute dazu. Ich selbst kann den Wahrheitsbeweis für seine bitteren Worte antreten: Auch mich hat man als Halbblinden, der sich kaum mehr bewegen konnte, nach Bad Schallerbach in Oberösterreich zur Kur eingewiesen. Kein Mensch hat mich nach meinem Zahnstatus gefragt, eine Zusammenarbeit zwischen dem einweisenden Arzt und dem Kurarzt gab es natürlich auch nicht, von einer Fokaltherapie, wie sie Altmann schon vor zwanzig Jahren zwingend vorgeschrieben hatte, war gar keine Rede. Als ich meine Einweisung beim Kurarzt abgab, war seine einzige Frage: »Wollen Sie ein Einzelbad?« Draußen warteten ja noch gut und gerne dreißig andere »Rheumakranke«, von denen vielleicht 80 Prozent ihr Leiden den Amalgamfüllungen in ihren Zähnen zu verdanken hatten. Nur wußten diese armen Teufel das nicht . . .

Altmann schrieb weiter:

> Die Hauptlast ruht auf den Schultern des einweisenden Arztes. Er muß vor der Einweisung zur Kur eine neuerliche Grunduntersuchung mit dem Zwecke vornehmen, die Krankheitsdiagnose festzulegen, die Herdfrage zu klären und eventuell eine universelle Herddiagnostik aufzubauen . . .

Nichts dergleichen geschah bei mir. Mir ist auch kein anderer Patient bekannt, bei dem sich der einweisende Arzt diese Mühe machte. Weiter heißt es bei Altmann:

> Wir sprechen aus guten Gründen von einem Primat des odontogenen (von den Zähnen ausgehenden) Herdes und erinnern daran, daß ein »gepflegtes« Gebiß nicht herdfrei sein muß. Freiheit des Gebisses von kariösen Stellen und Wurzelresten genügt nicht. Es gibt auch zahnlose Rheumatiker, die Träger von odontogenen Herden sind . . .
>
> Es ist zweckmäßig, dem Patienten ein Überweisungsschreiben an den Kurarzt mitzugeben, dem nach Möglichkeit alle vorhandenen diagnostischen Unterlagen einschließlich des kompletten Zahn-Röntgenstatus und Röntgenaufnahmen der Nebenhöhlen beigelegt werden sollen . . . Die Herdberatungsstelle im Kurort kann organisatorisch entweder als Team freipraktizierender Fachärzte oder als Abteilung eines sogenannten Bäder-Institutes funktionieren. In der Herdberatungsstelle sollen zumindest ein Internist, ein Laryngologe (Facharzt für Kehlkopfkrankheiten) und ein Stomatologe (Facharzt für Krankheiten der Mundhöhle) ständig tätig sein . . .
>
> Was sind die Folgen der Unterlassung der Fokaltherapie vor Kurantritt? Die Folgen sind verschieden, je nach Kurort, Grundleiden und Berücksichtigung gewisser Kontraindikationen. Sie sind in den Einzelheiten nicht vorauszusehen und äußern sich am Herd, am Fernleiden im Sinne einer Verstärkung des Grundleidens auch auf längere Sicht und, was besonders wichtig ist, in überstarken Badereaktionen . . . Der weitere Krankheitsverlauf ist aber immer ungünstig, wie wir an einem großen Rheumatikerkontingent, das wir durch viele Jahre zu beobachten Gelegenheit hatten, erhärten konnten. Wir sehen Patienten, die sechsmal und öfter in Kurorten waren und nur deswegen zu keinem befriedigenden Bädererfolg kamen, weil keine sachgemäße Fokaltherapie durchgeführt worden war.

Altmanns Aufsatz schloß mit den Worten:

> Auf Grund wissenschaftlicher Überlegungen und praktischer Erfahrungen muß also unbedingt die Fokaltherapie *vor* Antritt einer Bäder-Kur bei einem *herdkranken* Patienten verlangt werden. Hierzu besteht eine absolute Indikation.
>
> In der Praxis wird die Einbeziehung der Herddiagnostik bzw. Fokaltherapie in die Balneologie eine weitere Verbesserung und Stabilisierung der Kurerfolge bringen, damit dem Kranken helfen und das Ansehen des zuweisenden Arztes heben.

Politiker und Krankenkassen tragen die Schuld

Altmann wollte aufgrund seiner so reichen Erfahrungen eine Verbesserung der Kurerfolge erreichen und den Kranken *helfen.* Er sagt zu mir:

»Wie die Badekuren heute gehandhabt werden, ist zwar heller Unsinn, aber es ist angeblich *sozial.* Es ist vollkommener Unsinn aus medizinischer Sicht, aber *wohltätig.* Da sehen die Politiker und die Träger der Sozialversicherung ihre Chance, sich bei den Krankenversicherten ‚lieb Kind' zu machen. So ein Pflichtversicherter hat sein ganzes Leben gearbeitet und die oft sehr hohen Beiträge bezahlt. Dann packt ihn zwischen 50 oder 60 plötzlich das Rheuma, ein Herz- oder Gefäßleiden. Rheumatismus ist eine Erkrankung des mesenchymalen Systems — so heißt das System des Bindegewebes —, und das Bindegewebe ist wiederum ein Bestandteil fast aller Organe, die es einhüllt, verbindet oder trennt. Diese Krankheit geht mit einer *vielfältigen* klinischen Symptomatik einher. Die Rheumatologie ist ein noch lange nicht erforschtes medizinisches Wissensgebiet.

Der von Schmerzen befallene Patient kann wirklich ein ‚echter' Rheumatiker sein, dessen Leiden durch eine Badekur wesentlich gebessert werden. Aber es gibt auch Kranke, und das sind leider sehr viele, die nur von rheuma-*ähnlichen* Schmerzen befallen sind. Diese Schmerzen sind ausschließlich auf Herderscheinungen zurückzuführen, die wiederum von kranken Zähnen, amalgam-plombierten, nervtoten Zähnen, verursacht werden. Diese Schmerzen sind aber therapieresistent. Dagegen hilft keine Kur.

Aber wie sagen Sie denn das jetzt den zwei Leuten? Dem Meier, der ein echter Rheumatiker ist, und dem Müller, der nur ein Schein-Rheuma hat? Jetzt schicken Sie den Meier auf Kur, und dem Müller sagen Sie, er soll sich die Zähne ziehen lassen! Wissen Sie, was das — in der Masse gesehen — für eine Revolution gäbe! Noch dazu, wo doch die Zahnsanierung nicht gerade angenehm ist, noch weniger die Herdsanierung?

Also, lieber Freund, wählt man den Weg des geringsten Widerstandes. Man schickt gleich alle zwei auf Kur. Dem einen hilft's, dem anderen nicht. Jetzt liegen der Meier *und* der Müller im Wasser, beide planschen herum, haben ein gutes Essen, brauchen nicht zu arbeiten, beide werden gehegt und gepflegt, dürfen im Bett liegen, wenn sie wollen, können spazierengehen. Man ist ‚sozial'. Man vergeudet aber Milliarden. Mit dem Geld könnte man die Leute echt und wirklich gesund machen. Darum habe ich gesagt, *vor* einer Badekur muß ein Zahn-Herd-Status gemacht werden, eine Fokaltherapie. Man soll sich das Geld für die vielen Müllers ersparen. Es gibt nämlich viel mehr Zahnherdkranke als echte Rheumatiker. Aber das kann man heute ja gar nicht mehr machen . . .«

»Wieso?« frage ich erstaunt. »Ja, wieso kann man nicht sparen, wo doch die Krankenkassen ohnedies bankrott sind?« Altmann holt tief Luft: »Wenn jetzt die Leute — eben die vielen, vielen Müllers — erfahren würden, daß ihre rheumaähnlichen Schmerzen nur von falsch und schlecht behandelten Zähnen, von Amalgamplomben, herrühren, wäre doch der Teufel los bei den Krankenkassen. Damit wäre ja bewiesen, daß man *nicht* stets das ‚Beste' für die Gesundheit der Versicherten getan hat. Und *das* kann doch heute weder ein Politiker noch einer der hohen Herren von der Sozialversicherung oder den Krankenkassen zugeben. Auch wenn sie's selbst wissen. Darum sollen die Patienten dumm sterben!«

»Sie reden immer vom Sterben, Herr Professor, meinen Sie das ernst?«

»Ich bin doch kein Politiker und auch nicht von der Krankenkasse. Ich sage Ihnen die Wahrheit . . .«

Ich gebe zu, mir läuft jetzt eine Gänsehaut über den Rücken. Nach dem, was mir Altmann bisher gesagt hat, müßten doch die Folgen von Amalgam bis heute schon allgemein bekannt sein. Dann hätte man mir — ebenso wie vielen anderen — rechtzeitig helfen können. Vorsichtig frage ich weiter: »Was meinen Sie eigentlich mit den ‚Zahntoten', Herr Professor?«

»Na, das, was ich sage . . . Ich erzähle Ihnen ein Beispiel, eines der vielen aus meiner Praxis: Da kommt ein Patient, so um die Fünfzig, Büroangestellter. Früher war er ein ganz guter Sportler, dann hat er aber geglaubt, Sport sei nichts mehr für ihn, Sport sei nur für die Jugend. Er selbst, in gehobener Stellung, braucht Ruhe und Konzentration für seine Entscheidungen. Er lebt mäßig, nimmt aber zu, weil er kaum Bewegung hat. Er wiegt um 90 Kilo, alle sagen, er schaut gut aus, er ist ‚in den besten Jahren', aber er selbst fühlt sich seit einiger Zeit nicht ganz wohl in seiner Haut. Er leidet an unbestimmten Schmerzen. Einmal tut's da weh, dann dort. Er meidet Zugluft und fürchtet Wetterwechsel. Da er natürlich ein Auto hat, geht er kaum mehr zu Fuß, er hat — bei seinem Gewicht — direkt Angst vor dem Treppensteigen und bekommt manchmal so vage, für ihn unbeschreibliche Schmerzen in der Brust. Befund wie bei vielen seiner Altersgenossen: vermehrter Bauchumfang, Leber, Milz vergrößert, Zwerchfellhochstand, Atemkapazität eingeschränkt, Herzfigur plump, eine Massenzunahme des Herzmuskels.

Er war schon vor Jahren bei seinem Zahnarzt, der wollte ihm sechs kranke Zähne ziehen, er aber sagte: Nein! Er war der Meinung, solange er mit den Zähnen beißen kann, bleiben sie drinnen. Er ging dann zu einem anderen Zahnarzt. Der gab ihm auch noch recht. Der Zahnarzt sorgte dafür, daß ihm die Zähne nicht weh tun. Ich weiß nicht genau, wie viele nervtote Zähne er da schon hatte, aber ganz sicher eine stattliche Anzahl. Goldplomben verzierten das Gebiß neben Amalgamplomben. Im Röntgenbild waren auch einige Aufhellungen an der Wurzelspitze . . .«

So etwas, höre ich, ist alltäglich. Das ist *kein* Einzelfall.

»Ich will Ihnen da keine Details schildern, im großen und ganzen stand sein Körper unter dem Beschuß kleiner Noxen, die er nicht mehr, wie früher, verkraften konnte. Er ging wieder einmal zum Doktor, zum Internisten, und der, wie ein Wunder, tippt auf die Zähne. Aber ein größerer Eingriff scheint selbst dem Internisten bei *den* Kieferleisten zu riskant. Weil die Zähne beim Patienten schon wackeln und er auch keine Freude mehr mit seinem ‚vergoldeten' Gebiß hat, läßt er sich jetzt endlich drei Zähne ziehen. So leicht und schmerzlos hätte er sich das gar nicht vorgestellt, sagt er dem Zahnarzt. Er geht nach Hause. Zwei Stunden später ruft seine Frau den Rettungswagen. Heftiger Brustschmerz, Atemnot, ein schwacher, aber schneller Puls: Hinterwandinfarkt! Schlimm hat es ausgeschaut. Sehr schlimm. Nach sechs Wochen hat es sich aber gebessert, er wurde nach Hause entlassen . . . na, und nach ein paar Monaten haben wir gehört, er ist an einem neuerlichen Herzinfarkt gestorben. Elend zugrunde gegangen.«

Professor Altmann blättert in einem Manuskript und reicht es mir herüber: »Hier lesen Sie selbst, ich habe darüber in meinem Vortrag in der Rheinpark-Klinik in der Bundesrepublik Deutschland vor zwei Jahren berichtet.«

»Der Fall war in seinen faßbaren Symptomen durchaus typisch«, lese ich. »*Hunderte* gehen alljährlich diesen Weg in die Katastrophe . . . der schlechte Endausgang ist durch die Worte Sensibilisierung und Allergie hinreichend gekennzeichnet, wenn auch im Zeitpunkt der Katastrophe klinische Methoden, serologische mit inbegriffen, versagen.«

Ich kann kaum fassen, was ich da lese, und frage: »Was haben denn die anderen Ärzte gesagt, zu denen Sie sprachen?«

»Gar nichts. Die wissen das ja. Das ist ja nichts Neues!«

Ich bohre weiter: »Ich habe ‚Sensibilisierung' gelesen. Was heißt das in dem Zusammenhang?«

»Ich will Ihnen das, für einen Laien verständlich, erklären. Natürlich, wie immer, jeder Vergleich hinkt. Nehmen wir an, Sie haben einen ganz kleinen Stein im Schuh. Sie können oder wollen den Schuh nicht ausziehen, müssen aber weitergehen. Immer weiter. Eine Weile wird das gehen, doch es wird so weit kommen, daß Sie sich niedersetzen müssen und nicht mehr weitergehen können. Sehen Sie, *das* ist eine Form der Sensibilisierung, die Sie sicher verstehen. Genauso, müssen Sie sich das jetzt vorstellen, geht es im menschlichen Organismus zu. Das ganz, ganz kleine Quecksilbertröpfchen, das Atömchen Quecksilber im Blut, sensibilisiert den ganzen Körper immer wieder. Aber einmal ist Schluß . . .«

Das habe ich nur zu gut verstanden und werde blaß. Ich bin ja selbst ein solches Amalgam-Quecksilber-Opfer. Jedenfalls muß ich ein sehr, sehr ernstes Gesicht gemacht haben, denn Altmann sagte:

»Man darf aber nicht zu schwarzsehen. Bei Ihnen kann das jetzt nur besser werden. Ich habe Ihnen das alles nur gesagt, weil Sie die Wahrheit wissen wollten, und *das ist* die Wahrheit. Sie sollen es besser wissen als die anderen . . .«

Der verhängnisvolle Irrtum der Mediziner

Sehr viele Mediziner — bis hinauf zum Obersten Sanitätsrat in Österreich, aber auch bis zu den obersten Gesundheitsbehörden der Bundesrepublik — sind ganz offensichtlich der Ansicht, daß wenig Quecksilber auch nur wenig schadet und »ganz geringe Spuren« auch nur einen »ganz geringen Schaden« anrichten können. Doch gerade hier bewahrheitet sich die alte Erkenntnis: Kleine Ursachen — große Wirkung!

In Ärztekreisen erzählt man sich, der ehemalige Leiter der Gift-Zentrale in Wien habe einen halben Liter Quecksilber *getrunken*, um zu »beweisen«, welch geringe Wirkung dieses Gift auf den menschlichen Körper habe. Ihm sei gar nichts geschehen, sagt man, er habe nur ein paar Tage »kopfstehen« müssen, um das Quecksilber wieder aus dem Blinddarm herauszubekommen. Immer wieder kolportiert man das »quecksilberschützende« Märchen, durch die heutige Umweltverschmutzung, durch unsere tägliche Nahrung, durch Fleisch, Fisch, aber auch Obst und Gemüse würde dem Körper weit mehr Quecksilber zugeführt als durch die ganz geringen Mengen, die sich aus Amalgamfüllungen lösen.*

»Ich kann nur immer wieder sagen«, meint Altmann, »gerade das ist der verhängnisvolle Irrtum der Ärzte, die es nicht wissen — oder nicht wissen wollen.« Und er erklärt mir, daß es allein auf die Art und Weise ankommt, *wie* das Quecksilber in den Körper gelangt. Wenn man Quecksilber trinkt, gelangt es nur durch den Magen-

* Fußnote siehe Seite 68.

Darm-Trakt in den menschlichen Körper. Soweit keine innere Verletzung vorliegt, *kann* es gut gehen. Aus den Amalgamfüllungen aber wird das Quecksilber durch das Gewebe inkorporiert und kann so, auch in der geringsten Menge, auch als »Atömchen«, die schwersten Krankheiten hervorrufen. *Das* ist der große Unterschied, der verhängnisvolle Irrtum der Ärzte.

Durch Anwendung eines kleines Gerätes könnten dem Staat, den Krankenkassen und damit dem Steuerzahler Milliarden erspart werden.

Das EHT-Gerät (Elektro-Hauttest-Gerät), nach den Erkenntnissen von Professor Leopold Altmann schon in den vierziger Jahren in Deutschland entwickelt, zeigt auf die einfachste Weise sämtliche Störzonen des Körpers, jede Verherdung an. Wie schon geschildert, rötet sich die Haut an den erkrankten Stellen und schmerzt. Damit ist der Krankheitsherd lokalisiert, und man könnte sich wochen- und monatelange, oft sündteure Untersuchungen ersparen. Mit dieser Methode scheinen Krankheitsherde auf, die nicht einmal mit Röntgen erkennbar sind. Dann liegt es nur mehr an der wahren Kunst der Ärzte, die Krankheit richtig zu erkennen und zu bekämpfen.

»Warum verwendet man denn dieses Gerät nicht allgemein?« frage ich Professor Altmann, den Pionier der Wiener Schulmedizin. »Es ist zu einfach«, sagt Altmann. »Da könnte man dem Patienten dann nicht soviel berechnen, und die Diagnose wäre eindeutig und sicher. Die Spitäler wären frei für wirklich kranke Menschen und nicht voll von diagnostischen Fällen. Ich habe es ja versucht, das Gerät einzuführen, aber . . . na ja, da gingen alle auf mich los!«

Jetzt verwendet Altmann dieses Wunder aus der Kriegszeit nur mehr in seiner Privatordination zum Wohle und Nutzen seiner Patienten.

* Gerade mit diesem Argument müßten die maßgeblichen Stellen den einzelnen vor einer massiven Zusatzvergiftung bewahren. Es sei nur auf die Bucht von Minamata (Japan) verwiesen, wo 1953 quecksilberhaltige Abwässer einer chemischen Fabrik ins Meerwasser und von dort über Speisefische in den Nahrungskreislauf gelangten. Nach offiziellen Angaben starben 46 Menschen, 73 erkrankten unheilbar (schwere Schädigung des Zentralnervensystems). Noch heute kommt es zu Spätfolgen in Form von Mißbildungen bei Neugeborenen. Aber der gewaltige Schrecken und Aufruhr von damals ist schon fast vergessen. Heute versucht man, die klinischen Symptome wieder zu verharmlosen, doch: Quecksilber ist ein starker Enzyminhibitor und ein wirksames Zellgift! Es konzentriert sich zuerst in den Blutzellen, dann in den Nervenzellen. Es durchbricht auch die placentale Schranke und führt zum Tod oder zur abnormalen Entwicklung des Fötus. Quecksilbervergiftungen sind verbunden mit Muskelschwund, Degeneration der Nervenzellen und einer Häufung von Chromosomenbrüchen (siehe auch *Environ. Studies* 1, 1971 und Dr. W. Moll: »Taschenbuch für Umweltschutz I« München 1982).

Diese Erkenntnisse können doch nicht einfach durch eine Diskussionsverschiebung verdrängt werden — *es geht um die Vermeidung des offensichtlich Möglichen!*

Prof. Dr. Leopold Altmann, Internist und Zahnarzt, einer der Väter der Herdlehre

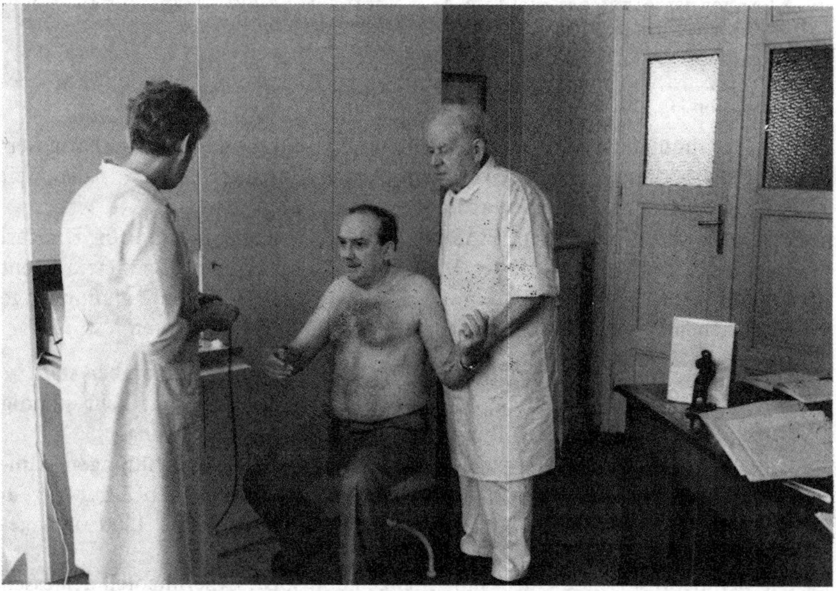

Professor Altmann und Schwester Helli bei der EHT-Untersuchung des Autors

7 Unwissenheit?

Betrug ist in allen Ländern der Welt ein strafbarer Tatbestand. Unwissenheit nicht. Wenn aber durch die Unwissenheit der einen Betrug an den anderen ausgeübt wird und die Patienten dann die Dummen sind, sollte das zu denken geben. Der Leser kann jetzt selbst urteilen:

Die »Österreichische Zahnärzte-Zeitung« veröffentlichte in ihrem Juli-Heft 1981 einen Artikel unter der Überschrift »Keine Bedenken gegen Amalgam« (einen Abdruck der »Zahnärztlichen Mitteilungen« 13/1981, BRD). Der Artikel beginnt:

> Am 25. Mai 1981 fand im Kölner Zahnärztehaus ein Symposion statt »Zur Frage der Nebenwirkungen bei der Versorgung kariöser Zähne mit Amalgam«, das in Zusammenarbeit mit dem Zahnärztlichen Arzneimittelausschuß BDZ/KZBV vom Forschungsinstitut für die Zahnärztliche Versorgung veranstaltet wurde. Anlaß für dieses Symposion war die Tatsache, daß Amalgam gem. § 2 Abs. 1 des Arzneimittelgesetzes als Arzneimittel einzustufen sei.

Damit ist allerdings nur das Arzneimittelgesetz der Bundesrepublik gemeint. Denn in Österreich ist Amalgam *nicht* im Arzneimittelgesetz als »Arzneimittel« eingestuft. Es heißt dann weiter:

> Amalgam in der Mundhöhle erhöht nicht die von der Nahrung bedingte normale Konzentration von Hg (Quecksilber) im Blut und im Harn.

Dieser Satz stimmt zwar an sich, doch mit dieser Feststellung und in dieser Form werden die Untersuchungsergebnisse vieler angesehener Wissenschaftler aus aller Welt vollkommen außer acht gelassen, der Satz ist daher irreführend.

Prof. Dr. Thomas Till, Wien, Prof. Dr. Leopold Altmann, Wien, Prof. Dr. Karl Hansen, BRD, Prof. Dr. M. Werner, BRD, Prof. Dr. Max Spreng, Schweiz, Dozent Dr. Mats Hanson, Schweden, Dozent Dr. Elena Djerassi, Bulgarien, um nur einige der betroffenen Wissenschaftler zu nennen, stellten schon vor Jahren fest:

- Permanente Quecksilbervergiftungen finden durch Amalgamplomben statt.
- Durch die Gegebenheiten im Mund (Galvanoelementbildung) geht ständig Quecksilber aus Amalgamfüllungen in kleinsten Dosen in Lösung.
- Es wurde der Nachweis erbracht, daß sich das aus Amalgamfüllungen stammende Quecksilber sowohl im Kieferknochen als auch an den Zahnwurzeln anlagern und speichern kann, es wurden dort Werte bis zu 1200 ppm gemessen.
- Die sich herauslösende Quecksilbermenge kann sogar experimentell gemessen werden.

○ Es konnte tierexperimentell bestätigt werden, daß sich durch diese Amalgam-Quecksilber-Ablagerungen deutliche Knochenauflösungserscheinungen ergeben.
○ Aufgrund des vorhandenen Patientenmaterials konnte eindeutig festgestellt werden, daß es durch das sich aus Amalgamfüllungen ständig herauslösende Quecksilber nicht nur zu örtlichen Schadwirkungen, sondern auch zu Quecksilberdepotbildungen kommen kann.
○ Die von der Nahrung bedingte normale Konzentration von Hg (Quecksilber) im Blut und Harn hat überhaupt nichts mit der Quecksilbermenge zu tun, die sich aus Amalgamfüllungen ständig herauslöst.

Daher ist die Feststellung des Berichtes »Keine Bedenken gegen Amalgam« völlig irreführend. In dieser Veröffentlichung heiß es weiter:

> Durch Metalle (auch unterschiedliche) in der Mundhöhle bedingte Ströme bzw. Spannungsgefälle haben so geringe Werte, daß sie vernachlässigt werden können.

Dazu stellen die genannten Wissenschaftler fest:

○ Es kommt sowohl bei Vorhandensein verschiedener metallischer Reparaturmaterialien im Mund als auch bei Vorhandensein einzelner Amalgamfüllungen zwischen diesen und dem Mundboden zu einer Galvanoelementbildung, und der numerische Wert der auftretenden Spannungen sinkt nie auf Null ab. Durch diese Gegebenheiten im Mund geht ständig Quecksilber aus Amalgamfüllungen in kleinsten Dosen in den Körper. Diese kleinsten Dosen — nicht die große Menge — sind das Verderbnisbringende.
○ Daher ist die Feststellung der »Zahnärztlichen Mitteilungen« und der »Österreichischen Zahnärzte-Zeitung« nicht nur irreführend, sondern grundfalsch.

Weiter geht die Mär vom guten, alten, nicht schädigenden Amalgam:

> Amalgam ist nur eines von 1800 Allergenen, auf die insgesamt ein Prozent der Bevölkerung reagiert, und es werden so selten allergische Reaktionen auf Amalgam beobachtet, daß diese Fälle in der Gesamtbeurteilung als unerheblich bezeichnet werden können.

Dazu stellen die genannten Wissenschaftler fest:

○ Durch das sich herauslösende Quecksilber ist nicht nur das Auftreten von Allergien möglich, sondern auch eine langsam fortschreitende Erkrankung in Form einer Quecksilbervergiftung. Diese Erkrankungsart ist äußerst schleichend und greift hauptsächlich das Zentralnervensystem an. Die Symptome ähneln neurasthenisch-vegetativ-dystonischen Krankheitserscheinungen und zeigen nur in seltenen Fällen die Zeichen des Merkurialismus, obwohl gezielte Quecksilber-Harn-Untersuchungen diesbezüglich Hinweise ergeben. Diese allergischen Manifestationen sind gewaltig, nur erkennt man sie nicht als solche und weiß auch nicht, daß Amalgam Grund und Ursache ist.

Und selbst im »Lehrbuch der klinischen Allergie«, erschienen 1967 im Georg Thieme Verlag, Stuttgart, heißt es dazu schon:

○ »Dem Amalgam wird in letzter Zeit wieder vermehrte Aufmerksamkeit geschenkt. Medizinisch stellt sich die Frage, ob das Quecksilber der Zahnamalgame gesundheitsschädlich sein könnte, und zwar sowohl für den Zahnarzt und sein Hilfspersonal als auch für den Patienten, den Empfänger.«

Die Antwort darauf kennen wir bereits, sie stand in der Fachzeitschrift »Medical Tribune« vom 25. Februar 1983 und lautete:

○ »Amalgamfüllung: Zahnärzte sind quecksilber-gefährdet.«

Doch zurück zu dem Lehrbuch der klinischen Allergie. Es heißt hier weiter:

○ »Eigene Beobachtungen mit klassischen Silberamalgamfüllungen . . . Eine von mehreren diesbezüglichen Beobachtungen sei hier wiedergegeben:

Es handelt sich um eine 28jährige Patientin, bei welcher 2 Wochen nach dem Legen einer Amalgamfüllung ein peribukkales Ekzem auftrat. Alle ärztlichen Bemühungen mit Salben und Röntgenbestrahlung blieben erfolglos. Erst als sämtliche Amalgamfüllungen entfernt und die Zähne mit Composite-Füllungen und Gold saniert worden waren, trat eine langsame, sichtbare Abheilung des Ekzems ein.«

Frau Dozent Djerassi, Sofia, Mitarbeiterin von Dr. Ungar und Schülerin von Professor Altmann, beschrieb in ihrer Habilitationsschrift 1973 Ekzeme als Folge von Amalgam-Quecksilber-Vergiftungen. Sie veröffentlichte ihre Forschungsergebnisse über Allergien im Zusammenhang mit Amalgam in der »Österreichischen Fachzeitschrift für Stomatologie«, Nummer 1, 1976:

○ »Wie aus Tabelle 1 ersichtlich ist, haben von insgesamt 500 Untersuchten Stomatologen und Helferinnen 294 positive Epikutanproben gezeigt. Die Prozentquote der Allergie liegt im allgemeinen hoch — 58,8 %, ganz besonders bei den beherdeten Personen, bei denen sie 71 % erreicht. In Tabelle 2 ist die Allergie auf die verschiedenen Medikamente, mit denen getestet wurde, geschildert. Das Amalgam und das Trioxymethylen nehmen die ersten Plätze ein.«

Aber der Vorsitzende des Zahnärztlichen Arzneimittelausschusses in der BRD behauptet in seinem Schlußwort, wiedergegeben in dem zitierten Artikel »Keine Bedenken gegen Amalgam«:

> . . . es werden so selten allergische Reaktionen auf Amalgam beobachtet, daß diese Fälle in der Gesamtbeurteilung als unerheblich bezeichnet werden können.

»Unerheblich« sind sie, weil wohl »sozialmedizinisch« nur erheblich erscheint, daß bessere Zahnfüllungen mehr Geld kosten, für die Krankenkassen und für die Sozialversicherung. Ich erinnere in diesem Zusammenhang an einen Satz, den der österreichische Gesundheitsminister Dr. Steyrer an Dr. Zemann schrieb (vergleiche Faksimile S. 41):

> Die Verwendung des Quecksilberamalgams in der Zahnheilkunde hat weltweit enorme sozialmedizinische Bedeutung.

Obermedizinalrat
Dr. Leopold Zemann
Facharzt für Orthopädie und orthopäd. Chirurgie
Primarius der Sonderheilanstalt St. Andrä
Vorstand d. Forschungsinst. f. Orthopädie-Techn.
1050 Wien V, Arbeitergasse 17

Wien, am 3.6.82.

Zl. II -826.413/1-6b/82

Sehr geehrter Herr Bundesminister!

Dank für Dein Bemühen das Amalgam betreffend und Deinen Brief v.26.5.82.

Nur leider kann ich der Meinung des Obersten Sanitätsrates betreffend der Seltenheit der Intoxikationen durch Quecksilber aus Amalgamfüllungen nicht bepflichten. Es war diese Stellungnahme zu erwarten, sie zieht sich praktisch durch die gesamte medizinisch-zahärzl. Literatur. Die Folgen dieses oralen Galvanismus werden wie bei unserem Obersten Sanitätsrat als "unerheblich" abgetan weil sie auch dort nicht bekannt sind bezw. erkannt werden. So wurde z.B. auch das schwedische staatliche Gesundheit-und Sozialamt von Mats Hanson, Dozent für Neurobiologie an der Abt.für Zoophysiologie der Universität Lund dahingehend informiert, dass tatsächlich,experimentell nachweisbar eine "massenweise Vergiftung durch aus Amalgam freigewordes Quecksilber stattfindet". "Dass dieser Vergiftungsprozess unverzüglich gestoppt werden sollte ungiftige Alternativen produziert werden müssten".

Wenn der Oberste Sanitätsrat feststellt, dass Intoxikationen durch Quecksilber aus Amalgamfüllungen "in Anbetracht der ausserordentlich geringen Mengen extrem selten sind" so nur deswegen, weil die Folgen solcher Intoxikationen nicht erkannt werden. Diese Feststellung kann klinisch belegt werden von der therapieresistenden Gonarthritis einer Fünfzehnjährigen bis zu [redacted] Zahnäztl.Praxis Heft 14/28).

Es werden in der BRD jährlich etwa 10 Tonnen Amalgam für ca 100 Millionen Füllungen verarbeitet und Prof.Till (Wien) bezeichnet die bisherigen fachlichen Stellungnahmen als "unverantwortliche Verharmlosung".

Natürlich bin ich mir bewusst, dass die Verwendung des Amalgames weltweit eine enorme sozialmedizinische Bedeutung hat und auch entsprechende millionenschwere Industrien an ihr Interesse haben.

Für die Feststellung einer Amalgamintoxikati[redacted]aften.

Mit herzlichem Gruss

Zemann

Natürlich ist sich Dr. Zemann auch der enormen sozialmedizinischen Bedeutung bewußt, die die Verwendung von Amalgam weltweit hat, doch ihm steht das Wohl und Wehe der Patienten eben höher als »sozialmedizinische« Aspekte und Millionenprofite der Amalgam-Industrie. In seinem Antwortbrief an Dr. Steyrer vom 3. Juni 1982 wies er aber nachdrücklich darauf hin, daß nachweisbar massenweise Vergiftungen durch das aus Amalgam freigewordene Quecksilber stattfinden. (Lesen Sie Auszüge seines Briefes im Faksimile S. 73.)

Nichts Neues unter der Sonne

Der überaus fragwürdigen Meldung der deutschen Fachzeitschrift »Zahnärztliche Mitteilungen« 13/1981 stellen wir hier unleugbare Tatsachen gegenüber. Immer wieder haben verantwortungsbewußte Mediziner und Wissenschaftler auf die unheimlichen Schadwirkungen hingewiesen, nur ist es der Amalgam-Lobby bis heute wohl gelungen, diese eindeutigen wissenschaftlichen Erkenntnisse vom Tisch zu wischen und unter den Teppich zu kehren. Man spricht in den »Zahnärztlichen Mitteilungen« und der »Österreichischen Zahnärzte-Zeitung« sogar von einer »provozierten Amalgam-Diskussion«, die die Patienten verunsichert. Ich hoffe, es gelingt mir, mit diesem Buch endlich Klarheit zu schaffen. Dieses Buch wurde von profunden Kennern der Materie auf internationaler Ebene gestaltet.

Lesen Sie im Anhang Nr. 22, was uns Mats Hanson, Professor für Neurobiologie an der Abteilung für Zoophysiologie der Universität Lund in Schweden, über die Gefahr permanenter Quecksilbervergiftungen durch Amalgamplomben geschrieben hat. Professor Mats Hanson schickte an den Autor dieses Buches weitere wissenschaftliche Dokumente über den Stand der Amalgamforschung und schrieb dazu einen Brief, dessen deutsche Übersetzung ich im folgenden wiedergeben möchte:

Department of Zoophysiology
University of Lund

Lieber Herr Ebm,

ich plane selbst, ein Buch zu schreiben, doch wie es scheint, komme ich nie dazu. Das Hauptproblem ist es ja, glaube ich, die richtigen Informationen an das Publikum heranzutragen, wenn einem die Geld- und Hilfsmittel fehlen, die das »Establishment« (die Schul-Zahnmedizin) ja hat. Trotzdem glaube ich, daß ein großer Teil des schwedischen Volkes heute dieses Problem schon kennt und daß auch Zahnärzte und Wissenschaftler den Gebrauch von Amalgam in Frage stellen. Zahnärzte in Schweden haben es heute nicht leicht. Ihr Wissen und Können, ihre Kompetenz, gilt nicht mehr uneingeschränkt, und die Patienten diktieren, welches Material gebraucht werden soll. Da es zumindest in den dichter besiedelten Gebieten ohnedies genug Zahnärzte gibt, gehen die Leute eben zu einem anderen Zahnarzt, wenn der, den sie aufsuchen, nicht das macht, was sie wollen. Zweifellos haben das schon viele private Zahnärzte begriffen und sich der neuen Sachlage angepaßt.

(In Schweden ist die Gesundenversorgung verstaatlicht! Anm. d. Autors.) Heute ist es nicht mehr so schwierig, Zahnärzte zu finden, die Amalgam entfernen, vor zwei Jahren war das noch nahezu unmöglich.

So bessert sich die Situation allmählich. Der größte Bremsschuh ist die offizielle Haltung der Krankenkassen. Unter diesen Bürokraten ist ja keiner für etwas verantwortlich, und niemand ergreift daher eine Initiative. Der Druck der öffentlichen Meinung ist das einzige, das hilft. (Genau das sagte Professor Altmann in Wien! Anm. d. Autors.) Richter, Anwälte, Zahnärzte und maßgebliche Persönlichkeiten der Patienten-Organisation haben die Krankenkassen und den Gesundheitsminister bestürmt, doch es scheint, man bleibt weiterhin vollkommen stur und hält auch weiter an der alten, offiziellen Ansicht fest. Ein bemerkenswerter Erfolg: Die finnische Krankenkasse hat sich an einen privaten schwedischen Zahnarzt um Auskunft gewendet, wie wir denn die Patienten behandeln, man fragte nicht die offiziellen Stellen, die Krankenkasse. Man hat stundenlange Telefongespräche geführt bis in die späte Nacht.

Das ist doch eine komische Welt, in der wir leben!

Die besten Wünsche von

Mats Hanson
Professor an der Universität
von Lund, Schweden

Unter den wissenschaftlichen Dokumenten, die Professor Mats Hanson seinem Brief beigefügt hatte, befand sich auch eine Arbeit aus dem Jahre 1926 (!). Unter dem vielsagenden Titel »Nichts Neues unter der Sonne« veröffentlichten schon damals die beiden Forscher Dr. A. Stock und Dr. E. Jaensch ihre Erkenntnisse über Amalgam-Quecksilber-Vergiftungen.

Bericht eines Opfers

Während sich die wissenschaftlichen Nachweise für die Gefährlichkeit der Amalgamfüllung bei mir häuften, nahm ich auch mehr und mehr Kontakt zu anderen Amalgamopfern auf. Erst aus der Summe all dieser Leidensgeschichten wurde meine Überzeugung von der krankmachenden Wirkung des Amalgams zur unumstößlichen Gewißheit.

Ich beschränke mich hier darauf, einen für alle sprechen zu lassen. Magister Josef Neuschitzer, Wien, eines der vielen Amalgamopfer, denen der richtige Weg gewiesen wurde, schrieb folgenden Brief an mich:

Mag. Josef Neuschitzer
Wien
14. Oktober 1981

Sehr geehrter Herr Ebm!

Ich habe leider erst jetzt Zeit dafür gefunden, Ihnen meinen Bericht zu schreiben, den ich Ihnen im August versprochen habe. Ich hoffe, daß sich keine großen Probleme für Sie ergeben.

Meine Leidensgeschichte

Was ich hier niederschreiben möchte, sind schmerzliche Erfahrungen, die ich in den letzten 15 Jahren gemacht habe. Erfahrungen mit meinem Körper, der einst kräftig, ausdauernd war und der mir den größten Spaß und die größte Freude gemacht hat, sei es bei sportlichen Veranstaltungen, beim Wandern, Klettern, Schwimmen, Paddeln, Skifahren etc., und der dann langsam, aber konstant kränker und kränker wurde. Kreuzschmerzen, Harnröhrenentzündung, Prostataentzündung, chron. Gastritis, regelmäßig auftretendes Zwölffingerdarmgeschwür, Verdauungsstörungen, chron. Blähungen mit Durchfall, lähmende Müdigkeit und chron. Kopfschmerzen. Das eine, was mir am meisten zu schaffen machte, war meine Vergeßlichkeit, meine Schwierigkeit, mich zu konzentrieren bzw. an eine bestimmte Sache zu denken . . .

Vor einem halben Jahr war ich dann in einem körperlichen und geistigen Zustand, der den Gedanken an ein Weiterleben mit diesem ruinierten Körper nicht gerade rosig erscheinen ließ.

Durch Zufall unterhielt ich mich mit einem Arzt, dem ich meine Probleme erzählte. Auf Grund meiner Erzählung sagte er mir, daß der Grund und die Ursache aller meiner Probleme in den Zähnen liegen könnte, und ich sollte einmal testen lassen, ob es irgendwelche Zähne gäbe, die eine Belastung für den Organismus darstellen. Er empfahl mir einen Dentisten, der mit Elektroakupunktur herausfinden könnte, von welchen Zähnen ein belastender Einfluß auf andere Teile und Organe des Körpers ausgehen könnte. Ich vereinbarte dann einen Termin mit dem Dentisten. Er testete mit Hilfe eines Prüfgerätes die energetischen Ströme in meinem Körper aus und stellte fest, daß ein Zahn völlig tot wäre, zwei andere Zähne kurz vor dem Absterben wären. Ein Zahn mit einer Kunststoffplombe stelle eine arge Belastung für den Körper dar. Er stellte beim Test auch fest, daß meine Weisheitszähne auf Grund ihrer ungünstigen Lage einen nachteiligen Einfluß auf den Energiehaushalt meines Körpers hätten.

Was er weiters feststellte, war eine enorme elektrische Spannung im Kieferbereich, die durch die Amalgamplomben verursacht wurde, sowie eine hochgradige Kieferknochenentzündung. Weiters eine sehr hohe Belastung durch Thioäther, der durch einen Fäulnisvorgang entsteht, sowie hohe Amalgamrückstände im ganzen Körper.

Der Dentist entfernte mir sämtliche Amalgamplomben aus den Zähnen. Er zog mir jene Zähne, deren Wurzeln abgestorben waren. Ich fühlte nach jeder Zahnextraktion eine wesentliche Erleichterung meines körperlichen und geistigen Wohlbefindens. Meine Harnröhrenentzündung verschwand etwa nach einem Monat der Behandlung völlig. Die Kreuzschmerzen spüre ich nur mehr sporadisch. Was mich am meisten freut, ist folgendes: Ich habe wieder Lust am Leben, bin nicht mehr müde und habe wieder die Energie, die Lebenskraft und den Tatendrang, den ich vor 10 Jahren verloren habe . . .

Wo lag der Grund für meinen körperlichen und geistigen Abstieg? Ich habe den Grund gefunden!

Der Grund war ein vergifteter Körper. Vergiftet mit Amalgam, Antibiotika, Anabolika, schmerzstillenden Mitteln etc. Und am Anfang all meiner Leiden war das Amalgam in meinen Zähnen, das sich im Laufe der Jahre langsam auflöste und meinen Körper vergiftete und die Zähne abtötete . . .

Inzwischen weiß ich, daß fast allen Zahnärzten die Giftigkeit von Amalgamplomben hinlänglich bekannt ist und daß es ausreichend Fachzeitschriften gibt, in denen von den nachteiligen Wirkungen von Amalgamplomben geschrieben steht. Z. B. starke elektrische Spannungen, die zu Schwindelzuständen, starken Kopfschmerzen, starker Beeinträchtigung der Denkfähigkeit führen, giftige Ablagerungen im Fett- und Knochengewebe, starke Beeinträchtigung des Nervensystems etc. . . .

Abschließend möchte ich folgendes feststellen:

1) Ich möchte den zahnärztlichen universitären Instituten ein Armutszeugnis ausstellen, daß es ihnen bis heute nicht gelungen ist, ein Material für Zahnfüllungen zu entwickeln, das länger haltbar und ungiftig ist.

2) Ich möchte jene Zahnärzte, die noch immer nicht um die Giftigkeit von Amalgameinlagen Bescheid wissen, darauf hinweisen, daß sie mit jeder Amalgameinlage den Grundstein für den Ruin dieses Zahns legen.

3) Ich möchte dem Großteil der Ärzte und speziell der Fachärzte ein Armutszeugnis ausstellen, weil sie die Zusammenhänge, die zwischen den einzelnen Körperteilen und Organen bestehen, nicht kennen bzw. nicht kennen wollen. Wenn jemand der Bauch weh tut, dann muß man nicht zwingend den Bauch behandeln, sondern jenes Körperorgan, das die Ursache für die Bauchschmerzen ist.

4) Ich möchte der gesamten Medizin ein Armutszeugnis ausstellen, daß es ihr bis heute nicht gelungen ist, eine Technik zu entwickeln, um exakte Diagnosen zu stellen und die tatsächlichen Ursachen von Krankheiten festzustellen. Ich möchte darauf hinweisen, daß es eine Methode gibt, die die wirklichen Ursachen von Erkrankungen herausfinden kann, nämlich die *Elektroakupunktur.*

5) Ich möchte dem Dentisten in Wien für seine Leistungen danken und ihm sagen, daß er auf dem richtigen Weg ist.

6) Ich möchte allen jenen, die diese Zeilen lesen, sagen, daß sie sich ihre Amalgamplomben herausnehmen lassen sollten. Sie werden eine wesentliche Verbesserung ihres Wohlbefindens feststellen.

Amalgamplomben in den Zähnen haben nur einen einzigen Vorteil: Sie sichern den Zahnärzten Patienten, die immer Schwierigkeiten mit ihren Zähnen haben werden. Die besten Geschäfte lassen sich dort machen, wo die Not der Menschen am größten ist. Z. B. wenn sie krank sind, wenn sie Schmerzen haben. Die meisten Ärzte haben das recht gut begriffen.

Mit herzlichen Grüßen Mag. Josef Neuschitzer

Auch in der Presse erscheinen immer wieder Berichte über ähnliche Fälle. Unter der Überschrift »23 Jahre blind. Schlechte Zähne gezogen — Frau kann wieder sehen« berichtete zum Beispiel die »Neue Revue« vom 11. 11. 1983 über einen »unglaublichen Fall« von oralem Galvanismus, den ich hier auszugsweise wiedergebe:

Als der Zahnarzt den Backenzahn gezogen hatte, schrie Gun Thoresson (53) plötzlich auf . . . 23 Jahre war tiefe Nacht um sie gewesen. Seit der Zeit, als sie mehrere Amalgamfüllungen erhalten hatte.

»Ohne Zweifel gibt es einen Zusammenhang zwischen Frau Thoressons Erblindung und der damaligen Zahnbehandlung«, bestätigt Dr. Olga Sandgren vom Bezirkskrankenhaus in Skelleftea (Nordschweden) . . . »Mit jedem Zahn, den wir der Patientin zogen, kehrte ein Teil ihres Augenlichts zurück.« . . .

Heute ist Dr. Sandgren überzeugt, daß der »orale Galvanismus« daran schuld war: Amalgamplomben mit ihrem hohen Quecksilbergehalt können im Mund des Patienten eine Art »Kurzschluß« auslösen, der sich auf Gehirnzellen und Nerven auswirkt.

Man muß umdenken

Ich habe mit über 100 Amalgamopfern in der Bundesrepublik und in Österreich persönlich gesprochen. Es wäre jetzt müßig, über die Schicksale dieser bedauernswerten Menschen weiter zu berichten. Alle haben eines gemeinsam: Durch Amalgamfüllungen, nervtote Zähne und andere Todsünden der Zahnbehandler wurden sie schwer krank und hatten die entsetzlichsten Schmerzen. Gesund wurden sie alle erst nach der Entfernung des schweren Giftes (Quecksilber) und nach der Behandlung mit »Außenseitermethoden«, die von der Krankenkasse zumeist überhaupt nicht bezahlt werden.

Ich kenne Leute, die Haus und Hof verkaufen mußten, um die Arztkosten zahlen zu können. Ich kenne Leute, die bettelarm wurden, weil sie Amalgam im Mund hatten. Ich kenne Leute, die jetzt ihr ganzes Leben lang Schulden abzahlen müssen, weil sie Geld brauchten, um wieder gesund zu werden.

Diesen Menschen, die unverschuldet in Not gerieten, muß geholfen werden, und es muß Vorsorge getroffen werden, daß nicht durch die »sozialmedizinische Bedeutung von Amalgam«, wie es immer so schön heißt, andere, heute noch gesunde Menschen morgen auch zum Krüppel werden.

Vor allem: Eltern, gebt acht, welche Plomben euren Kindern eingesetzt werden!

Helfen kann man aber nicht allein durch Veröffentlichungen in medizinischen Fachzeitschriften, die dem nichtsahnenden Patienten verborgen bleiben, durch medizinische Streitgespräche, durch weiteres Herumreden in Kongressen.

Man muß Taten setzen. Man muß umdenken. Man muß Partei ergreifen. Gerade das propagiert Österreichs Gesundheitsminister Dr. Kurt Steyrer jetzt — als Minister für den Umweltschutz. Um den sauren Regen zu bekämpfen. Aber auch um das »Gift im Mund« muß man Taten setzen, müssen die Betroffenen, die Patienten, endlich die Wahrheit erfahren.

Vorsprache beim Minister

Ich kannte die »private« und die »dienstliche« Meinung des österreichischen Gesundheitsministers über Amalgam aus der Korrespondenz zwischen ihm und Dr. Zemann. Jetzt lag es an mir, dem Minister meine »persönliche Meinung« als Amalgamopfer zu sagen. Ich hatte lange genug darauf gewartet.

Am 24. Januar 1983 um 13.30 Uhr stand ich endlich vor den gepolsterten Türen des Ministerbüros im Wiener Regierungsgebäude. Ich schilderte dem Minister in einer knappen halben Stunde meine Erlebnisse, die der Leser schon in allen Einzelheiten kennt. Ich nannte die Ärzte, die in Österreich fast sechs Jahre lang nur Fehldiagnosen gestellt und mich an den Rand des Grabes gebracht hatten. »Ein Dentist wußte in einer Stunde die richtige Diagnose: Ich hatte 800 Millivolt Stromfluß im Mund. Der Wiener Dentist bohrte mir eine einzige Amalgamplombe aus, die neben einem goldbekronten Zahn lag, und der Schmerz in den Augen war sofort vorbei!« Ich verschwieg nicht die zahllosen Rückfälle. Ich wußte ja von Professor Altmann, mit dem der Herr Minister auch wiederholt gesprochen hat, daß gerade diese Rezidive das sichere und geradezu typische Zeichen einer Quecksilbervergiftung sind.

Dann kamen meine Operationen bei Dr. Ungar in Frankfurt zur Sprache, ich zeigte die Bilder. Ich sprach von den vielen Patienten, die unter Amalgamfüllungen ebenso gelitten haben wie ich. Ich sprach von den hohen Kosten, von den vergeudeten Millionen, in Schilling und DM. Ich vergaß aber auch nicht, über meine Erlebnisse in den Wiener Spitälern zu berichten.

Der Minister verzog schmerzhaft sein Gesicht. »Ich möchte einmal primär sagen, daß ich mir als Arzt der Giftigkeit, der Toxizität, des Quecksilbers natürlich bewußt bin«, sagte der oberste Hüter der Gesundheit in Österreich.

Der österreichische Bundesminister Dr. Kurt Steyrer beim Studium des Buches Glaser / Türk: »Herdgeschehen«

»Ich glaube auch, daß in der Zahnheilkunde solche Fälle wie der Ihre beschrieben sind. Ich glaube auch, daß es durchaus möglich ist, daß Quecksilber in kleinsten Spuren — und es löst sich natürlich auch in kleinsten Spuren auf — zu Allergisierung führen kann. Das halte ich für völlig unbestritten. Da bin ich Ihrer Meinung! Nur stellt sich jetzt die Frage: Was kann der Minister Steyrer als Bundesminister für Gesundheit und Umweltschutz in Österreich jetzt tun? Diese Frage ist nicht so leicht zu beantworten, weil ja das Problem des Amalgams nicht ein österreichisches, sondern ein weltweites Problem ist!«

»Sicherlich, Herr Minister!« gab ich zu. »Aber wenn der Oberste Sanitätsrat (von dem ich damals ja schon festgestellt hatte, daß kein einziger Arzt dazugehört, der zu dem Amalgamproblem wirklich etwas zu sagen hatte) . . . wenn also der Oberste Sanitätsrat eine derart schwerwiegende Entscheidung trifft . . .« »Der kann gar keine Entscheidung treffen«, unterbrach mich Steyrer. »Er kann nur beraten . . . es ist da, glaube ich, auch eine Stellungnahme von der Sektion II dagewesen . . .«

Die Sektion II im österreichischen Bundesministerium für Gesundheit und Umweltschutz ist für die »Volksgesundheit« insbesondere zuständig, und dieser Sektion stand damals Dr. Albert Krassnigg vor, von dem später noch einmal die Rede sein wird.

Ministerialrat Dr. Schedy, dem Gespräch zugezogen, sprang ein: »Ja, Herr Minister, eine Stellungnahme von Sektion II liegt vor, etwa in der Richtung, daß solche Ströme durchaus denkbar sind bei verschiedenen Metallen im Mund . . . daß auch Spuren von Quecksilber herausgehen . . . und daß so, wie auch bei anderen Behandlungsmethoden, Medikamenten und so weiter, natürlich nur in einzelnen Fällen, bei besonders empfindlichen Personen, Störungen denkbar sind. *Aber* . . .«, und jetzt erhob Schedy seine Stimme, »aber in Anbetracht der Bedeutung des Amalgams als Füllungsmaterial, das bisher noch nicht durch ein anderes ersetzbar ist, kann man nicht daran denken, Amalgam zu verbieten!«

»So wird also der Minister beraten . . .«, dachte ich. Der Minister zu mir: »Ich attestiere Ihnen, ich bin auch der Auffassung, daß diese Spannungsdifferenzen zwischen den einzelnen Metallen vorkommen, daß verschiedene Metalle im Mund zweifellos solche Störungen hervorrufen können. Vielleicht viel mehr, als wir glauben . . .!« Dr. Steyrer führte die großen Mängel bei der heutigen Zahnversorgung darauf zurück, daß die Stromspannungen im Mund bisher nicht so im Vordergrund standen, wie es eigentlich sein sollte. »Man hat immer nur nach fokalen Ursachen, nach Eiterherden oder Granulomen gesucht, und die sind ja in diesen Fällen — der Amalgamvergiftung — nicht da!«

»Herr Minister, Sie sind da noch immer nicht voll informiert!« wagte ich einen Sprung weiter. »Nicht einmal zehngroschengroße Eiterherde in meinem Oberkiefer haben die Schulmediziner erkannt!« Ich stellte fest: Wenn Professor Ebinger, Vorstand einer Allergie-Klinik in Wien, meine so schwere Allergie gegen Amalgam und Quecksilber diagnostiziert hätte und wenn Dozent Dr. Wächter meine Eiterherde erkannt hätte, wären mir jahrelange Schmerzen und — bis dahin — rund 300.000 Schilling erspart geblieben. Die Diagnosen stellten dann Ärzte der »Alternativmedizin«, und die Heilung meiner Leiden konnte endlich beginnen.

Minister Steyrer blickte bei meinen Worten sehr ernst und betroffen drein. »Heute bin ich fast gesund«, sagte ich, »und ich will nichts anderes, als Hunderttausenden anderer Menschen mein trauriges Schicksal ersparen!« 20.000 Patienten hat Dr. Ungar bisher in Frankfurt getestet und »ad hoc« geheilt, 8.000 davon mußten aber klinisch lange Zeit behandelt werden.

»Zwischen 83 und 92 Prozent dieser schwerkranken Patienten konnte Dr. Ungar heilen«, sagte ich, »das ist statistisch erwiesen. Dr. Hans Raue aus Wiesbaden spricht aber von rund 200.000 Augenkranken durch Amalgam in einem Behandlungszeitraum von nur 2 Jahren in der Bundesrepublik. Dr. Raue ist ein Augenarzt. Wo bleiben die anderen Ärzte? Alle Fachrichtungen zusammen ergeben Millionen Amalgamopfer . . . Ich selbst habe mit über hundert Patienten allein während meines Heilungsprozesses in Österreich und der Bundesrepublik gesprochen und habe heute schon über dreißig Stunden Tonbandaufnahmen davon. Ich erwarte nicht, daß Sie sich diese jetzt anhören.« »Das ist auch technisch nicht möglich«, warf Steyrer hastig ein und blickte auf die Armbanduhr.

»Ich habe als Amalgamopfer zu Ihnen gesprochen, Herr Minister. Jetzt spricht ein Arzt zu Ihnen, der mehr von Amalgam und den Folgen weiß als der Oberste Sanitätsrat in Österreich!« Damit überreichte ich ihm das Buch »Herdlehre« von Dr. med. dent. Ralf Türk und Dr. med. dent. Margarethe Glaser, das erst wenige Tage zuvor erschienen war. Steyrer blätterte eine Weile darin. »Das ist für mich eine sehr interessante Geschichte, muß ich sagen, um so mehr, als ich ja auch in vielen Bereichen Zahngeschädigter und Zahnleidender war. Ich werde das Buch intensiv studieren und bitte Sie dann noch einmal zu einem Gespräch, zuerst einmal mit Professor Till!«

Das war das Ende des offiziellen Gespräches. »Ich bin nicht nur Minister, ich bin Arzt geblieben!« sagte mir Kurt Steyrer beim Verlassen seines Büros und drückte mir herzhaft die Hand.

8 Vorsicht, Arzt!

Unter diesem vielsagenden Titel erschien im Jahre 1981 ein Spiegel-Buch im Rowohlt-Verlag von Hans Halter, Klaus Franke, Gisela Oehlert und Jürgen-Peter Stössel. Dieses Buch sollte eigentlich jeder lesen. Mir schenkte es ein Arzt, damit ich weiß, was ich von manchen Ärzten zu halten habe.

Nach den Attacken des tapferen Aufklärers Hackethal geriet der Thron der »Götter in Weiß« ins Wanken, Journalisten nahmen die Krise der modernen Medizin unter die Lupe und entblätterten auch Ärzte, wie Gänseblümchen. Ebenso kamen die Krankenkassen, die Sozialversicherungsträger unter Beschuß.

In diesem Spiegel-Buch heißt es (S. 197):

> Mit ärztlicher Kleinarbeit zu Discountpreisen, die erst durch millionenfache Wiederholung so teuer wird, sichern die niedergelassenen Heilkundigen freilich nicht nur ihren eigenen Wohlstand. Sie halten damit gleichzeitig den gewaltigen medizinisch-industriellen Komplex in Schwung, der Westdeutschlands Gesundheitssystem zum teuersten der Welt macht.

Dieser Entwicklung steht Österreich in keiner Weise nach. Im Spiegel-Buch heißt es dann weiter über die frei praktizierenden Mediziner:

- Sie stellen im Jahr rund 500 Millionen Rezepte mit etwa zwei Milliarden Einzelverordnungen aus — ohne sie ginge die Pharma-Industrie (Produktionswert humanpharmazeutischer Präparate: 13,9 Milliarden Mark) bankrott, müßten die Apotheken (Bruttoumsatz: 17,6 Milliarden Mark) schließen.
- Ohne sie gäbe es nicht die medizinisch-technische Industrie mit einem Jahresumsatz von 2,2 Milliarden Mark.
- Sie weisen im Jahr elf Millionen Bundesbürger in die Krankenhäuser ein — und füllen damit 715.000 Klinikbetten und halten Krankenhaus-Apparaturen im Schätzwert von 15 Milliarden Mark in Betrieb.
- Sie verordnen jährlich für 4,3 Milliarden Mark sogenannte Heil- und Hilfsmittel — ohne sie hätten die Gesundheitsberufe keine Existenzmöglichkeiten.
- Sie befürworten pro Jahr 1,1 Millionen Kurverschickungen — ohne sie verlören rund 1000 Kurbetriebe Einnahmen von etwa 3,5 Milliarden Mark.

Die Autoren stellen fest, daß die »Krankenindustrie« längst zu einem ökonomischen Machtfaktor erster Ordnung geworden ist. 1,7 Millionen Menschen leben in der Bundesrepublik vom Medizinbetrieb. Etwa ein Drittel der gesamten Sozialausgaben (1981: 165 Milliarden Mark) entfallen auf Leistungen für die Erhaltung oder Wiederherstellung der Gesundheit. Alle drei Jahre steigen die Kosten der Gesundheit um etwa 20 Prozent. »Ein Naturgesetz gleichsam, dem sich die Steuerzahler und Beitragszahler beugen müssen?« fragen die Autoren.

Ich wollte offizielle Vergleichszahlen für Österreich haben und rief Hofrat Pascher, den Generaldirektor der Wiener Gebietskrankenkasse, an. Er war für einen Journalisten nicht zu sprechen. Aber Dr. Fritz Koppe von der Wiener Arbeiterkammer half mir weiter. Hier ist der authentische Bericht:

- Der Jahresdurchschnitt der Krankenversicherten betrug im Jahre 1982 — bei einer Bevölkerungszahl von 7.581.000 — 99,1% der Bevölkerung, also 7.512.000 Personen.
- Die durchschnittliche Beitragsgrundlage erhöhte sich von Juli 1981 bis Juli 1982, also innerhalb eines einzigen Jahres, um 5,9 bis 6,9 %.
- Die Gesamtausgaben der Sozialversicherungsträger erreichten 1982 die Höhe von 172 Milliarden Schilling. Diese Summe setzt sich aus einer Vielzahl von Einzelposten zusammen. Allein für Pensions- und Rentenzahlungen wurden insgesamt 107,7 Milliarden Schilling aufgewendet; das sind 9,1% mehr als im Jahre 1981. Hier noch einige weitere Vergleichszahlen:

	1981	1982	±
Ärztliche Hilfe	10.892 Millionen	11.534 Millionen	+ 5,9%
Heilmittel	5.887 Millionen	6.109 Millionen	+ 3,8%
Heilbehelfe	834 Millionen	734 Millionen	− 12,0%
Zahnbehandlung	3.567 Millionen	3.791 Millionen	+ 6,3%
Anstaltspflege	11.443 Millionen	12.558 Millionen	+ 9,7%
Verwaltung	1.735 Millionen	1.860 Millionen	+ 7,2%

Für »ärztliche Hilfe« haben die Krankenversicherungsträger im Jahre 1982 also 11.534 Millionen Schilling oder 5,9 % mehr bezahlt als im Vorjahr. Und für Zahnbehandlung mußten 3.791 Millionen oder 6,3 % mehr als im Vorjahr bezahlt werden. Die Kosten der Anstaltspflege stiegen im Jahre 1982 gar um 9,7 % auf satte 12.558 Millionen Schilling.

Auch in Österreich steigen, einem Naturgesetz gleich, die Ausgaben für die Sozialversicherungsträger. Der österreichische Sozialminister Alfred Dallinger kündigt unaufhaltsam kommende Beitragserhöhungen und Leistungsverringerungen an. Ich wollte mit Dallinger vor der Veröffentlichung des Buches reden und Vorschläge zur Verringerung der exorbitanten Ausgaben der Krankenkassen machen. Doch ich erhielt von seinem Ministerium einen Brief, der besagte, der österreichische Sozialminister habe mit der Krankenkasse überhaupt nichts zu tun (siehe Anhang Nr. 13).

Irgend jemand — wenn auch nicht Minister Dallinger — wird endlich erkennen müssen, daß vieles, was *falsch* gemacht wird, *besser* gemacht werden könnte. Lesen Sie dazu die Ausführungen von Professor Till in Anhang Nr. 21. Welche Rolle die alternative Medizin dabei spielen kann (und muß!), wurde in einem Aufsatz von Dr. H. Raue im Fachblatt »Ärztliche Praxis« vom 18. 5. 1982 dargelegt, dessen

Untertitel lautet: »Die alternative Medizin brauchen wir so lange, bis sie in die Schulmedizin integriert ist« (siehe Anhang Nr. 19).

Wie viele Patienten müssen noch sterben?

Sechs Monate vergingen bis zu meinem nächsten Gespräch mit dem österreichischen Gesundheitsminister und Professor Till. Am 20. Juni 1983 empfing uns Minister Steyrer um 10.30 Uhr und kam wieder gleich zur Sache:

»Persönlich weiß ich als Dermatologe, daß in vielen Fällen eine Amalgamplombe sicherlich die Ursache für allergische Reaktionen darstellen kann. Ich selbst bin in hochgradigem Maße chromallergisch und weiß, welche Reaktionen ich am ganzen Körper im Kontaktfall habe. Für mich steht außer Diskussion, daß es sicherlich in vielen Fällen durch die Verwendung von quecksilberhaltigem Amalgam zu Reaktionen auf dieses relativ giftige Metall kommen kann. Nun ist es das Problem, daß ich natürlich — hier in Österreich, losgelöst von allen internationalen Überlegungen — schwer ein Verbot aussprechen kann. *Das* ist also die Hauptschwierigkeit . . .«

Hier wollte ich sofort einhaken, doch der Minister wußte selbst, was jetzt kommt. Er fügte hinzu: ». . . ja, und auch . . . daß sich der Oberste Sanitätsrat und die Sektion II eigentlich . . . eher . . . etwas abwartend verhalten.« Jetzt war die Katze aus dem Sack. Nicht nur internationale Probleme gibt es, die ja — wie beim »sauren Regen« — zu lösen wären, der Minister wird von den *eigenen* Ärzten in Österreich, vom Obersten Sanitätsrat und der Sektion II »Volksgesundheit«, damals mit Sektionschef Dr. Krassnigg an der Spitze, gehindert, in Sachen Amalgam aktiv zu werden.

Jetzt ging ich aufs Ganze. Ich berichtete über mein Erlebnis mit Amtsrat Maurer in dem letzten Wiener Spital, in dem ich lag, und seine Heilung durch das Ausbohren seiner Amalgamplomben. Ich wechselte die Kassette des Tonbandgerätes und ließ den geheilten Amtsrat selbst vor dem Minister reden:

> . . . meine Asthmabeschwerden und die Schmerzen in den Gelenken sind weg, seitdem mir das Amalgam herausgenommen wurde . . . ich bin immer noch der gleichen Meinung wie damals, oben im Spital! Da muß jetzt endlich etwas geschehen, das muß endlich in die Öffentlichkeit!

Ich legte dem Minister eine Ansichtskarte vor, die mir der Amtsrat von einer Bergwanderung im Großglocknergebiet, von der Lesachriegelhütte geschrieben hatte: »Kein Amalgam im Mund«, stand darauf. »Kein Asthma, kein Rheumatismus mehr!«

Dieser Mann lag wochenlang im Spital mit mir, er konnte sich kaum bewegen, klagte über entsetzliche Schmerzen, und seine Asthmaanfälle waren — für ihn ebenso wie für mich — unerträglich. Heute, nach der Entfernung dieser Zeitbomben aus Gift, klettert der Mann auf 3000 Meter hohen Bergen herum!

»Was sagen Sie dazu, Herr Minister?«

»Das sind starke Beweise, das hat für mich sicherlich Hand und Fuß . . .«

Ich bohrte weiter: Ich hatte an zwei Tagen drei Leute zu dem Dentisten gebracht, alle drei hatten Strom im Mund, Werte zwischen 300 und 500 Millivolt. Das waren ganz willkürlich drei Personen, mit denen ich nur zufällig zusammenkam und die über Rheuma klagten. Sie haben aber gar kein Rheuma, sie haben »nur« Amalgam im Mund. Das ist der Beweis aus dem täglichen Leben, aus der Praxis, daß nicht nur ganz wenige und da auch nur besonders empfindliche Personen gefährdet sind. Personen, die Stromfluß im Mund haben, leiden zumindest an einer beginnenden Quecksilberintoxikation, deren Herdgeschehen aus individuell verschiedenen Gründen noch nicht zum Durchbruch kam. Das kann aber jeden Tag, durch einen »Zweitschlag«, so Dr. Türk, geschehen.

»Herr Minister«, sagte ich, »diese Menschen leiden, und es gehen nicht nur Millionen verloren, Milliarden werden vergeudet. Dafür liefere ich den Beweis: Ich lag in zehn Spitälern. Das kostet nach dem errechneten Tagsatz allein 784.000 Schilling, dazu kommen noch die Kosten der 54 Ärzte, die ich durch fast sechs Jahre konsultierte, die teuren Medikamente, die ich *kiloweise* einnehmen mußte, weit über 1000 Injektionen, Infiltrationen. Mit allem Drum und Dran mußte die Krankenkasse nach sorgfältiger Berechnung über 1.100.000 Schilling für mich alleine bezahlen, dazu kommt noch eine runde halbe Million, die ich bisher aus eigener Tasche bezahlt habe . . .«

Dr. Kurt Steyrer (l.) im Gespräch mit Prof. Dr. Thomas Till (r.), Kieferchirurg und Spezialist für Amalgamforschung

Es fand dann noch eine lange Diskussion zwischen Minister Steyrer und Professor Till statt. Es wurde über »Vorsicht« und »Rücksicht« und hunderterlei andere, schwerwiegende Gründe gesprochen, warum man ad hoc nichts machen könne. Ich nahm den letzten Anlauf und legte die medizinische Fachzeitschrift »Medical Tribune« auf den Tisch, wies auf den Titel und fragte: »Die Zahnärzte sind, weil sie Amalgam mischen, quecksilbergefährdet. Wir haben das Gift aber im Mund!«

Der Minister antwortete prompt: »Ich bin durchaus der Meinung, vielleicht viel stärker, als meine Sektion II das vertritt, daß Quecksilber in der Medizin eigentlich nichts mehr verloren hat!« »Genau!« rief Professor Till dem Minister zu, und ich bemerkte zum Abschluß:

»Sie sagten mir, Sie sind nicht nur Minister, Sie sind Arzt geblieben. Darf ich Sie jetzt als Arzt fragen: ‚Wie viele Menschen müssen noch sterben?' Und als Minister: ‚Wie viele Millionen, Milliarden Schilling werden weiterhin zum Fenster hinausgeworfen, bis etwas geschieht?' Oder hat Altmann recht? Er sagte: ‚Wir warnten dreißig Jahre . . . man hat alle Warnungen in den Wind geschlagen. Heute kann doch kein Politiker, kein Verantwortlicher der Sozialversicherung oder der Krankenkasse zugeben, daß man die Menschen, weil's eben billiger ist, mit Amalgam vergiftet hat!'«

Der »saure Regen«, das Sterben der Bäume, erregt jetzt die Leute in Österreich und der Bundesrepublik. Amalgam ist — nach Meinung zahlloser Wissenschaftler — ein ähnlich großes Problem. Nur sterben da wir selbst. Um abzusichern, daß meine Recherchen auch wirklich stimmen, daß tatsächlich keiner der hohen Herren im Obersten Sanitätsrat von Amalgam mehr weiß, als daß es »sozialmedizinische Bedeutung« hat und billig ist, schrieb ich dem Minister einen weiteren Brief, in dem ich sehr höflich um Angaben zur wissenschaftlichen Qualifikation der betreffenden Herren in dieser Frage bat (siehe Anhang Nr. 10).

Die Antwort bekam ich von Herrn Sektionschef Krassnigg, dem Hüter der Volksgesundheit in Österreich, der selbst auch — wie könnte es anders sein? — Mitglied des Obersten Sanitätsrates ist. Ich mußte diese Antwort erst ein-, zwei-, dreimal lesen. Das sollte die Antwort auf meinen doch so klaren Brief sein? Ich konnte es nicht fassen. Lesen Sie bitte selbst (Anhang Nr. 11)!

Ich beriet mich darauf mit Altmann, Till und Zemann. Altmann sagte: »Daß ich nicht lache. Der Oberste Sanitätsrat, so lese ich da, beurteilt die gestellten Fragen unter Zuhilfenahme aller zur Verfügung stehenden Unterlagen. Was haben die denn für Unterlagen? Ich müßte dem Obersten Sanitätsrat mit einem Lkw meine Unterlagen schicken. Wissenschaftliche Werke, seit der Jahrhundertwende bis zum heutigen Tag, die eindeutig beweisen, daß Amalgam Gift ist. Gefährliches, tödliches Gift.«

Dann setzte das Ärzteteam mit mir einen Brief auf, der, um es gleich vorwegzunehmen, unbeantwortet blieb (Anhang Nr. 12).

Die Kleine Anfrage im Landtag

Ähnlich sollte eine schwer amalgamgeschädigte Frau in der Bundesrepublik abgewiesen werden. Auf eine Kleine Anfrage beim Hessischen Landtag vom 25. 2. 1983 betreffend außergewöhnliche Elektrosensibilisierung in Verbindung mit Amalgam-Zahnfüllungen antwortete der Sozialminister Clauss:

Antwort
des Sozialministers

auf die Kleine Anfrage der Abg. Nolte, Beckmann, Möller (Marburg), Troeltsch und Geschka (CDU)

betreffend außergewöhnliche Elektro-Sensibilisierung in Verbindung mit Amalgam-Zahnfüllungen
Drucksache 9/10/454

Zahnfüllungen mit Amalgam-Zahnersatz sind wegen Karies erforderlich, einer Krankheit, die zur Bildung von Löchern in den Seitenzähnen und Verfall der übrigen Zähne führt. Obwohl diese Krankheit durch einfache Maßnahmen wie gesunde Ernährung und regelmäßige Zahnpflege vollständig verhütbar wäre, leiden nahezu 100 v.H. der Bevölkerung daran, und zwar häufig schon seit der frühen Kindheit.

Bei den Amalgamen handelt es sich um Schwermetall-Legierungen aus Silber, Zinn, Kupfer und vor allem Quecksilber. 1980 wurden im Bereich der gesetzlichen Krankenversicherung etwa 20 000 kg Quecksilber zur Amalgamherstellung gebraucht. Von 60 Millionen im Jahre 1980 gelegten Füllungen bestanden etwa 40% aus Amalgam. Während für die Zahnerhaltung der Vorderzähne zunehmend Kunststoffe verwendet werden können, ist die Zahnheilkunde bei der Sanierung der Seitenzähne (Backenzähne) aus Kostengründen noch auf Amalgam angewiesen. Amalgame sind wie zahlreiche andere zahnärztliche Werk- und Behandlungsstoffe Arzneimittel im Sinne des Arzneimittelgesetzes.

Jedes Arzneimittel kann neben der gewünschten günstigen Wirkung auch unerwünschte Nebenwirkungen haben. Für Amalgam in Zahnfüllungen lassen sich drei Gruppen von Nebenwirkungen unterscheiden, die in der öffentlichen Diskussion gelegentlich miteinander verwechselt werden:

1. Toxikologische Nebenwirkungen

   Amalgam in Zahnfüllungen setzt insbesondere in den ersten Tagen nach einer Füllung Quecksilber- und andere Moleküle frei. Die zu erwartenden Freisetzungen liegen aber unter dem von der Weltgesundheitsorganisation als zulässig angesehenen Wert. Die Gefahr einer Quecksilbervergiftung besteht deshalb nicht für den Patienten, sondern eher für das behandelnde Personal, das durch den täglichen Umgang einer erhöhten Quecksilberaufnahme ausgesetzt ist.

2. Allergische Nebenwirkungen

   Die wenigen in der Literatur beschriebenen Amalgam-Allergien lassen im Vergleich zu der Zahl der jährlich gelegten Füllungen den Schluß zu, daß es sich hier um ein äußerst seltenes Krankheitsbild handelt, das durch Entfernung der Amalgam-Füllung behandelt werden kann.

3. Probleme im Zusammenhang mit elektrochemischen Vorgängen an metallischen Werkstoffen in der Mundhöhle

Sogenannte Elektrosensibilisierungen sind denkbar, jedoch wissenschaftlich bisher nicht einmütig anerkannt. Dabei dürften Füllungen, insbesondere, wenn sie aus verschiedenen Metallen (etwa Amalgam und Gold) bestehen, als Metallelektroden einer Batterie wirken, wobei Speichel und Gewebsflüssigkeit als Elektrolyt wirken. Die hier auftretenden Stromstärken sind nicht gesundheitsschädlich (etwa im Sinne eines elektrischen Schlages). Gleichwohl werden Veränderungen an der

Mundschleimhaut und Geschmacksirritationen als Folge elektrochemischer Vorgänge ebenso diskutiert wie sogenannte Elektroakupunkturphänomene: Hier handelt es sich um einen weitgestreuten Symptomenkreis, der von Migräneanfällen über Schlafstörungen bis hin zu Hautjucken und Ermüdbarkeit reicht. Die Zuordnung eines solch breiten Krankheits- und Beschwerdespektrums im Sinne eines Kausalzusammenhanges zu Amalgam-Füllungen ist schwierig, zumal zahlreiche andere Ursachen bekannt sind. Dennoch scheinen die beschriebenen Reaktionen dann möglich, wenn eine besondere Disposition vorliegt.

Dies vorausgeschickt, beantworte ich die Kleine Anfrage wie folgt:

1. Wieviel Fälle von Elektro-Sensibilisierung, ausgehend vom Amalgam-Zahnersatz, gibt es in Hessen?

Nach Umfrage bei den Lehrstuhlinhabern der Hessischen Universitätszahnkliniken, der Landeszahnärztekammer und der Kassenzahnärztlichen Vereinigung sind solche Fälle in Hessen bisher nicht bekannt geworden. Ein Lehrstuhlinhaber hält sie für möglich.

2. Welche Hilfe können Personen erwarten, die von diesem Phänomen betroffen sind?

Werden die genannten Nebenwirkungen nachgewiesen oder mit hinreichender Wahrscheinlichkeit vermutet, kann Abhilfe durch Herausnahme der Amalgam-Füllungen geschaffen werden. In solchen Fällen sollten die Kosten für die aufwendigeren Füllungen, etwa durch Gold, von den Kostenträgern übernommen werden.

3. Konnte bisher etwas in einem speziellen schwerwiegenden Fall unternommen werden?

Am Medizinischen Zentrum für Zahn-, Mund- und Kieferheilkunde des Klinikums der Philipps-Universität Marburg wurden bei einer Patientin wegen Verdachtes der Unverträglichkeit von Amalgam alle Amalgam-Füllungen entfernt. Die Amalgam-Unverträglichkeit, die im Sinne der Vorbemerkung nicht näher spezifiziert wurde, konnte nach Angaben der Zahnklinik wissenschaftlich nicht gesichert werden.

4. Ist die geschäftsführende Landesregierung bereit, in einer der künftigen Konferenzen der Gesundheitsminister die Problematik der außergewöhnlichen Elektro-Sensibilisierung zu erörtern und zu prüfen, ob und inwieweit schwedische und sowjetische Therapievorschläge in der Bundesrepublik Deutschland Anwendung finden könnten?

Die Landesregierung sieht dafür kein Bedürfnis.

Es ist nicht Aufgabe der Landesregierung, Therapievorschläge zu überprüfen oder einzuführen. Dies ist allein Sache ärztlicher Entscheidung und damit ärztlicher Verantwortung.

Wiesbaden, den 31. Mai 1983

Clauss

Eine oberflächliche Antwort dieser Art konnte die Betroffene nicht einfach hinnehmen. Mit Brief vom 9. 10. 1983 klärte sie den Sozialminister auf. Da ihre Stellungnahme zu allen Punkten der ministeriellen Antwort die entscheidenden, wissenschaftlich begründeten Gegenargumente und Informationen enthält, soll sie hier in vollem Wortlaut wiedergegeben werden (die hochgestellten Ziffern in ihrem Text beziehen sich auf die entsprechenden Punkte der ministeriellen Antwort):

Stellungnahme

1. **Karies**[1]: Es ist richtig, daß ca. 96 % der Bevölkerung, und zwar der Zivilisationsländer, an Karies leiden. Aufgrund naturwissenschaftlich erkannter Gesetze verdichtet sich immer mehr der Verdacht, daß Amalgamfüllungen an der Zunahme der Karies wesentlich beteiligt sind:

○ *oligodynamische Wirkung:* Metalle spalten in flüssiger Lösung Atome ab, die in der Flüssigkeit ionisieren, d. h. Ladungen aufnehmen.

○ *Metalle* säuern durch ihre Ionenabspaltung die *Flüssigkeit,* in der sie enthalten sind, d. h. sie verändern deren *pH-Wert in den sauren Bereich.*

Amalgamfüllungen bestehen aus einem Metallgemisch[4], dessen Hauptbestandteil (ca. 50 %) reines Quecksilber ist. Es wird mit einem Metallpulver (»Feilung«) zu einer plastischen Masse angerührt. Ca. 35 % einer Amalgamfüllung bestehen aus dem Schwermetall Silber. Der Rest aus Zinn-, Zink- und Kupferanteilen.

Die Aussage »Amalgam in Zahnfüllungen setzt *insbesondere* in den ersten Tagen nach einer Füllung Quecksilber- und andere Moleküle frei« impliziert, daß sich *auch nach* den »ersten Tagen« noch solche Metallionen herauslösen. Auch wenn es weniger sind als anfangs, so wird doch durch Metalle im Mund eine stete pH-Wert-Verschiebung im Speichel zur sauren Valenz unterhalten. Säure wiederum erhöht die Korrosion. Dies trifft um so mehr zu, wenn mehrere Amalgamplomben im Mundraum vorhanden sind, und verstärkt sich durch galvanische Korrosionsprozesse, wenn zu dem Amalgam noch andersartige Metalle hinzukommen.

Im angesäuerten Speichelmilieu können die symbiotischen, d. h. lebenswichtigen Mundraumbakterien nicht mehr gut existieren, während schädliche, säureresistente Bakterien jetzt günstige Lebensbedingungen finden und sich vermehren. In diesem Zusammenhang sei darauf hingewiesen, daß bei der amerikanischen Erzgewinnung »acidophile« (= säurefreundliche) Bakterien in Flüssigkeit eingesetzt werden zum Herauslösen geringer Metallspuren aus dem Gestein. Es ist zu folgern, daß säurefreundliche Bakterien in Speichel und Gewebeliquor ebenfalls Metalle angreifen und lösen.

Quecksilberionen verdrängen vermöge ihrer höheren Ladung das Calcium, aus dem unsere Zähne wesentlich aufgebaut sind. Sie schädigen somit die Zahnsubstanz, so daß Bakterien eindringen können und die Zahnfäule beginnt. Diese wird durch neue Amalgamfüllungen behandelt und der langsame Verfallsprozeß damit verstärkt. Kanadische Untersuchungen bestätigen außerdem, daß die veränderte Bakterienflora eine Umwandlung des Quecksilbers in das hochgiftige Methylquecksilber bewirkt.

Nicht allein der Speichel, bei längerer Quecksilberionen-Einwirkung geht schließlich auch die Gewebsflüssigkeit des Organismus in einen sauren ph-Wert über, während im Blut, gleichsam als Gegensteuerung, sich eine alkalische Tendenz ausbildet. Stark saurer Urin bei Blut-Alkalose ist übrigens ein charakteristisches Symptom bei Quecksilbervergiftung.

Was die *»gesunde Ernährung«*[2] anbetrifft, so ist damit eine hoch basenreiche Kost gemeint, die die Säuerung von Speichel und Gewebsflüssigkeit ausgleichen, sowie eine Nahrung mit lebendiger Zellenergie (Frischkost), die die durch die Schwermetallausfällung verschobenen membranenergetischen Verhältnisse im Stoffwechsel kompensieren soll — was bei viel Amalgam nicht gelingen kann. Dazu Vermeidung des »Mineralräubers« Zucker, der die kariösen

Prozesse weiter begünstigt durch zusätzliche (kurzfristige, vorübergehende) Säuerung des Mundmilieus.

2. *Karies häufig schon seit der frühen Kindheit.*[3] Es ist wissenschaftlich bekannt, daß Quecksilber in Feinstauflösung die Plazenta durchdringt. Nach ca. 1950 hat die Zahnversorgung mit Amalgam und anderen Metallen überaus stark zugenommen. Folglich können durch Mikromercurialismus vorbelastete Kinder keine widerstandsfähige Zahnsubstanz entwickeln.

3. Die Hinweise, daß im Bereich der *gesetzlichen Krankenversicherung*[5] 1980 etwa 20.000 kg Quecksilber zur Amalgamherstellung gebraucht wurden und daß man »bei der Sanierung der Backenzähne *aus Kostengründen* noch auf Amalgam angewiesen« sei, versuchen, die Verantwortung für den Noch-Gebrauch von Amalgamfüllungen allein den Krankenkassen zuzuschieben. Die Krankenkassen indes sind gehalten, den Empfehlungen der Zahnärzte zu folgen.

Bisher wurden als Argumente für die Verwendung von Amalgam von zahnärztlicher Seite angegeben:
- leichte Verarbeitbarkeit, kein großer Zeitaufwand,
- Haltbarkeit der Füllung,
- kostengünstig.

Es gibt Zahnärzte, die seit Jahrzehnten auch im Backenzahnbereich mit dauerhaftem Erfolg nicht-metallene Materialien als Sanierungsmaßnahme gebrauchen. Die Verarbeitung dauert etwas länger.

Wenn in der Stellungnahme »Kostengründe«[6] angeführt werden, so bedeutet das real, daß die Zahnärzteschaft für die Verarbeitung bereits entwickelter, das Amalgam in bezug auf seine »günstigen« Eigenschaften (Haltbarkeit) vollwertig ersetzender Füllstoffe von den Kassen mehr Geld fordert. Im Rahmen der allgemeinen Kostendämpfung kommt es also hier auf die Zahnärzte an, ihre Kostenansprüche zurückzustecken.

4. *Amalgamfüllungen fallen in der BRD unter das Arzneimittelgesetz.*[7]
Da dieses sehr streng gehandhabt wird, müßten die Zahnärzte
a) die Patienten *vor* einer Behandlung auf »mögliche Nebenwirkungen« hinweisen, und zwar, wie bei den üblichen Arzneimitteln, durch ein klar verständliches Merkblatt sowie durch mündliche Aufklärung.
b) Sie müßten ferner die Patienten auf die Kostenunterschiede zu einer Behandlung mit Amalgam oder einer anderen nicht-metallenen Füllung hinweisen. (Goldgußfüllungen sind nur *eine* der anderen Möglichkeiten, und zwar die teuerste).
c) Sie müßten den Patienten die freie Wahl zwischen Amalgam und anderen Füllmöglichkeiten lassen.

Bisher wurde kein einziger Fall bekannt, wo der Zahnarzt diesen selbstverständlichen Verpflichtungen nachgekommen wäre. Amalgam wurde vielmehr den Patienten *ohne Aufklärung* oder Wahlmöglichkeit in die Zähne gefüllt. Die Durchschnittsbevölkerung weiß überhaupt nicht, daß Amalgam Quecksilber enthält!

5. *»Nebenwirkungen«*[8] *des Amalgam.* Die Aussage »Jedes Arzneimittel kann neben der gewünschten günstigen Wirkung auch unerwünschte Nebenwirkungen haben« soll offenbar das hoch-gifthaltige Amalgam (50 % Quecksilber, dazu andere Schwermetalle) entlasten.

Es werden *erstmals überhaupt »toxikologische Nebenwirkungen«*[9] *öffentlich zugegeben,* doch die Möglichkeit einer Quecksilbervergiftung auf das »behandelnde Personal«[13] reduziert, da dieses »durch den täglichen Umgang« einer »erhöhten Quecksilberaufnahme ausgesetzt« sei.

Für den Patienten[12] werden *Giftwirkungen* auf seine Gesundheit durch Amalgam *ausgeschlossen.* Dabei ist gerade der Patient durch die festeingebauten Füllungen einer unablässigen Mikroausfällung von Quecksilber- und Ionen der anderen Amalgammetalle ausgesetzt: durch das ständige Zusammenwirken von Kaudruck (»piezoelektrischer Effekt«), Ausdehnungsänderungen des Metallpfropfes bei heiß / kalt, oligodynamischer Reaktion, chemo-elektrischen, bakteriellen, galvanischen Wirkungen — und das Tag und Nacht, über Jahre.

Quecksilber kommt natürlicherweise im Körper nicht vor. In solcher Feinstauflösung aber gelangt es mit den durchgespeichelten Speisen oder auf dem Nervenwege in den Organismus und kann sich, gleichsam atomar aufbereitet, sehr fein verteilen, in schwefelhaltige Eiweißmoleküle einbauen und allmählich in Organen speichern. Dieses tückische Metallgift ist hoch bindefähig, die Bindungen sind unlösbar.

Deshalb kann beim Amalgam-Quecksilber niemals »Input« gleich »Output« sein: Auf dem langen Wege vom »Mundraum« bis zur »Ausscheidung« finden elementarfeine stofflich-energetische Bindungsvorgänge statt. Diese Zwischenprozesse werden bei den konventionellen zahnärztlichen Untersuchungsarbeiten außer acht gelassen.

Deshalb schleicht sich eine Amalgamvergiftung langsam und chronisch ein. Es kann als sicher angesehen werden, daß die Dunkelziffer der unerkannten Amalgamkausalität für Gesundheitsstörungen hoch ist. Auch nach Entfernung der Füllungen können die ausgeschwemmten Quecksilberspuren durch Depotbildung im Kiefer und Gesamtorganismus als gesundheitliche Dauerbelastung weiterwirken.

Die neuerliche Entlastung — diesmal durch die *Weltgesundheitsorganisation*[11] und die von ihr als »zulässig« angesetzten Quecksilberfreisetzungswerte — ist insofern von minderem Belang, als sich die Quecksilberabgabe in den Organismus mit jeder dazukommenden Amalgamfüllung und jedem weiteren Korrosionsvorgang durch andersartige Metalle erhöht. Jeder Bundesbürger zwischen 15 und 50 Jahren hat durchschnittlich 8 Amalgamfüllungen im Mund — die Hälfte davon reines Quecksilber. Seit ca. 1950 hat die Versorgung mit Mundmetallen in einem vorher noch nicht dagewesenen Maße zugenommen.

6. *»Allergische Nebenwirkungen«*[14]. Die Reaktionen der Patienten auf Schwermetallausfällung werden als »selten« verzeichnet und ausschließlich in den Bereich »Allergie« verwiesen. *Diese Lehrmeinung ist ungeprüft,* in der konventionellen Amalgamliteratur fehlen Angaben über systematische Erfassung von Fällen und über methodische Untersuchungen zur Abgrenzung von Intoxikationen. Ernstere Symptomatik wird verschwommen gehalten und gern, entlastend, der »Psychosomatik« zugewiesen. Bemühungen zur Abklärung des Syndroms fehlen.

Vorgänge zwischen Mundmetallen und Speichel / Gewebsflüssigkeit sind immer elektrochemischer Art und daher *ein* Wirkkomplex, der sich entsprechend auf Stoff- und Energiestoffwechsel auswirkt. Daher gibt es keine strikt abgrenzbaren *»3 Gruppen von Nebenwirkungen«*, sondern allenfalls chemisch-stoffliche und elektro-energetische *Aspekte*, die jedoch biologisch untrennbar sind wie die zwei Seiten einer Münze. Die Erstreaktionen auf Schwermetallausfällungen sind immer schon Signale einer sich anbahnenden Intoxikation. Auch biologisch wichtige Metalle, wie Silber, Zinn, Zink, Kupfer, die im Amalgam enthalten sind, verursachen bei Überdosierung im Organismus toxische Erscheinungen. Mehr noch natürlich das körperfremde Quecksilber. Da genügen schon sehr geringe Mengen, weil die anderen Metalle eine toxische Potenzierung (Synergismus) bewirken.

In der älteren und neueren wissenschaftlich-amalgamkritischen Literatur gibt es eine zunehmend große Anzahl von beschriebenen Amalgamreaktionen. Auch mündlich berichten viele Ärzte und Zahnärzte, insbesondere der biologischen Richtung, von immer mehr »Amalgamfällen«. Fallberichte erscheinen ebenso in seriösen Zeitschriften, Radio, Fernsehsendungen, denn die Patienten wenden sich hilfesuchend an die Öffentlichkeit.

Eine statistische Erfassung oder *neutrale Sammelstelle für Fallmeldungen* gibt es nicht. Eine Einrichtung dieser Art ist eine sehr notwendige *Forderung*, und eigentlich müßte der Zahnärzteschaft zur Klärung der Angriffe auf das Amalgam doch daran gelegen sein.

Die Zahl solcher Fallbeschreibungen[16] in der Literatur jedoch ins Verhältnis zu setzen zu den insgesamt gelegten Füllungen und daraus den *»Schluß«*[15] zu ziehen, daß außer jenen geschilderten Fällen alle anderen mit Amalgam behandelten Patienten dann wohl nicht von »Nebenwirkungen« betroffen seien, da sie ja nicht in der Literatur erscheinen, und es sich somit um ein »äußerst seltenes Krankheitsbild« handelt, ist eine Naivlogik, gleichsam als wolle man aus der Zahl[16] der in der Literatur beschriebenen Nierenerkrankungen schließen, daß es dann wohl weiter keine Nierenerkrankung gebe, diese also selten sind, weil nur die beschriebenen Fälle zählen.

Eine Methode, um das Bekanntwerden von Amalgamfällen »*selten*«[16] zu halten ist zum Beispiel, wenn die zahnärztlichen Meinungsführer die ihnen gemeldeten Fälle noch nicht einmal zur Kenntnis nehmen, geschweige denn sie untersuchen, wie auch geschehen in den vorliegenden Fällen von »Elektrosensibilisierung im Zusammenhang mit Amalgamzahnfüllungen«.

7. *Probleme elektrochemischer Vorgänge.*[18] Bei den vorliegenden Fällen von Elektrosensibilisierung, wo in allen Fällen die Ursächlichkeit des Amalgam erkannt wurde, handelt es sich nicht um harmlose kleine Elektroschläge im Mund, bei denen »Geschmacksirritationen«[21] »diskutiert« oder »nicht einmütig anerkannt« werden. Wegen solcher Geringfügigkeiten wenden sich nicht eine größere Zahl schwer betroffener Menschen an die Abgeordneten des Landtags um Hilfe. Dieser Personenkreis ist in einem solchen Maße durch kombinierte Schwermetallausfällung geschädigt, daß das »*Entfernen*«[17] der Amalgamfüllungen nicht mehr viel helfen konnte.

Auch hier ist festzuhalten, daß *erstmals öffentlich zugegeben* wird: *verschiedene Metalle*[20], wobei eines das Amalgam ist, *wirken in Speichel und Gewebsflüssigkeit* (als Elektrolyt) *wie die Elektroden einer Batterie* — was nichts anderes heißt, als daß, entsprechend ihrer Spannungsdifferenz, ein galvanischer Korrosionsprozeß der Mundmetalle abläuft. Solche Bimetall-Elektrolyse ist nach Aussage des Bundesgesundheitsamtes als »Kunstfehler« anzusehen, der nach dem Gesetz »forensische Folgen« haben kann.

In der Galvanotechnik werden diese Prozesse zum Abscheiden von Metallen angewandt. Dort finden aber auch sogenannte »Elektrisiersalze« Verwendung: Sie bestehen aus einer Verbindung von Quecksilber mit Schwefel. Bekanntlich bindet sich atomfein gelöstes Quecksilber im Organismus an schwefelhaltige Eiweißmoleküle, z. B. der Metalloenzyme. (Quecksilber ist ein »Enzymblocker«). Bei starken galvanischen Mundprozessen mit entsprechender Quecksilberabscheidung können derartige »Elektrisiersalze« auch im Organismus gebildet werden und hier zu der von den Patienten geschilderten bewußten Elektroempfindlichkeit führen.

Ferner ist bekannt, daß Legierungen die Eigenschaften der in ihnen vergitterten Mischmetalle verändern können, auch in *magnetischer* Hinsicht. Der kürzlich verstorbene amerikanische Nobelpreisträger Felix Bloch wies das Vibrieren von Atomen im Magnetfeld nach. Russische Forschungen machten deutlich, daß »Mikromercurialismus« insbesondere das Drüsensystem schädigt. Der Wissenschaftler *E. Halsband*, Bundesforschungsanstalt für Fischerei, stellte in Experimenten bei mit Schwermetallsalzen (Quecksilber) belasteten Fischen im elektrischen Feld »starke Veränderungen der Reizempfindlichkeit« fest.

Alle genannten Aspekte könnten zu gezielten Untersuchungen dieser »*neuen Zivilisationskrankheit*« (extreme Schwellenwerterniedrigung für elektromagnetische Felder) führen.

Ob »Elektrosensibilisierungen« denkbar[19] oder anerkannt sind oder nicht, ist unerheblich gegenüber der *Tatsache, daß es solche Fälle gibt,* und zwar nicht nur in Deutschland (BRD). Z. B. wurden auch in Schweden schwere Fälle von Elektrosensibilisierung durch Amalgam bekannt. Allen Fällen ist gemeinsam, daß sie auch sonst charakteristische Symptome einer chronischen Quecksilbervergiftung zeigen und sich das Vergiftungsbild in den besonders schweren Fällen als therapieresistent erweist, und zwar unverändert über viele Jahre.

8. Die *Zuordnung*[22] *des Beschwerdespektrums* zu einer Amalgam- (= kombinierten Schwermetall-)Vergiftung, bei der das Erscheinungsbild einer chronischen Quecksilberintoxikation dominiert, ist dann nicht schwierig, wenn die notwendigen gezielten und verschiedenartigen Untersuchungen veranlaßt werden und sich ihre Aussagen gleichsam wie in einem Fadenkreuz treffen.

Zu diesen objektiven und reproduzierbaren Untersuchungsmethoden kann auch die Elektroakupunktur[25] nach *Voll* als weitere Kontrolle hinzugezogen werden. Sie wird von immer mehr verantwortungsbewußten Ärzten und Zahnärzten und auch bereits von Professoren an bekannten zahnärztlichen Universitätsinstituten eingesetzt.

Das standeszahnärztliche *Tabu — »Amalgam ist unschädlich« — blockiert* bis heute eine *systematische Fallaufklärung* so absolut, daß viele Ärzte und Zahnärzte die mögliche Untersuchungsbatterie bei verdächtigen Krankheitsbildern überhaupt noch nicht kennen. Die Kassen tragen die oft kostenhohen Spezialuntersuchungen nur teilweise. Auch das sind Gründe, warum der Nachweis von — unbezifferbaren — Amalgamvergiftungsfällen unterbleibt, sie also — scheinbar — »selten« sind.

In der pathophysiologischen, toxikologischen, toxiko-chemischen, pharmazeutischen, metallurgischen, psychiatrischen Literatur ist das Krankheitsbild (chronischer) Quecksilberintoxikation exakt beschrieben. In den zahnärztlichen Lehrbüchern hingegen werden die Vergiftungserscheinungen verschwommen-kurz überspielt, obwohl dieser Berufsstand im Jahr 20 Tonnen Quecksilber verwendet. Dasselbe nebelhafte Wissen um die Zusammenhänge findet sich in der Antwort des Sozialministers. Dabei Elektroreaktionen auf Quecksilbersalze auf eine *»besondere Disposition«*[24] schieben zu wollen, ist schon eine recht voreilige Entlastung. Dann müßten auch quecksilberbelastete Fische eine »besondere Disposition« für Elektroreiz-Überempfindlichkeit haben.

9. *Sozialpolitisch* kann nicht mehr übersehen werden, daß der *wachsende Beweisdruck gegen das Amalgam* eine interdisziplinäre Forschung dringend erfordert, und zwar unter neutraler Leitung, damit standeszahnärztliche Selbstbestätigung ausgeschlossen wird. Auf die jüngsten Amalgamuntersuchungen der Korrosionswissenschaftler Pleva und Wranglén/ Schweden sei hier verwiesen.

Dabei wäre zu prüfen, ob Röntgenstrahlen und elektromagnetische Felder unserer Umwelt die im metallbelasteten Mundraum auftretenden Ströme verstärken und somit die galvanischen Korrosionsprozesse beschleunigen können. Es sollten in das Forschungsprojekt miteinbezogen werden bestimmte Zivilisationskrankheiten, deren Ursache immer noch nicht bekannt ist.

Dies vorausgeschickt, wird zu der Antwort des Sozialministers auf die »Kleine Anfrage« wie folgt Stellung genommen:

Zu Punkt 1: In Hessen sind bisher 13 Fälle von Elektrosensibilisierung im Zusammenhang mit Amalgamfüllungen namentlich bekanntgeworden. Unterschiede bestehen nur im Ausprägungsgrad. Es gibt Hinweise auf weitere Fälle. Auch in anderen Bundesländern gibt es solche Fälle. Nicht richtig ist, daß solche Fälle in den Hessischen Universitätszahnkliniken nicht bekanntgeworden seien. Bereits 1979 hatte sich eine schwerbetroffene Patientin an den Sozialminister wegen ihres und anderer Fälle gewandt und Symptomatik und Zusammenhänge genau geschildert. Dieser informierte darüber die Hessischen Universitätszahnkliniken, die — nach Monaten — die übliche Standardauskunft gaben, Amalgam sei unschädlich, und sich um die gemeldeten Fälle nicht kümmerten.

Es wäre hier anzugeben, welcher Lehrstuhlinhaber Elektrosensibilisierungen aufgrund welcher Kenntnisse für möglich hält, und ob dieser den Schadensmeldungen nachgeht.

Zu Punkt 2: Abhilfe durch Herausnahme der Amalgamfüllungen — wie auch sonstiger elektrolyseauslösender Mundmetalle — konnte bei diesen Fällen nurmehr in geringem Ausmaß erreicht werden, da die Metallgifte bereits im Organismus waren. Goldarbeiten wurden nicht mehr vertragen: Zum einen handelt es sich dabei nie um reines Gold, sondern aus Härtungsgründen um Legierungen von Gold mit einigen unedlen Metallkomponenten, und zum anderen bildeten diese mit den in den Dentinkanälen und Kiefer eingelagerten Quecksilber- und anderen Metallspuren eine erneute Elektrolyse, so daß statt einer Erleichterung eine Steigerung der Beschwerden eintrat und die Goldarbeiten sehr bald wieder entfernt werden mußten.

In der »Kleinen Anfrage« waren jedoch, über zahnärztliche Abhilfe hinausgehend, *auch andere Hilfen gemeint,* die den unter der jahrelangen Elektrosensibilisierung qualvoll leidenden Menschen Lebenserleichterung bringen können, wie zum Beispiel (so in Schweden) durch elektroentlastete Wohnmöglichkeiten.

Zu Punkt 3: Der »spezielle schwerwiegende Fall« wird richtig in Zusammenhang mit der Universitätszahnklinik Marburg gebracht, wo er auch verursacht wurde. Diese jedoch weicht in ihrer Antwort auf einen anderen Fall aus mit einer »Amalgam-Unverträglichkeit, die wissenschaftlich nicht gesichert werden konnte«. Bei jenem handelt es sich aber *nicht* um den angesprochenen »besonders schwerwiegenden Fall«: *dieser* nämlich hatte durch eine schwere Bimetall-Elektrolyse eine kombinierte Schwermetallintoxikation mit chronischer Quecksilbervergiftung erlitten. In der Universitätszahnklinik Marburg waren der betreffenden Patientin sechs Aluminiumprovisorien z. T. direkt auf Amalgamfüllungen gesetzt worden. Das ist nach Maßgabe des Bundesgesundheitsamtes ein *»Kunstfehler«*, um so schwerer, als die Provisorien aus dem sehr unedlen Metall auch noch 15 Monate (!) auf den amalgamgefüllten Zähnen belassen wurden. In dieser Zeitspanne entwickelten sich die Elektrosensibilisierung und massive Gesundheitsstörungen.

Obwohl die »Landesregierung« in ein schwebendes Sozialgerichtsverfahren eingriff und negativen Einfluß auf ein Gutachten nahm, nachdem einer Zahnärztin, Mitglied des Hessischen Landtags, Termin und Ort der Begutachtung durch die Indiskretion eines Petitionsausschuß-Angehörigen (der die Petition der Betroffenen betreuen sollte) bekanntgeworden war, konnte der betreffende Fall trotzdem wissenschaftlich in mehrfacher Hinsicht gesichert werden. Z. B. lagen die *Quecksilberwerte über* der sog. *»Giftgrenze«*.

Die Schwermetallvergiftete erhielt in den 9 1/2 Jahren ihrer Leidenszeit keinerlei mitmenschlichen Beistand oder ihrem schweren Fall angemessene amtliche Hilfen, und das, obwohl sie 100 % schwerbehindert und erwerbsunfähig wurde und ihre Dauerschädigung anerkannt ist.

Nach der ungewöhnlich langen Petitionslaufzeit von 2 1/2 Jahren (!) gestand der Hessische Innenminister dieser Betroffenen ein elektroentlastetes Grundstück zu, das sie sich jedoch selber suchen muß. Die tatkräftige Unterstützung der Behörden blieb aus, und die körperlich-seelischen Kräfte der Geschädigten reichen für die schwierige Suche nicht mehr. Eine derartige »Hilfe« ist keine Hilfe.

Gemäß seiner Amtspflicht sollte der Sozialminister diesen wissenschaftlich gesicherten Fall einer Amalgamschädigung durch Bimetall-Elektrolyse *an das Bundesgesundheitsamt melden.* Das geschah bisher nicht. Statt der schwer Betroffenen alle unbürokratischen Hilfen zu geben, verwies der Sozialminister sie an das Sozialamt und brachte sie damit in eine noch belastetere Situation.

Zu Punkt 4: Die »Landesregierung« bestätigt, als Sprachorgan und im Sinne standesärztlicher Konvention, daß sie *»kein Bedürfnis«* sehe, die Problematik der außergewöhnlichen Elektrosensibilisierung in einer künftigen Konferenz der Gesundheitsminister auch nur zu erörtern.

Der Sozialminister auferlegt die Verantwortung für Therapievorschläge zu einem Krankheitsphänomen, das bislang nicht bekannt war und außergewöhnlich ist, allein den Ärzten, denen er zugleich nahebringt, daß »sogenannte Elektrosensibilisierungen denkbar (und zwar nur für den Mundraum), jedoch wissenschaftlich nicht einmütig anerkannt« seien. Das ist vergleichsweise so, als wenn der Forschungsminister die Behebung des Waldsterbens auf die Förster abschiebt, ihnen zugleich aber sagt, daß diese neue Waldkrankheit zwar denkbar sei, aber es sie wissenschaftlich einmütig noch nicht gibt. Sie betreffe allenfalls die Baumkronen.

Mit seiner Haltung macht der Sozialminister deutlich, daß eine neue und beunruhigende Zivilisationskrankheit, die möglicherweise der Schlüssel für die Lösung der Amalgamfrage ist, von Amts und Zahnärzte wegen nicht weiter zur Kenntnis genommen werden soll und die betroffenen Menschen ihrem Schicksal allein überlassen werden ohne Therapiemöglichkeiten und ohne die menschenrechtlichen Hilfen, die ihnen auch in diesem Sinne nach dem Grundgesetz zustehen.

Soweit die Stellungnahme von Frau Schmidt-Clausbruch. Wer berät eigentlich die Minister in unseren Ländrn? Warum wird der vielfach erbrachte Beweis der Vergiftung durch Quecksilberamalgam »wissenchaftlich« negiert? Warum werden das damit verbundene Leiden und die dadurch verursachte Notlage der Betroffenen übergangen?

9 Die Heilung

Ein guter Freund, der einmal selbst schwer krank und von der Schulmedizin aufgegeben war, aber von dem Heilpraktiker Peter Mandel in Bruchsal, BRD, vollkommen geheilt wurde, riet mir, ich möge doch auch diesen konsultieren. Herr Mandel würde auch mich ganz sicher wieder heilen und von den immer wiederkehrenden Schmerzen befreien. Peter Mandel, hörte ich, wirke Wunder.

Wie ein Ertrinkender auch nach dem kleinsten Strohhalm greift, bat ich meinen Freund, einen Termin zu fixieren. Am 18. Juli 1983 um 15.30 Uhr traf ich in der Praxis Mandel in Bruchsal ein, wenige Minuten später saß ich schon in einer Kabine, einer Art Dunkelkammer. Zuvor hatte mir eine Assistentin Schuhe und Socken ausgezogen, das konnte ich ja nicht alleine tun, und jetzt stand die junge Dame im Rotlicht rechts von mir. Sie legte ein Blatt unbelichtetes Fotopapier auf die Glasfläche eines Apparates. »So, da geben Sie bitte die Fingerspitzen darauf!« Sie drückte auf einen Knopf, und ein leises Summen ertönte. Dann nahm sie dasselbe Papier und bat mich, die Zehenspitzen auch darauf zu stellen. Wieder das leise Summen. Dann steckte die Assistentin das Fotopapier in einen Schnellentwickler.

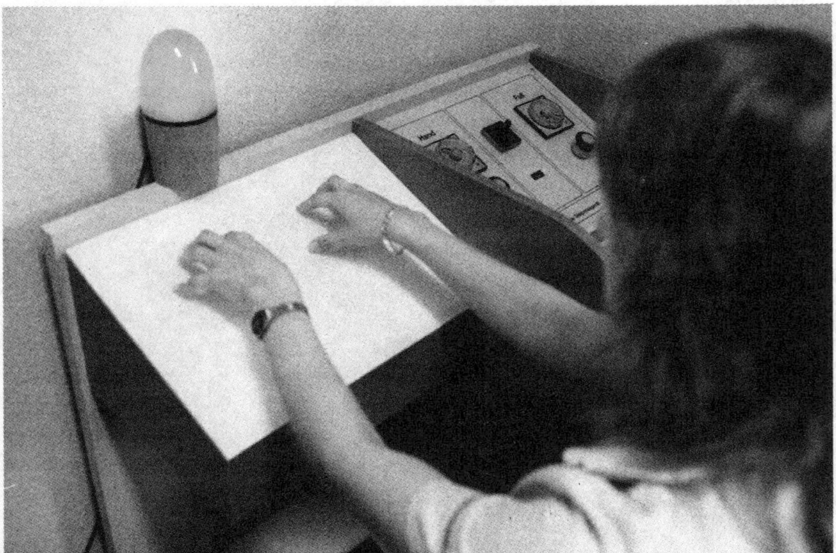

Aufnahmegerät zur Kirlian-Diagnostik nach Peter Mandel

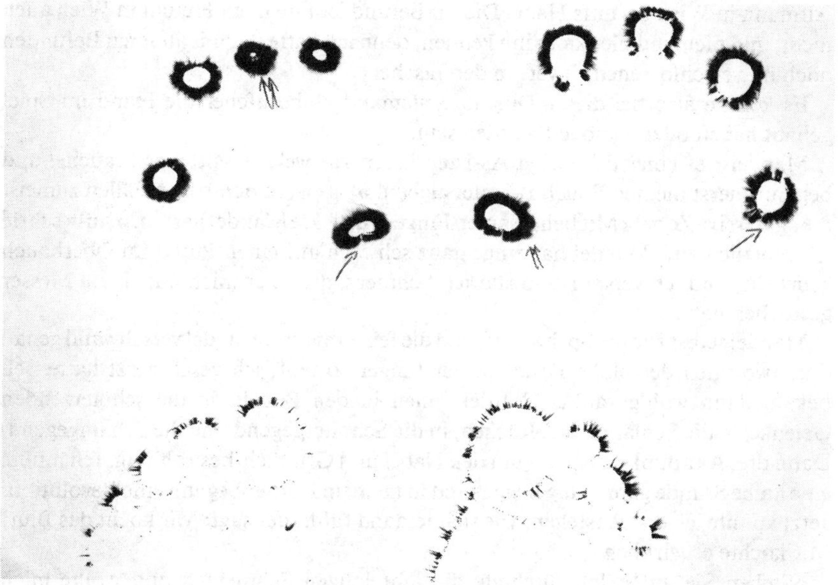

Aufnahme der energetischen Abstrahlung des Autors vor der Behandlung

Mandel nahm das Fotopapier, auf dem sich jetzt — wie ich von hinten sah — schwarze Punkte, Kreise, Flecken und Tupfen befanden, dann griff er zu einem Lineal und maß und schüttelte den Kopf. Er maß wieder und studierte. »Ihr Gesamtorganismus ist toxisch vollkommen verändert«, stellte er schließlich fest. »Sie haben eine schwere Allergie . . . erhebliche lymphatische Stauungen, Magen und Darm sind kaputt, Druckzustände und Durchblutungsstörungen vom Nacken aufsteigend zum Gehirn, zerebrale Krämpfe, Leber, Galle, Niere sind schwer angegriffen, Augenbeschwerden, eine vollkommen desolate Wirbelsäule, Sie haben . . . Sie haben offenbar keinen Appendix mehr und . . . und auch keine Mandeln . . . dafür haben Sie Durchblutungsstörungen beider Beine bis an die Knöchel . . . das genügt wohl fürs erste!«

Ich bat um ein Glas Wasser, nur um Zeit zu gewinnen, und leerte das Glas schluckweise bis zur Neige. Dann hatte ich mich gefaßt: »Und das sehen Sie alles aus diesen Punkten und Kreisen?«

»Ja«, sagte Mandel kurz und reichte mir ein kleines Heft: »Lesen Sie das später, jetzt legen Sie sich mal hin!« Ich überlegte: Niemand konnte dem Mann gesagt haben, daß ich keine Mandeln und keinen Appendix habe, denn das wußte selbst mein Freund nicht, der mich empfohlen hatte. Es konnte auch niemand wissen, daß ich seit fast 40 Jahren orthopädische Schuhe tragen muß, die bis über die Knöchel reichen, die wohl oder übel auch die Durchblutungsstörungen hervorrufen, und dann: Diese Diagnose des Heilpraktikers glich doch dem EHT-Befund von Professor

Altmann in Wien bis aufs Haar! Diesen Befund kannte mein Freund in Wien auch nicht, und niemand hier kann ihn kennen, denn ich hatte ihn mit anderen Befunden noch im verschlossenen Kuvert in der Tasche!

Es konnte also bei dieser Diagnose niemand Unberufener die Hand im Spiel gehabt haben oder gemogelt worden sein.

Mandel rief einer der vielen Assistentinnen zu, welche Mittel er brauche, und begann zuerst meinen Bauch zu untersuchen. »Das ist in derartigen Fällen zumeist die aggressive Zone!« Mit behutsamen Fingern drückte Mandel herum. »Au!« schrie ich plötzlich auf. Mandel hatte nur ganz schwach auf einen Punkt im Oberbauch gedrückt, und ich verspürte so starken Schmerz, als ob er mich mit einem Messer gestochen hätte.

Mandel selbst zog die Spritze auf, und die feine Injektionsnadel verschwand genau dort, wo mich der bloße Druck seiner Finger so teuflisch geschmerzt hatte. Ich bekam dann wohlgezählte 32 Injektionen in den Bauch, in die schmerzenden Gelenke, in die Schläfen, den Rücken, in die Schultergegend und die Schamgegend. Dann drei Akupunkturnadeln um den Nabel und Grünlichtbestrahlung. Ich mußte eine halbe Stunde ganz ruhig liegen, und in meinem Körper begann eine Revolution. Jetzt konnte ich erst verstehen, wie sich jemand fühlt, der sagt: Mir kocht das Blut! Mir kochte es wirklich . . .

»Stehen Sie auf!« Ich fürchtete die jahrelangen Schmerzen und wollte mich abstützen. »Kommen Sie, das geht jetzt auch so!«

Es gibt keine Wunder

Ich verspürte auch nicht den geringsten Schmerz mehr — es war kaum zu fassen. Das sei ein »Sekundenphänomen«*, erklärte Herr Mandel. Schon vor über einem Jahr hatte ich in dem Buch von Krebsarzt Dr. Issels von einem »Sekundenphänomen« gelesen, und auch der Dentist in Wien hatte so etwas in meinem Mund produziert. Ich konnte das alles noch immer nicht glauben. Das ist doch einfach unmöglich, hämmerte es in meinem Gehirn. Nach sechs Jahren bin ich vollkommen schmerzfrei? Oder ist das wieder nur so eine plötzliche Remission?

»Beugen Sie sich vor, bitte nach rechts, nach links . . .« Ich konnte alles vollkommen schmerzfrei tun. Weil mir die völlig schmerzlose Bewegung ungewohnt war, wankte ich wohl ein wenig. Oder wankte ich nur, weil ich das alles nicht fassen konnte?

Dann fragte ich langsam und bedächtig: »Herr Mandel . . . wie . . . wie haben Sie das nur fertiggebracht? Das ist ja wirklich ein Wunder, genau wie man mir das prophezeite!«

Mandel lachte: »Ach nein, das ist kein Wunder, das ist die Natur! Ich habe Ihrem

* Siehe Fremdwörterverzeichnis im Anhang.

Körper nur das gegeben, was er brauchte. Jetzt weiß ich alles. Ich hatte ja schon fünfzig- oder sechzigtausend Patienten hier . . . alles klar?«

Zurück zu der Dame im Rotlicht der Dunkelkammer. Ein zweites ETD-Bild wurde gemacht, und da sah ich es selbst und mit eigenen Augen: Die Formen der fotografischen »Fingerabdrücke« hatten sich vollkommen verändert, selbst die Umrisse meiner Zehen, die man zuerst kaum erkennen konnte, waren jetzt sichtbar geworden.

Mandel: »Ich mache vor jeder Behandlung ein Bild und eines nachher. So kann ich dann ganz genau feststellen, ob meine Therapie Erfolg hatte und richtig war, ob und was Sie noch brauchen!«

Am nächsten Tag waren die Schmerzen zwar wieder da, aber doch in erheblich verringertem Ausmaß. Ich klagte trotzdem bei Mandel. »Mensch, Ihr Körper ist doch kein Automat, wo Sie oben etwas reinwerfen, und unten kommt dann gleich Ihre Gesundheit heraus . . . Sie werden noch ein gutes halbes Jahr brauchen, dann sind Sie wieder topfit. Das garantiere ich Ihnen!« So stand es dann auch im Behandlungsplan, den Peter Mandel mir mitgab:

..., aufgrund der gesamten Situation des E-T-D-Bildes schlage ich Ihnen vor:

1. Der Patient muß sehr intensiv behandelt werden, damit seine toxischen Prozesse abgeleitet werden. Dies könnte geschehen durch Injektion in den Lymphfluß und an die Mucosa des lymphatischen Rachenrings mit den beschriebenen Mitteln.
2. Thymus Injektion in den Punkt KG 18.
3. Injektionen der aggressiven Zonen.
4. Berberisol in die Punkte Blase 18 und 23 und in den Punkt Blase 31, außerdem Behandlung der Ileosakralgelenke mit Terebintina, sowie zur Verbesserung der cerebralen Situation die Therapie der Steuerungszonen oben und unten.

Folgende Mittel werde ich dem Patienten oral verordnen:

1. Zellaufbau I Firma Magnet Activ 3 x 10 Tr.
2. Durchblutungstropfen " 3 x 10 Tr. nach dem Essen.
3. Rheuma Tabletten " 3 x 2 Tabl. nach dem Essen und
4. Die Mischung: Lymphaden, Hevert-Tox und Berberisol MDS. 3 x 15 Tr. vor dem Essen.

Wenn die Behandlung intensiv durchgeführt werden könnte, bin ich davon überzeugt, daß Herr Ebm in kurzer Zeit völlig schmerzfrei wird und auch in Zukunft keine größeren Beschwerden mehr haben wird.

Behandlungsplan des Autors nach der ETD-Diagnose von Peter Mandel

Es war kein leeres Versprechen. Mit meiner Gesundheit ging es nun rasch bergauf, und schon am 21. Mai 1984 konnte ich in Wien das Goldene Sportabzeichen ablegen.

DAS BUNDESMINISTERIUM FÜR
UNTERRICHT UND KUNST
verleiht

Herrn
Frau EBM Ernst

das

ÖSTERREICHISCHE SPORT- UND TURNABZEICHEN

in

Versehrt Gold -Leistungsstufe 2.x

Nr. 160266 Wien, 1984 -05- 21

REPUBLIK ÖSTERREICH
ÖSTA-Geschäftsstelle
Abteilung Sport
Bundesministerium f. Unterricht und Kunst

BUNDESMINISTERIUM
FÜR UNTERRICHT
UND KUNST

ÖSTA-
Geschäftsstelle

Peter Mandel also war es, der mich schließlich gesund gemacht hat. Anhand des kleinen Heftes, das er mir zu Beginn der Behandlung mitgegeben hatte, kannte ich nun auch die theoretischen Grundlagen und Grundbegriffe seiner Methode, die ich für außerordentlich wichtig und wirksam halte. Leider ist sie bisher nur allzu wenigen bekannt — ebenso wie die Giftigkeit von Amalgam! Sie baut auf den Erkenntnissen der Kirlian-Fotografie und der klassischen chinesischen Akupunktur auf und ist ebenso treffsicher in der Diagnose wie wirksam in der Behandlung.

Für weitere Einzelheiten verweise ich den Leser auf Anhang Nr. 23, wo eine kurze Zusammenfassung der Energetischen Terminalpunkt-Diagnose von Peter Mandel abgedruckt ist.* Lassen Sie sich von den Fremdwörtern nicht abschrecken: Zu den meisten davon finden Sie im Fremdwörterverzeichnis dieses Buches eine kurze und allgemeinverständliche Erklärung.

Das Arzneimittelgesetz und unsere Gesundheit

Ich erbrachte in den vergangenen sieben Jahren hieb- und stichfeste Beweise, daß Amalgam tatsächlich Gift im Mund ist, und zeigte die anderen Mißstände auf, die heute noch in der Zahnbehandlung bestehen. Ich habe die durch Amalgamfüllungen hervorgerufenen Schmerzen sieben Jahre am eigenen Leib verspürt. Dieses Buch ist aber auch mit dem Leid und der Not von Hunderten anderer Patienten gesiegelt, mit denen ich persönlich sprach.

An diesen Beweisen und den zahllosen anderen Tatsachen, die ich noch weit über den Rahmen dieses Buches hinaus aufzeigen kann, wird die Schulmedizin mit ihren schier unabänderlichen Dogmen nicht mehr so klaglos vorbeikönnen. Jetzt darf es keine weitere gewissenlose Verharmlosung dieser Zeitbomben aus Gift mehr geben. Jetzt dürfen die gewinnträchtigen Geschäfte mit dem Amalgam nicht mehr mit der »sozialmedizinischen Bedeutung« des Amalgams bemäntelt werden. Die Reichen haben das Gift ja nicht im Mund! Der Innsbrucker Neurologe Dr. Gerhard Crombach sagte einmal sehr treffend: »Der Patient leidet in Österreich nicht nur an seiner Krankheit, sondern auch an unserem kranken Versorgungssystem!« Das trifft genauso auch auf die Bundesrepublik zu.

Erst 1983 wurde in Österreich — nach langen Beratungen und Auseinandersetzungen — ein neues Arzneimittelgesetz erlassen. Wie man nicht nur diesem Gesetz, sondern auch jedem Lexikon zweifelsfrei entnehmen kann, sind »Arzneimittel« Stoffe, die innerlich oder äußerlich zur Heilung von Krankheiten dienen. Über die Anwendung und die Qualität solcher Stoffe enthält das neue Gesetz einige sehr prägnante Bestimmungen. Ich zitiere:

> § 3. Es ist verboten, Arzneimittel in Verkehr zu bringen, bei denen es nach dem jeweiligen Stand der wissenschaftlichen Erkenntnisse und nach den praktischen Erfahrungen nicht

* Siehe auch Peter Mandel: »Energetische Terminalpunkt-Diagnose«, Essen 1984.

> als gesichert erscheint, daß sie bei bestimmungsgemäßem Gebrauch keine schädliche Wirkung haben, die über ein nach den Erkenntnissen der medizinischen Wissenschaft vertretbares Maß hinausgeht.
>
> § 4. (1) Es ist verboten, Arzneimittel herzustellen oder in Verkehr zu bringen, die in ihrer Qualität dem jeweiligen Stand der Wissenschaft nicht entsprechen . . .
>
> § 5. Der Bundesminister für Gesundheit und Umweltschutz hat zur Gewährleistung der Arzneimittelsicherheit, zur Hintanhaltung schädlicher Wirkungen im Sinne des § 3 und zur Sicherung der Qualität im Sinne des § 4 durch Verordnung nähere Bestimmungen über die Verwendung bestimmter Stoffe, Zubereitungen aus Stoffen, Verfahren oder Gegenstände zur Herstellung und Kontrolle von Arzneimitteln und über das Inverkehrbringen von Arzneimitteln zu erlassen.

Es dürfte wohl niemanden verwundern, daß Amalgam nach diesem Gesetz nicht zu den Arzneimitteln gehören kann. Und tatsächlich ist es auch so: Nach dem österreichischen Arzneimittelgesetz — im Gegensatz zum bundesdeutschen — ist Amalgam kein Arzneimittel, sondern nur ein »medizinischer Behelf«.

Es gibt nun, wie wir wissen, keine kranken Zähne, es gibt nur *zahnkranke Menschen*, und es erhebt sich die Frage: Darf man Kranke, Zahnkranke, mit einem medizinischen Behelfsmittel behandeln, das in Österreich nicht einmal als Arzneimittel gilt und im Gesetz verankert ist? Falls die Verwendung von Amalgam aber weiter erlaubt bleiben sollte, erhebt sich die zweite Frage: Wozu brauchen wir dann in Österreich und in der Bundesrepublik überhaupt ein Arzneimittelgesetz?

Dieses Gesetz soll doch verhindern, daß Arzneimittel in den Verkehr gelangen, die eine schädigende Wirkung haben. Daher noch einmal die Frage: Wieso darf Amalgam, gleichgültig, ob als medizinisches Behelfs- oder Arzneimittel, das sogar tödliche Wirkung haben kann, weiter verwendet werden, wenn es Arzneimittelgesetze da und dort gibt? Müssen Arzneimittel nicht verboten werden, wenn sie nach dem jeweiligen Stand der medizinischen Wissenschaft und den praktischen Erfahrungen eine schädigende Wirkung haben.

Daher die brennende Frage: Ist es nach dem heutigen Stand der Wissenschaft noch vertretbar, daß derartig viele Personen durch ein medizinisches Behelfsmittel — oder Arzneimittel — geschädigt werden, wenn es Arzneimittelgesetze gibt, die Patienten vor gesundheitlichem Schaden bewahren sollen? In Österreich wurden bereits diesbezügliche Gespräche mit einem der besten und ranghöchsten Juristen, Herrn Generalstaatsanwalt Dr. Werner Olscher, geführt.

Schon Paracelsus sagte . . .

Paracelsus (1493-1541) bildete sich nicht ein, er wäre der einzig wahre und beste Arzt, er teilte aber die Ärzteschaft in zwei Gruppen:

> Es gibt zwei Arten von Ärzten: Die einen handeln aus Liebe, die anderen ihres Vorteiles wegen. Man erkennt sie an ihren Werken. Die Gerechten handeln aus Nächstenliebe, die

> Ungerechten gegen das Gebot. Sie schneiden und sind wie die reißenden Wölfe. Sie schneiden, weil sie schneiden mögen und weil damit ihr Reichtum vermehrt wird. Was kümmert sie der Patient . . . Die Arznei ist eine Kunst, die mit großer Gewissenhaftigkeit, reichem Wissen und weiter Erfahrung angewendet werden muß. Dazu gehört aber auch die Furcht vor Gott. Denn wer Gott nicht fürchtet, der mordet und stiehlt für und für. Wer kein Gewissen hat, besitzt auch keine Scham.

Wohlgemerkt, das wurde nicht etwa in unseren Tagen geschrieben, sondern vor rund fünfhundert Jahren. Hat sich seither viel geändert? Die Parallelen zwischen der Zeit des Paracelsus und seiner Problematik und den Konflikten der heutigen Heilkunst drängen sich immer wieder auf.*

Paracelsus verdrängte die auf den Schriften der Alten fußende Scholastik. Man könnte statt »Scholastik« auch die (damalige) »Schulmedizin« sagen. Im Gegensatz zu einer pedantischen, nur an christlichen Dogmen und antiken Überlieferungen orientierten Schulweisheit, wie sie damals überall an Domschulen, Klosterschulen und Universitäten gelehrt wurde, empfahl Paracelsus erstmals die Beobachtung der Natur, das eigene Sehen, Erkennen und Forschen. Man könnte fast sagen: Er war der erste »Ganzheitsmediziner«. Er leitete das Zeitalter der Iatrochemie (chemische Arzneimittelkunde) ein und führte viele Metallverbindungen, besonders die des Antimons, Arsens und auch des Quecksilbers, in den »Ärzteschatz« ein, aber er wies schon damals — vor fast fünf Jahrhunderten (!) — auf die äußerst sparsame Verwendung des Giftes hin. Er lehrte die Herstellung von zahlreichen pflanzlichen Präparaten, Elixieren, Essenzen und Extrakten. An der Schwelle einer neuen Zeit war *er* der Lehrer einer neuen Medizin. Er wurde gejagt, verfolgt und verdammt. Am Schluß wurde er geachtet.

Heute wollen Scholastiker der Gegenwart noch immer an den schier unabänderlichen Dogmen der Schulmedizin hängenbleiben und behaupten, Amalgamzahnfüllungen, Quecksilber im Mund, seien vollkommen ungefährlich. Das aber nur, weil man im Moment keine bequemer zu verarbeitende, bessere und zugleich so billige Alternative hat, die soviel Profit für die Behandler und die Kassen abwirft! Doch unsere Gesundheit ist unser höchstes Gut und unbezahlbar.

Ist Professor Dr. Leopold Altmann aus Wien der »Paracelsus des 20. Jahrhunderts«? Er sagt klipp und klar: Amalgam, Quecksilber im Mund, ist *Gift*! Quecksilber und Quecksilberverbindungen haben in der heutigen Medizin nichts mehr zu suchen!

* Siehe auch Kurt Allgeier: »Paracelsus«, München 1984.

10 Das Urteil

Am 12. Dezember 1984 entschied der Verwaltungsgerichtshof, das Höchstgericht in Österreich, daß mir Heilfürsorge zu gewähren und die Summe zu ersetzen ist, die ich selbst für meine Heilung ausgeben mußte, weil dadurch das Ziel der Heilfürsorge erreicht wurde.

Dieser bedeutsame Spruch des Höchstgerichtes der Republik Österreich dürfte schwerwiegende Folgen haben. Wie der Verwaltungsgerichtshof den ihm untergeordneten Behörden in ständiger Rechtsprechung immer wieder selbst darlegte und auftrug, ist bei Erlaß von Bescheiden in schlüssiger Weise zu begründen, *warum* — bei Vorliegen einander widersprechender Beweismittel (ärztliche Sachverständigengutachten) — das eine Gutachten dem anderen vorgezogen wird.

In gleicher Weise verfuhr das Höchstgericht selbstverständlich auch bei der Beschwerde des Autors, und die höchsten Richter Österreichs stellten die Gutachten (Beweismittel) und die Erfolge der Schulmedizin den Gutachten und Erfolgen der Alternativmedizin gegenüber. Lesen Sie in Auszügen, wie das Höchstgericht entschied (kursive Auszeichnung vom Autor).

> Der Verwaltungsgerichtshof hat durch den Vorsitzenden . . . zu Recht erkannt: Der angefochtene Bescheid wird wegen Rechtswidrigkeit seines Inhaltes aufgehoben . . .
>
> **Entscheidungsgründe:**
>
> In der an das Landesinvalidenamt für Wien, Niederösterreich und Burgenland gerichteten Eingabe des Beschwerdeführers vom 8. Juni 1982 wurde der Antrag auf Übernahme der Kosten in Höhe von S 73.521,54 für die als außerordentliche Heilfürsorgemaßnahme durchgeführten Behandlungen gestellt. Der Beschwerdeführer bat, die Notwendigkeit der Behandlung der beigelegten Bestätigung des Facharztes für Zahn-, Mund- und Kieferheilkunde, Prof. Dr. Thomas Till, vom 2. Mai 1982 zu entnehmen. *Danach bestehe beim Beschwerdeführer der begründete Verdacht auf eine Quecksilbervergiftung,* die sich dadurch ergeben habe, daß sich im Mund des Beschwerdeführers gleichzeitig verschiedene Metalle als Reparaturmaterial befunden hätten. Es habe u. a. Amalgamfüllungen und Goldkronen gegeben. Dadurch sei es möglich gewesen, daß sich das in kleinsten Dosen aus den Füllungen herauslösende Quecksilber in seiner Giftwirkung allmählich voll entfaltet habe. Die Schadwirkung des Quecksilbers aus Amalgamfüllungen werde mehrfach in der Fachliteratur beschrieben. Der diagnostische Hinweis auf die richtige Erkennung dieser Krankheitserscheinungen sei durch Dr. in mittels Elektro-Akupunktur erbracht worden. Zur Entfernung von im Kieferknochen vorhandenen Amalgamresten und Restostitiden sowie Erfassung etwaiger Quecksilberdepots sei daher eine operative Ausräumung der betreffenden Stellen unbedingt nötig gewesen. Dr. habe sich dazu bereit erklärt, nach seiner Methode, die in Österreich noch nicht üblich sei, die Arbeit vorzunehmen. Zwei derartige Operationen habe der Beschwerdeführer bereits hinter sich.

Bisher sei eine deutliche Besserung des Gesundheitszustandes beim Beschwerdeführer eingetreten. Auch seine Sehkraftbeschwerden hätten sich nahezu gegeben. *Nachdem der Beschwerdeführer in Österreich über viereinhalb Jahre vergeblich versucht habe, sein Leiden zu mindern, und die Zusammenhänge bis vor kurzer Zeit nicht richtig erkannt worden seien, nunmehr aber endlich eine deutliche Besserung eingetreten sei,* sei mit aller Wahrscheinlichkeit die Diagnostik und die Arbeitsweise von Dr. richtig. Prof. Dr. Thomas Till erachte es daher als notwendig, dem Beschwerdeführer jede nur mögliche Unterstützung für seine bisherigen und die weiteren Anstrengungen und Erfordernisse zur Wiederherstellung seiner Gesundheit, auch wenn sie im Ausland erfolgen müßten, zukommen zu lassen . . .

Nach eingehender Befassung mehrerer Sachverständiger mit dem Fragenkomplex und gestützt auf die Ausführungen des Univ. Prof. Dr. Karl Hollmann vom 15. April 1983, nach denen sowohl das diagnostische Verfahren als auch die in Bad Pyrmont, BRD, im März, April und September 1982 erfolgten operativen Behandlungen im Inland hätten durchgeführt werden können, sei das Landesinvalidenamt für Wien, Niederösterreich und Burgenland zum Schluß gelangt, daß der angestrebte Kostenersatz zu versagen sei . . .

Dagegen richtet sich die vorliegende Beschwerde wegen Rechtswidrigkeit des Inhaltes. Nach den Beschwerdeausführungen treffe es zu, daß der Beschwerdeführer als Invaliditätspensionist der Pensionsversicherungsanstalt der Angestellten bei der Wiener Gebietskrankenkasse pflichtkrankenversichert sei. Wie aus dem vorgelegten Schreiben der Wiener Gebietskrankenkasse hervorgehe, lehne diese über den dem Beschwerdeführer bezahlten Betrag von S 34.302,— jede weitere Leistung ab. Die belangte Behörde stütze sich lediglich auf den § 24 Abs. 1 KOVG 1957 und habe damit übersehen, daß nach den Bestimmungen des § 27 KOVG 1957 das zuständige Landesinvalidenamt über den im § 26 dieses Gesetzes bezeichneten Umfang hinaus Heilfürsorge zu gewähren habe, wenn dadurch das Ziel der Heilfürsorge zu erreichen sei. Durch die vorgelegten Unterlagen sei erwiesen, *daß im Fall des Beschwerdeführers das Ziel der Heilfürsorge erreicht und durch die Nachbehandlung im Jahre 1984 die völlige Heilung des Beschwerdeführers vom verfahrensgegenständlichen Leiden (erreicht) worden sei.* Die belangte Behörde hätte aber auch die Bestimmung der § 27 Abs. 2 KOVG 1957 berücksichtigen müssen, wonach der Beschwerdeführer durch die lange Dauer der Quecksilberintoxikation seit 1950 einer *Lebensgefahr* ausgesetzt gewesen sei. . . .

Das Verwaltungsgericht hat erwogen:

Gemäß § 27 Abs. 1 erster Satz KOVG 1957 hat das zuständige Landesinvalidenamt über den in § 26 bezeichneten Umfang hinaus Heilfürsorge zu gewähren, wenn dadurch das Ziel der Heilfürsorge zu erreichen ist.

Nach § 27 Abs. 2 KOVG 1957 sind dem Beschädigten, wenn ihm Kosten einer Heilfürsorge ohne Inanspruchnahme des Trägers der Krankenversicherung oder des Landesinvalidenamtes erwachsen sind, diese Kosten unter der Voraussetzung, daß die Inanspruchnahme des Trägers der Krankenversicherung oder des Landesinvalidenamtes aus zwingenden Gründen nicht möglich gewesen ist, in der Höhe zu ersetzen, die der Bund nach § 31 zu tragen gehabt hätte.

Im Bescheid des Landesinvalidenamtes für Wien, Niederösterreich und Burgenland vom 9. Mai 1983 wurde sowohl im Spruch als auch in der Begründung — außer dem § 26 Abs. 1 letzter Satz KOVG — ausschließlich der Abs. 1 des § 27 KOVG 1957 angeführt. Wegen der vollinhaltlichen Bestätigung dieses erstinstanzlichen Bescheides und der ausdrücklichen Übernahme seiner Begründung stützte auch die belangte Behörde den angefochtenen Bescheid lediglich auf den Abs. 1 des § 27 KOVG und nicht auf den Abs. 2 dieses Paragraphen. Diese rechtliche Beurteilung ist unrichtig, weil es sich im Beschwerdefall um einen Kostenersatz nach § 27 Abs. 2 KOVG 1957 und nicht um eine über den im § 26 KOVG bezeichneten Umfang hinausgehende Gewährung von Heilfürsorge handelt.

Schon aus diesem Grund ist der angefochtene Bescheid mit einer Rechtswidrigkeit des Inhaltes behaftet, weshalb er gemäß § 42 Abs. 2 lit. a VwGG 1965 aufzuheben ist.

Republik Österreich
Verwaltungsgerichtshof

Wien, am 12 . Dezember 1984
Dr. Zach — Mag Dr. Walter

Von den mir zugesprochenen Heilfürsorgekosten habe ich allerdings bis zur Drucklegung des Buches im September 1985 noch keinen roten Heller gesehen. Wie sich jeder selbst überzeugen kann, heißt es in dem Spruch des Höchstgerichtes, daß das zuständige Landesinvalidenamt über den in § 26 bezeichneten Umfang hinaus Heilfürsorge zu gewähren hat, wenn dadurch das Ziel und der Zweck der Heilfürsorge zu erreichen ist. Daß ich wieder gesund bin, soweit das bei mir eben möglich ist, steht fest. Fest steht aber auch, daß die Heilfürsorgekosten dafür bis zum Tage die runde Summe von 1.500.000 Schilling (215.000 DM) ausmachen. Das ist der Behörde bekannt, ebenso wie ihr bekannt ist, daß ich kein Millionär bin und mir das Geld leihen mußte. Das kostet Zinsen. Jeden Tag mehr. Aber die Behörden entscheiden jedesmal rechtswidrig, niemand hält sich an gesetzlich vorgeschriebene Fristen, und ich muß nun schon seit sieben vollen Jahren immer wieder zum Kadi laufen.

Zehn Beschwerden habe ich bis zur Drucklegung beim Höchstgericht einbringen müssen, die elfte und zwölfte werden demnächst fällig. Bisher hatte noch jede Beschwerde Erfolg. Natürlich kostet jede Beschwerde auch Geld — das Geld des Steuerzahlers in meinem Fall, denn die Entscheidung richtet sich ja gegen die Behörde.

Vater Staat bestraft so seine unfolgsamen Kinder, die sich nicht giftiges Amalgam in den Mund füllen lassen. Doch ich bin frohen Mutes. Die Ärzte der Alternativmedizin, die mir nach sieben Jahren Schmerz, Not und Elend die Heilung brachten, kennen meine Lage. Sie behandeln mich vorerst kostenlos und geben mir auch noch die heilenden Medikamente, die mir die Behörde rechtswidrig vorenthält und verweigert.

Doch zurück zu dem Spruch mit der denkwürdigen Entscheidung des Höchstgerichtes in Österreich und der Kardinalfrage:

Warum müssen die Krankenkassen nicht dafür zahlen?

In meinem Fall wurde nach den entsprechenden Paragraphen des Kriegsopferversorgungsgesetzes entschieden, daß die Kosten der Heilfürsorge übernommen werden, wenn dadurch das *Ziel* der Heilfürsorge zu erreichen ist (nämlich die Gesundheit und die Erwerbsfähigkeit möglichst wiederherzustellen, den Eintritt einer Verschlimmerung zu verhüten und die durch die Gesundheitsstörungen bedingten Beschwerden zu lindern) — und es erhebt sich jetzt die Frage: Warum ist das nicht auch nach den einschlägigen Paragraphen des Allgemeinen Sozial-Versicherungsgesetzes möglich?

Warum müssen die Krankenkassen, die gesetzlichen Krankenversicherungen, nicht auch dafür sorgen, daß jeweils das *Ziel der Heilfürsorge* erreicht wird? Damit die beitragzahlenden Mitglieder wirklich gesund werden und auch bleiben? Das sollte ein Anstoß sein für die Politiker der Alpenrepublik, ebenso wie für die Politiker der Bundesrepublik Deutschland.

An dem blitzenden und funkelnden Luxuspalast der Wiener Gebietskrankenkasse, die mir für das viele, viele Geld, das ich für die Wiederherstellung meiner Gesundheit aus eigener Tasche bezahlen mußte, *nur 34 Promille* rückvergütete, hängt ein Schild:

»Hier herrscht ein guter sozialer Geist,
wir helfen gerne, wenn es nur möglich ist.«
Dr. Otmar Pascher

Ich wollte mit Hofrat Pascher, dem Chef der Wiener Gebietskrankenkasse, über die in diesem Buch aufgezeigten Probleme noch vor Veröffentlichung reden. Doch Hofrat Pascher hatte keine Zeit.

Ich wollte Hofrat Pascher fragen: Wenn bei der Wiener Gebietskrankenkasse wirklich so ein guter sozialer Geist herrscht, wäre es doch sicher möglich, den oft jahrzehntelang beitragzahlenden Mitgliedern Leid und Schmerzen zu ersparen, sie nicht auch noch an Leib und Leben zu gefährden und endlich andere Zahnfüllungen für Krankenkassenpatienten zu bezahlen als die billigsten Amalgamplomben aus Gift!

»Wir helfen gerne, wenn es nur möglich ist . . .«, dokumentiert Hofrat Pascher jedem, der seinen Palast betritt, tagtäglich. Jetzt soll er seinen Spruch endlich wahr machen. Er soll — im Verein mit dem Gesetzgeber — helfen.

Es ist möglich!

Genauso möglich ist es in unserem deutschen Nachbarland.

11 Die letzte Runde

Diese bedeutungsvolle, vielleicht sogar bahnbrechende Entscheidung des Höchstgerichtes in Österreich gelangte auf verschlungenen Wegen in die Redaktion des österreichischen Magazines »profil«. Wie immer — »profil« wagte es, auch dieses heiße Eisen anzupacken, und in der Nummer 15 vom 9. April 1985 erschien ein drei Seiten langer Bericht über die Gefährlichkeit von Amalgam und die unverantwortliche Praxis der Krankenkassen:

ZAHNMEDIZIN

Gift im Mund

Jeder, der Amalgamplomben im Mund hat, ist mehr oder weniger quecksilbervergiftet – behaupten jetzt einige Zahnärzte.

Von Elisa GREGOR

Die Vergiftung verläuft langsam und schleichend. Das Gift lagert sich in Haaren, Knochen und Nägeln ein. Es verursacht leichte Ermüdbarkeit, aber auch Erregtheit, Schlaflosigkeit, Fingerzittern, Gelenksbeschwerden. Es greift den Sehnerv an, schließlich auch Nervenzellen. „Es geht", sagt Professor Thomas Till, Wiener Facharzt für Zahn-, Mund- und Kieferheilkunde, „aufs Hirn."

Jenes Gift, das sich da so unheilvoll im menschlichen Körper ablagert, ist Quecksilber. Es entsteht, wie neueste Erkenntnisse beweisen, weil sich die Amalgamfüllungen der Zähne im Laufe der Jahre auflösen und dabei Quecksil-... ...d. „Di...

Zink, Zinn und Kupfer entstehen nicht nur beim Kauen und Trinken. „Es kommt zu Randspalten, die Speisesäfte und Bakterien einsickern lassen. So entsteht Sekundärkaries" (Till).

Was vorerst nicht tragisch scheint.

Schließlich übernehmen in Österreich die Krankenkassen die Kosten für Amalgamfüllsel. Und schon nach zwei Jahren bezahlen sie am selben Zahn und an derselben Stelle eine neue Füllung. Ein Flickwerk dieser Art, so Till, gehe maximal fünf- bis sechsmal gut. „Dann muß der Zahn raus, oder zumindest kann er nicht lebend erhalten werden!"

Amalgamfüllungen seien demnach nur eine provisori-

Aus der Zeitschrift »profil« 15/85

Die Zahnärzte Klaus Sperlich und Günther Riefler reagierten denkbar unklug darauf. Sie schrieben einen Leserbrief, der die Lawine erst richtig ins Rollen brachte. In diesem Brief, abgedruckt in »profil« 17 / 85, hieß es unter anderem:

> Die Behauptung von Herrn Dr. Till, daß Quecksilber im Kieferknochen bzw. in den Zahnwurzeln zu finden sei und dort Krankheiten auslöse, ist völlig aus der Luft gegriffen und wissenschaftlich widerlegt worden. Die American Dental Association hat wiederholt die völlige Ungiftigkeit von Amalgam festgestellt.

Um endlich einmal die Wahrheit ans Tageslicht zu bringen, beschloß die »Selbsthilfegruppe« der Behinderten, jetzt einmal ihrem Namen Ehre zu machen: Sie beschloß sich selbst zu helfen, weil es ja sonst niemand tut. Martha Suran, die Präsidentin und Gründerin des Vereins, selbst schon seit 25 Jahren zum Amalgam-Krüppel gestempelt, lernte durch den »profil«-Artikel den Verfasser des Buches kennen und berief eine Pressekonferenz im Presseclub »Concordia« ein (siehe Faksimile der Einladung Seite 110).

Im Presseclub »Concordia«

Eine Pressekonferenz wie diese gab es in den heiligen Hallen, wo sonst Minister ihre Reden halten, wohl noch nie: Um es vorwegzunehmen, kein einziger der zur Diskussion gebetenen Gäste erschien. Kein Minister, kein einziger Politiker glänzte durch seine Anwesenheit, keiner der verantwortlichen Regierungsbeamten kam, auch der Chef der Wiener Gebietskrankenkasse blieb fern. Aber auch die beiden Zahnärzte Dr. Riefler und Dr. Sperlich, die auf den »profil«-Artikel so im Brustton der Entrüstung reagiert hatten, kamen nicht. Sie hatten beide ganz plötzlich Terminschwierigkeiten, wie die Wiener Ärztekammer mitteilte, die dafür Hofrat Dr. Ernst Stich als Vertreter der Zahnärzteschaft zur Diskussion entsandte.

Was hatte mir Professor Altmann zwei Jahre vor seinem Tod gesagt? »Die Politiker und die anderen hohen Herren, die von der Krankenkasse, haben doch immer gesagt, sie tun doch nur das Beste für uns und unsere Gesundheit. Diese Herren können doch heute nicht zugeben, daß sie uns immer nur angelogen haben . . . auch wenn sie es selbst wissen . . . ja wissen müssen. Was habe ich schon vor dreißig, vierzig Jahren aufgrund meiner hunderttausendfachen Erfahrungen alles gepredigt und gesagt? Drum sollen ja die Patienten nicht aufgeklärt werden, sie sollen dumm sterben!«

Diese Pressekonferenz erbrachte den schlagenden Beweis für die Richtigkeit der Worte Altmanns. Nur konnte Altmann damals nicht ahnen, daß sich sein Vermächtnis bei einer Pressekonferenz zu erfüllen begann und die Wiener Ärztekammer gerade Hofrat Dr. Ernst Stich dazu delegierte.

Stichs Palette war sehr reichhaltig: Sie reichte von seiner persönlichen Ansicht, daß uns der liebe Gott das Amalgam gegeben hätte, bis zu seiner Feststellung, daß

VEREIN SELBSTHILFEGRUPPE
der Behinderten

Leiterin: Martha Suran
1232 Wien
Putzendoplergasse 3/63/7/46
Tel. 67 89 06

An die
Redaktion

Wien, am

E i n l a d u n g

zu der am 30. Mai 1985 um 11.00 Uhr im Presseklub Concordia, 1010 W i e n, Bankgasse 8, stattfindenden Pressekonferenz.

"GIFT IM MUND" ist das Thema unserer Diskussion. In der Beilage finden Sie eine Veröffentlichung der Zeitschrift "profil", die Näheres besagt.

Med.Rat Dr. Binder und Dr.med.Cecerle geben Hinweise auf Untersuchungs- und Heilmethoden nach den neuesten Erkenntnissen der medinzinischen Wissenschaft. Diesmal werden aber nicht nur Ärzte zu Wort kommen, es werden auch Opfer der Schulmedizin berichten, welche Folgen sie zu tragen hatten, weil sie Amalgam-Plomben - Gift im Mund - hatten.

Nutzen Sie diese Gelegenheit, Ihren Leserkreis über zweifelsfreie Tatsachen informieren zu können, die bisher der breiten Öffentlichkeit verborgen geblieben sind.

Zu der anschließenden Diskussion wurden gebeten:

Bundesminister Dr. Steyrer, Bundesminister Dallinger, Staatssekretär Dohnal, Dozent Dr. Neugebauer, Hofrat Dr. Pascher, Sektionschef Dr. Ernst, Mag. Strohschneider, Volksanwalt Fast, Bundesrat Karrer, Dr. Riefler, Dr. Sperlich, Dr. Vogt, Dr. Yvon, DDr. Guberner, Dr. Kroiss, Dr. Rozkydal, Dr. Perger, Dr. Kolbeck, Dr. Koppe, Generalstaatsanwalt Dr. Olscher, Frau Seeliger, Katastrophenhilfe der österr. Frauen, Herr Urbanek, Obmann der Kehlkopflosen Österreichs, Herr Wöber, Obmann des Verbandes aller Körperbehinderten.

Mit freundlichen Grüßen

DER PRÄSIDENT DER SCHRIFTFÜHRER

Bank: BAWAG Zwgst.Liesing Kto.Nr. 02310 761 896

es tatsächlich Hunderte »Zahntoter« in der Bundesrepublik Deutschland und Österreich gibt. Er gab zu, daß sich aus nicht »lege artis« verarbeiteten Amalgamfüllungen *zweifelsfrei* Quecksilber löst, und stellte eindeutig fest, daß sich beim Ausbohren von Amalgamfüllungen — »lege artis« gelegt oder nicht — mit den hochtourigen, wassergespülten Turbinenbohrern *hochgiftige* Quecksilberdämpfe bilden. Schließlich und endlich konnte man hören, daß bei unsachgemäß applizierten Amalgamfüllungen sogar Kaubewegungen genügen, um dieses teuflische Gift freizusetzen.

Der etwas schmächtige, kleine Mann mit dem großen Amalgamhorizont, den ihm die Wiener Ärztekammer selbst attestierte, bot mir — als dem Verfasser des Buches — am Ende der fast vierstündigen Diskussion mit Handschlag seine Partnerschaft im Interesse der Patienten an. Wenn er auch von den Kollegen gesteinigt würde, er sei nur für die *Wissenschaft* und die *Wahrheit* kompetent, stellte Hofrat Dr. Stich klipp und klar fest.

So fing es an:

Martha Suran, Präsidentin und Gründerin des Vereins »Selbsthilfegruppe der Behinderten«, seit 25 Jahren — durch Amalgam — an multipler Sklerose erkrankt, eröffnete die Pressekonferenz. Sie schilderte in bewegenden Worten ihr grausames Schicksal — acht volle Jahre im Rollstuhl — und ihr unsagbares Leid:

»Ich war Dauerpatientin in 28 verschiedenen Spitälern, niemand hat den Grund und die Ursache meines Leidens erkannt. Wie ist das nur möglich gewesen?« fragte Frau Suran verzweifelt. »Erst beim Ärztekongreß in Deutschland hat man die Quecksilbervergiftung festgestellt.«

Sie hatte sich schon geschworen, sie würde nie wieder in ein Spital gehen, weil man ihr dort doch nicht helfen könne, aber dann waren die Schmerzen zu groß. Als auch dieser Spitalsaufenthalt zu Ende war, fühlte sie sich durch chemotherapeutische Behandlung (Cortison) zwar besser, doch sie hatte noch immer — genau wie es der Verfasser des Buches aus eigener Erfahrung schilderte und der Leser es kennt — Schmerzen im ganzen Leib. Die Oberärztin sagte bei der Entlassung, Frau Suran dürfe, sie könne ja gar keine Schmerzen mehr haben . . . (Wie die Leser ja wissen, sind die Folgen einer Quecksilbervergiftung therapieresistent. Mein Oberarzt sagte bei meiner Entlassung aus dem Spital: »Denken Sie nicht an die Schmerzen . . . dann werden Sie auch keine mehr haben!«)

Frau Suran weiter: »Mit Naturheilverfahren, mit Elektroakupunktur, hat man festgestellt, daß ich auch heute noch massenhaft Quecksilberdepots im ganzen Körper habe. Nur den Naturheilverfahren verdanke ich es, daß ich nach acht qualvollen Jahren im Rollstuhl wieder selbst gehen, hier sitzen und die anderen vor meinem Schicksal warnen kann. Ich habe zwar heute noch die größten Probleme mit dem Stoffwechsel und fallweise sehr starke Schmerzen, doch ich muß, wie ich sehe, dankbar sein, daß es mir nicht noch schlechter geht, daß ich überhaupt noch lebe!«

Dann stellte die Gequälte eine Frage in den Raum, die niemand beantworten konnte, zu der auch Hofrat Stich schwieg: »Ja, ist es um Himmels willen nicht möglich, irgendwie festzustellen, ob ein Mensch amalgam-quecksilberallergisch ist oder nicht, ob ein Mensch diese teuflischen Plomben verträgt oder nicht, *bevor* man sie einsetzt und es zu derartigen gesundheitlichen Schädigungen kommt?«

Als erste Maßnahme für die Behörden wird jetzt diese sehr wichtige Frage zu klären sein, die ich schon vor Jahren an zuständiger Stelle aufwarf. Doch man ging darüber hinweg, weil der Oberste Sanitätsrat in Österreich ja feststellte, Amalgam sei vollkommen ungefährlich!

Der Kampf um die Wahrheit

Als Verfasser des Buches und durch den »profil«-Artikel direkt Betroffener hakte ich bei der schier unglaublichen Behauptung der enthusiastischen Amalgamplombenflicker Dr. Riefler und Dr. Sperlich ein. Ich verlas den Leserbrief der beiden. Dann ging ich zum Dia-Projektor und führte 20 Farbdias vor, die von meiner ersten Operation in der BRD aufgenommen worden waren. Man sah deutlich die Ablagerungen, die Verfärbungen an den Kieferknochen, die dann Millimeter um Millimeter bis zur äußersten Grenze abgefräst werden mußten. Man sah deutlich die Herdbildungen, die schließlich mit ihrer teuflischen Fernwirkung zu den entsetzlichen Schmerzen in den Gelenken, Augen und anderen Körperteilen führten.

Der Autor (l.) und Martha Suran, Gründerin und Präsidentin des Vereins Selbsthilfegruppe der Behinderten, bei der Pressekonferenz im »Concordia«, Wien.

»Ich wollte jetzt die Herren Zahnärzte Riefler und Sperlich fragen«, rief ich in den Saal, »ob das nun *Knochen* sind . . . oder Papp. Papp, den so mancher heut noch im Hirn hat! Doch die Herren Zahnärzte sind nicht zu der Diskussion gekommen!«

Hofrat Stich wurde dann — als Experte — gefragt, warum Amalgam *nicht* in das österreichische Arzneimittelgesetz aufgenommen wurde. Ich stellte ihm folgende drei Fragen, die ich schon mehrfach dem Gesundheitsministerium gestellt hatte, ohne bisher eine Antwort zu erhalten:

1. Fällt Amalgam, bei dem es sich doch um einen »Stoff« handelt, der dazu bestimmt ist, Krankheiten (Karies) bzw. Leiden (Zahnschmerzen) zu heilen bzw. zu lindern, unter das Arzneimittelgesetz?
2. Wenn Amalgam *nicht* unter das Arzneimittelgesetz fällt, *warum* ist es nicht erfaßt worden, wo es sich doch um einen »Stoff« handelt, der Krankheiten bzw. Leiden heilen bzw. lindern soll?
3. Wenn Amalgam aus dem Arzneimittelgesetz in Österreich — im Gegensatz zu dem Arzneimittelgesetz der BRD — ausgeklammert ist, *warum* tat das der Gesetzgeber, *was* wollte der Gesetzgeber damit bezwecken?

Hofrat Stich war etwas verblüfft, stimmte aber dann sofort bei, daß es wohl sehr wichtig wäre, Amalgam in das österreichische Arzneimittelgesetz aufzunehmen. In der BRD sei man ja immer voran, und auch bei uns seien dazu Bestrebungen im Gange . . . »Mit dem Gesetz könnten wir die Zahnärzte auch zwingen, das richtige Amalgam richtig zu applizieren«, meinte Stich. »Denn Amalgam ist nicht Amalgam. Es gibt gute und schlechte Sorten, und Amalgam ist nicht gleich Quecksilber!«

Ich warf sofort ein: »Aber Amalgam ist dennoch bis zu 50 Prozent aus diesem Gift!«

Stich konterte geschickt: »Darauf kommt es nicht an! *Lege artis* appliziert, ist eine Amalgamfüllung vollkommen ungefährlich!« »Das hat mir Altmann auch schon gesagt, und Sie werden es im Herbst in meinem Buch lesen, aber wie soll denn ein Patient wissen, ob ihm ein Zahnbehandler Amalgamfüllungen *lege artis* appliziert — oder nicht?«

»Es liegt an der Ethik der Zahnärzte, welches Amalgam sie verwenden. Die Krankenkasse zahlt allerdings nur einen Einheitstarif . . .«

Ein Raunen ging durch den Saal: »Das wird ja immer toller!« Stich berichtete, er hätte Seminare für Zahnärzte ausgeschrieben, um zu lehren, daß man das teurere Amalgam verwenden müsse und *wie* man es — mit Unterfüllung usw. — *lege artis* appliziert, doch kein einziger Zahnarzt sei gekommen . . . Wieder entstand Unruhe im Saal. Derartige Zugeständnisse hatte man doch nicht erwartet.

Aber das war erst der Anfang.

Wir kreuzten weiter heftig die Klingen. Stich versuchte, sein Eingeständnis wieder abzuschwächen: »Im allgemeinen ist Amalgam bei richtiger Ausführung zwar nicht unbedenklich, aber nicht nachweisbar schädlich!«

»Mir hat Altmann gesagt: Eine Amalgamfüllung wirklich mit Unterfüllung und *lege artis* appliziert, wie Sie es immer betonen, ist *teurer* als eine Goldkrone oder Füllung. Darum überhaupt kein Amalgam, kein Quecksilber, kein Gift in den Mund!«

Altmann und Pischinger seien die großen Alten der Wiener Medizin gewesen, räumte Hofrat Stich ein, aber ... »Und gerade Altmann«, unterbrach ich ihn abrupt, »von dem Sie jetzt sagen, er sei einer der Großen der Wiener medizinischen Schule gewesen, erklärte mir unmißverständlich, es gäbe Hunderte ‚Zahntoter' jährlich bei uns und in Deutschland. Er hat das so oft vor zahllosen Ärzten bei uns und in der BRD behauptet und anhand seiner eigenen Fälle auch bewiesen. Doch niemand reagierte bis heute darauf!«

Stich kam zum ersten Mal in Bedrängnis.

Von ganz hinten rief ein Journalist: »So geht das nun doch nicht, Herr Hofrat, zuerst sagen Sie, daß uns der liebe Gott das Amalgam geschickt hat, dann geben Sie zu, daß wirklich Vergiftungen vorkommen können, wenn Amalgam nicht *lege artis* appliziert wird, und jetzt hören wir von Hunderten Toten im Jahr! Das ist eine Bandbreite, die nicht zu akzeptieren ist!« Stich drehte sich um: »Altmann hatte ja immer nur die schwersten Fälle ... da waren schon die ganzen Organe ... schwer angegriffen!« »Also doch!« rief jemand dazwischen.

Ich faßte nach: »Diese Fälle kennen Sie also? Ich auch! Mir nannte Altmann sogar zahllose Fälle aus seiner Praxis und übergab mir ein Manuskript seines letzten Vortrages in der Rheinpark-Klinik in Deutschland. Hier zeigte Altmann genau auf, wie es zu diesen Toten durch schlechte Zähne, durch Amalgam kommt!« Dann fragte ich Hofrat Stich: »Wissen Sie, was der größte Fehler Altmanns war?«

Stich blickte mich an und schüttelte den Kopf.

»Er sagte mir wörtlich: Mein größter Fehler war, daß ich die Öffentlichkeit gemieden habe. Ich machte vor jeder Redaktion einen großen Bogen, ich mied Journalisten wie die Pest. Aber heute sehe ich, es geht nicht mehr anders, von den Herren der Universitäten und den Politikern haben wir keine Hilfe zu erwarten!«

Vielleicht doch? Vielleicht von Hofrat Stich persönlich!? Oder wird Stich jetzt selbst ein »Amalgamopfer«? Allerdings in einem anderen Sinne. Wird Stich jetzt gesteinigt, wie er befürchtet? Wird er, wie in Österreich üblich, »vorzeitig pensioniert«, weil er ohne Vorbehalt die Wahrheit sagte?

Es kristallisierte sich heraus: Stich behauptete, *lege artis* applizierte Amalgamfüllungen seien nicht nachweislich schädlich, und schränkte dann ein: aber dennoch *bedenklich*! Prof. Dr. Till ist aufgrund seiner wissenschaftlichen Erfahrungen der gleichen Ansicht, nur zieht Till beinhart die Konsequenz und sagt: Bevor eine Zahnfüllung so schwere Leiden, ja den hundertfachen Tod von Patienten verursachen kann, gehört sie im Interesse der Patienten und der Zahnärzte selbst *verboten*.

»Die Großkopferten haben ja kein Amalgam im Mund!« ruft jemand dazwischen. »Die können sich ja Gold im Mund leisten!«

Dr. Kroiss greift Stich an: »Sie forschen im stillen Kämmerlein, und wir erfahren nichts davon. Aus der Sicht der Patienten ist doch alles, sagen wir es auf gut deutsch, beschissen!«

Dr. Perger: »Das wichtigste ist, ich muß die Forderung stellen, ein ungefährlicheres Füllungsmaterial zu suchen, das Amalgam ersetzen kann!«

Zwischenruf: »Auf dem Mond sind wir gelandet, aber die Plomben im Mund sind noch aus Gift!«

Damit der eigene Hut nicht brennt, wenn schon das Feuer am Dach ist, betont Stich stereotyp immer wieder, daß »Lege-artis«-Amalgamplomben *kaum* Gift freigeben, bleibt aber für diese Behauptung jeden wissenschaftlichen Beweis schuldig. Seine langen, mit Latein und Fachchinesisch verbrämten Worte sagen den Anwesenden nicht viel.

Hofrat Stich beklagt sich auch, er würde von so wenigen Fällen erfahren, gibt aber zu, daß es sicher mehr sind, als ihm bekannt werden. Das ist Wasser auf meine Mühle: »Bei Frau Suran dauerte es fünfundzwanzig Jahre, bis man darauf kam, woran sie erkrankte, und wenn ich den Weg gegangen wäre, den die anderen Amalgamopfer bisher gehen mußten, würden mich heute schon die Würmer zerfressen, aber niemand hätte gewußt, was die eigentliche Todesursache war: Amalgam!«

»Und wenn Sie ‚Fälle' haben wollen, ich kann damit dienen! Sie brauchen nur mit dem deutschen Facharzt Dr. Hans Raue zu sprechen. Er hat festgestellt, daß es in einem Untersuchungszeitraum von nur zwei Jahren allein in den Augenpraxen der BRD über 200.000 amalgamgeschädigte Personen geben müsse . . .« (Anhang Nr. 7).

Stich ruft dazwischen: »Das ist aber nur hochgerechnet!«

»Ah . . . dann kennen Sie diese Veröffentlichung ohnedies? Wenn auch hochgerechnet, ergibt das Millionen und aber Millionen, wenn man die anderen ärztlichen Praxen der BRD aufrechnet! Da werden Sie genug ‚Fälle' bekommen, wenn man auch die Hälfte oder zwei Drittel abzieht! Ich selbst habe bei meinem Leidensweg mit über hundert Amalgamopfern gesprochen, nur hat man denen das alles bisher verschwiegen!«

Stich versucht einzulenken: »Wenn wir überhaupt von Gift reden, müßten wir das auf einzelne Fälle beschränken, wobei ich noch einmal sage, daß es sicher viel mehr Fälle sind, als wir kennen.«

Ich stelle dann noch einige unangenehme Fragen: »Wieso haben wir bisher nicht erfahren, daß *Sie* der Amalgam-Experte unseres Landes sind?«

»Warum ist der Chef der Wiener Universitätszahnklinik, Professor Keresztesi, solch ein Amalgam-Fan und pro eingestellt, wenn Sie, sein Amalgam-Experte, eine ganz andere Meinung über Amalgam haben?«

»Wie konnte Sektionschef Dr. Krassnigg, einer der höchsten Beamten des Gesundheitsministeriums, meinen Brief an den Minister in einer so einfältigen, ja direkt lächerlichen Weise beantworten und dann überhaupt den Kopf in den Sand stecken?«

Stich: »Das . . . das kann ich nicht sagen. Ich bin nur für die Wissenschaft und für die Wahrheit kompetent!«

Ich reiche ihm eine Aufstellung, welche honorigen Ärzte im Obersten Sanitätsrat das »große Sagen« haben: »Hier unter all diesen hochrangigen und sicher ganz hervorragenden Medizinern werden Sie keinen einzigen Zahnarzt, keinen einzigen Mann finden, der für die so wichtige Frage ‚Amalgam oder nicht Amalgam?' auch wirklich kompetent wäre.«

Stich nickt mit dem Kopf: »Ich weiß!«

Der Partner

Wir kommen dann auf die Zahnärzte Dr. Sperlich und Dr. Riefler zu sprechen. Sie behaupten, die »American Dental Association« hätte wiederholt die völlige Ungiftigkeit von Amalgam festgestellt. Ich erkläre dazu: »Professor Altmann, der vor kurzem 86jährig in Wien starb, hat klar und deutlich festgestellt, daß diese ‚American Dental Association' doch nichts anderes ist als eine bessere Gewerkschaft der Zahnärzte, die niemals im Leben eine wissenschaftliche Arbeit geleistet hat und daher auch niemals feststellen kann, ob Amalgam giftig sei oder nicht.«

Ein Schlag ins Gesicht der Zahnärzte Sperlich und Riefler war die Veröffentlichung der Studie von Sam Ziff: »The Toxic Time Bomb — Can the mercury in your dental fillings poison you?« (»Die giftige Zeitbombe — Werden Sie durch Quecksilber-Zahnfüllungen vergiftet?«). Stich schweigt betroffen.

Man merkt deutlich, daß Stich mit seiner Meinung bei seinen Vorgesetzten selbst Schwierigkeiten hat. »Ich darf Ihnen sagen, daß bei *Lege-artis*-Amalgam *kaum* Quecksilber frei wird!« In die Enge getrieben setzt Stich fort: »Denkbar wäre es allerdings, daß schon durch die Kaubewegungen allein Spuren von Quecksilber verdampfen, aus nicht *lege artis* applizierten Füllungen natürlich, es könnte da in solchen Spuren verdampfen, daß diese schon eine Rolle spielen!«

Unruhe im Saal. »Das auch noch!«

Stich: »Und wenn Amalgam zerbohrt — ausgebohrt wird, schmilzt es. Bei den hohen Temperaturen. Und in dem Moment, wo es schmilzt, können, insbesondere bei den hochtourigen Turbinenbohrern, Quecksilberdämpfe entstehen, die *hochgiftig* sind, wenn wir sie einatmen.«

Und wie oft müssen Amalgamplomben ausgebohrt werden? Wie oft werden wir da vergiftet? Offiziell jedenfalls kennt Hofrat Dr. Stich keine Quecksilbervergiftungen!

»Sie haben doch vor dieser Pressekonferenz öffentlich behauptet, bisher konnte niemand eine echte Quecksilbervergiftung durch Amalgam feststellen. Stimmt das?«

Stich: »Ja . . .«

»Vielleicht schlägt für Sie jetzt eine Sternstunde, Herr Hofrat . . .« Ich übergebe Stich meine Krankenpapiere. »Das ist dann die erste!« Die erste echte Vergiftung durch Amalgam für den Amalgam-Experten der Zahnklinik in Wien.

Stich, zu mir gewendet: »Es ist auf der anderen Seite für mich zu begrüßen — bitte nicht böse sein, ich gönne Ihnen Ihre Vergangenheit wahrlich nicht! Aber Ärzte sind ein bißchen egoistisch. Wenn sie sogenannte ‚Fälle' haben, da freuen sie sich. Und ich freue mich jetzt auch, *in Ihnen einen Partner zu haben*!«

Die vielen Ungereimtheiten und Widersprüche dieser fast vier Stunden dauernden Diskussion im einzelnen aufzuzeigen würde allein schon ein dickes Buch füllen. Ich habe die Debatten auf Tonband fixiert. Zum Schluß war kaum noch ein Journalist anwesend, nur ein Häuflein Unentwegter blieb und lauschte gespannt.

»Wenn Sie mich jetzt als Partner anerkennen«, schloß ich mein Gespräch mit Hofrat Dr. Stich, »dann müssen Sie immer daran denken: Ich trage das Vermächtnis von Altmann, dem großen Alten der Wiener Medizin. Und wenn Sie sagen, Sie sind nur für die Wissenschaft und die Wahrheit kompetent, dann darf ich Ihnen sagen: Ich bin nur kompetent, die Wahrheit zu schreiben, und die kommt jetzt endlich an den Tag!«

Die Lawine kommt ins Rollen

Das Echo in der Wiener Presse war beachtlich. In mehreren großen Tages- und Wochenzeitungen erschienen ausführliche Berichte über die Pressekonferenz. In der Tendenz waren sie allesamt eindeutig: Amalgamplomben stellen eine Vergiftungsgefahr dar.

Nach sorgfältiger Beratung mit Ärzten und Rechtsanwälten erstattete Dr. Thomas Kroiss elf Tage nach der Pressekonferenz Strafanzeige wegen Körperverletzung bei der Staatsanwaltschaft Wien. Da diese Anzeige sämtliche Argumente und Beweise in klarer, juristisch relevanter Sprache noch einmal zusammenfaßt, möchte ich sie hier im vollen Wortlaut wiedergeben.

Dr. med. Thomas G. Kroiss
Prakt. Arzt

An den Leitenden Staatsanwalt der
STAATSANWALTSCHAFT WIEN
Herrn Hofrat Dr. Werner Olscher
Landesgerichtsstraße 11
1080 Wien

Wien, 10. Juni 1985

Betr. Anzeigepflicht gem. § 27 des Ärztegesetzes 1984, BGB. 373

Sehr geehrter Herr Hofrat!

Ich bin als Arzt nach obiger Gesetzesstelle *verpflichtet,* die Anzeige zu erstatten, wenn ich in Ausübung meines Berufes Anzeichen feststelle, daß durch eine gerichtlich strafbare Handlung der Tod oder die schwere Körperverletzung (84 Abs. 1 StGB) eines Menschen herbeigeführt worden ist. Ich habe in Ausübung meines Berufes wiederholt Patienten behandeln müssen, die durch unsachgemäße Zahnbehandlungsmethoden zumindest eine schwere Körperverletzung erlitten haben und unter widrigen Umständen dadurch auch getötet hätten werden können. Es liegt im Interesse der Opfer und im Interesse der gesamten Patientenschaft, die Verletzungsursachen von einem Strafgericht klären zu lassen, um weitere Verletzungen zu verhindern. Als Arzt bin ich nicht nur berechtigt, sondern auch *verpflichtet,* hiermit die

Strafanzeige

zu erstatten.

Nach den bisherigen wissenschaftlichen Erkenntnissen und Forschungsergebnissen von Ärzten aus aller Welt, *die nicht weisungsgebunden waren,* kann eine Zahndefektbehebung mit *Amalgam* zu schweren Körperverletzungen — *sogar mit tödlichem Ausgang* — führen.

Ich möchte keinesfalls unwissende Kollegen, die heute noch an schier unabänderliche Dogmen der Schulmedizin glauben, beschuldigen, wissentlich strafbare Handlungen zu begehen. Allerdings muß ich darauf hinweisen, daß mir Patienten bekannt sind, die durch das Einsetzen von Amalgamfüllungen einen derartig schweren gesundheitlichen Schaden erlitten, daß solche Behandlungsmethoden in Zukunft keinesfalls vertretbar sind. Wenn man — wozu ich mich bekenne — Schwerverbrecher gesetzlich vor Folter schützt, dann *muß* man mit gleichem Recht auch für Patienten eintreten und diese vor Behandlungen mit *Amalgam* schützen. Aus meiner eigenen Erfahrung kenne ich Personen, die nun schon Jahre, Jahrzehnte Schmerzen erleiden müssen, die denen einer mittelalterlichen Folter kaum nachstehen. Mit deren Einverständnis gebe ich vorerst nur zwei Namen bekannt, behalte mir aber die Nennung weiterer Patienten vor:

Ernst Ebm, 1020 Wien
Martha Suran, 1232 Wien

Erstgenannter hat im Zuge seiner oftmaligen Spitalsbehandlungen zahlreiche Personen kennengelernt, die in der gleichen Lage waren. Er hat mit diesen Personen lange und ausführlich gesprochen und diese Gespräche auf Tondband festgehalten. Es ist Herrn Ebm auch gelungen, allein durch Ratschläge, wie sich die Betroffenen verhalten sollen, eine Besserung bzw. eine Gesundung der Amalgam-Erkrankten herbeizuführen. Auch darüber verfügt Herr Ebm über schriftliche und akustische Aufzeichnungen.

Ich verweise weiters auf das jüngst in den USA erschienene Buch *The Toxic Time Bomb* von Sam Ziff (Aurora-Press New York, N.Y.).

Ferner verweise ich auf die wissenschaftlichen Kenntnisse von *MR. Prof. Dr. Thomas Till, 1010 Wien,* der auch über die notwendige internationale und vollkommen zweifelsfreie medizinisch-wissenschaftliche Literatur verfügt.

Darüber hinaus: Herr Hofrat Dr. Ernst *Stich*, Universitätszahnklinik Wien, der auch im Ausland *bestens* bekannt ist, wurde von der Ärztekammer Wien zu der Pressekonferenz am 30. Mai 1985 im Presseclub »Concordia« delegiert. Der Amalgam-Experte Österreichs mußte coram publico zugeben, daß es schwere Krankheitserscheinungen, Vergiftungen und Allergien *gibt,* die durch *nicht* »lege artis« applizierte Amalgamfüllungen hervorgerufen werden, weil es manchen Zahnärzten an der dafür unbedingt notwendigen Ausbildung mangelt. Dieser Sachverhalt sei *erwiesen.* Auf Vorbehalte meines Patienten, Herrn Ernst Ebm, mußte Hofrat Dr. Stich auch zugeben, daß die Erkenntnisse von Prof. Dr. Leopold *Altmann* stimmen:

> », . . . es gibt *Hunderte* von Personen in Österreich und Deutschland, die durch unsachgemäß angefertigte Amalgamfüllungen jährlich *sterben*!«

Hofrat Dr. Stich erklärte, er kenne nur ganz wenig Fälle von Erkrankungen.

Deshalb verweise ich auf die Veröffentlichungen des deutschen *Facharztes Dr. Hans Raue, 6200 Wiesbaden,* in der Zeitschrift »Ärztliche Praxis«, die Zeitung des Arztes in Klinik und Praxis, XXXII. Jahrgang Nr. 72, Seiten 2303-2309, vom 6. 9. 1980.

In dieser Fachzeitschrift, die ich in Fotokopie beilege, dokumentiert der deutsche Facharzt Dr. Raue aufgrund seiner *eigenen Praxis,* daß es in einem Untersuchungszeitraum von nur zwei Jahren — *allein in den Augenpraxen der BRD* — über 200.000 Amalgam-Geschädigte geben müsse. Wenn man jetzt diese Zahl auf alle anderen ärztlichen Praxen in der Bundesrepublik Deutschland umlegt, kommt man auf eine Grauzahl von *Millionen*!

Das sei zu der richtigen Erkennung des Umfanges der Erkrankungen gesagt.

Hofrat Dr. Stich erklärte weiters, durch Ausbohren von Amalgamfüllungen können *hochgiftige* Dämpfe entstehen und schließlich: Amalgam sei *nicht* Amalgam. Es gibt bessere und schlechtere Sorten. Für die Kassen sei aber *jede* Amalgamfüllung *gleich*, bei *gleichem* Honorar. Nun liege es an der Ethik der Zahnbehandler, *welches* Amalgam sie nehmen.

Als Zeugen dieser Gespräche nenne ich:

1. Meinen Patienten Ernst Ebm, der die Gespräche auf Tonband mitgeschnitten hat.
2. Martha Suran, Gründerin und Präsidentin des »Vereines der Selbsthilfegruppen der Behinderten«, die diese Pressekonferenz einberufen hat,
3. MR. Dr. Heinz Binder, Vortragender auf dieser Pressekonferenz,
4. Facharzt Dr. Felix Perger, Leitender Arzt der Herd- und Regulationsforschung der Internationalen Gesellschaft zur Erforschung der Grenzgebiete der Medizin,
5. Dr. Elisabeth Rozkydal,
6. Dr. Ilse Socolow,
7. Dkfm. Anna Pöltinger,

Die letzten drei als mir bekannte Teilnehmer der Diskussion.

Die Nennung weiterer Zeugen behalte ich mir vor, die genauen Adressen der Genannten werden nachgebracht.

Frau Dozent Dr. Elena Djerassi, Sofia, dzt. Bad Pyrmont, Leiterin des zahnärztlichen Gesundheitsdienstes in Bulgarien, ehem. Schülerin von Prof. Altmann in Wien, nenne ich als Zeugin für den gesamten Sachverhalt der Quecksilbervergiftung.

Dozent Djerassi war bei den Operationen der vier Kieferquadranten meines Patienten dabei. Herr Ebm hat Herrn Hofrat Dr. Stich fotokopierte Seiten der Habilitationsschrift von Dozent Djerassi übergeben und wird sich bemühen, eine Übersetzung der vollkommenen Arbeit zu erhalten, weil das doch auch in das Wissensgebiet der Forschung gehört soweit es *Quecksilbervergiftung* betrifft.

1 Beilage

Mit vorzüglicher Hochachtung
Dr. Thomas G. Kroiss
Prakt. Arzt

Kopien dieser Anzeige ergehen an:
Herrn Bundesminister für Gesundheit und Umweltschutz, Dr. Kurt Steyrer,
Herrn Prof. Dr. Thomas Till,
Herrn Ernst Ebm,
Frau Martha Suran

Dr. Thomas Kroiss, der als erster Arzt den Grund und die Ursache meines Leidens erkannte und mir im Verein mit Professor Till, Dr. Perger sowie Dr. Ungar und Dozent Djerassi das Leben rettete, schickte eine Kopie der Strafanzeige auch an den österreichischen Gesundheitsminister Dr. Kurt Steyrer, der, wie ich schon sagte, auch als Minister *Arzt* geblieben ist. Das versicherte mir Dr. Steyrer bei meinem Interview. Damals waren dem österreichischen Gesundheitsminister die Hände gebunden. Der Oberste Sanitätsrat, der ihn beraten sollte, hatte ja gesagt, Quecksilberintoxikationen aus Amalgam seien *ausgeschlossen*. Nach der »Ja, aber . . .«-und-»Jein!«-Taktik einer politischen Partei in Österreich hatte man dann zugegeben, daß doch »Spuren« von Quecksilber entweichen können. Jetzt aber hat Dr. Steyrer den handfesten Beweis: Hofrat Dr. Ernst Stich, der Amalgam-Experte des Landes, gab unzweideutig zu, daß Amalgam Gift im Mund ist — wenn die Füllungen nicht »lege artis« appliziert sind — und daß auch die Behauptung von Professor Altmann stimmt, daß Hunderte jährlich in der Bundesrepublik und Österreich daran sterben.

Jetzt hat Dr. Steyrer die Handhabe, um einschreiten zu können. Dr. Kroiss richtete an den österreichischen Gesundheitsminister folgenden Brief:

Dr. med. Thomas G. Kroiss
Prakt. Arzt

An den
Herrn Bundesminister für
Gesundheit und Umweltschutz,
Dr. Kurt Steyrer
Regierungsgebäude
Stubenring 1
1010 Wien

Wien, am 11. Juni 1985

Sehr geehrter Herr Bundesminister

Wir Ärzte haben es sehr bedauert, daß Sie keine Möglichkeit hatten, an der aufklärenden Pressekonferenz teilzunehmen. Nach reiflicher Überlegung und Rücksprache mit anderen Kollegen, die an der Diskussion teilnahmen, habe ich mich entschlossen, die mitfolgende Strafanzeige bei der Staatsanwaltschaft Wien zu erstatten.

Der Zweck dieser Anzeige ist es keineswegs, irgend jemandem meiner Kollegen weh zu tun, weil ich überzeugt bin, daß jeder auf seine Weise das Beste für seine Patienten beabsichtigt. Aber der Umstand, daß der von der Ärztekammer als Experte genannte Hofrat Stich seit Jahrzehnten über einschlägige Forschungsdaten verfügt und die Gefahr kennt usw., sich aber andererseits auf diesem Gebiet gar nichts tut und er auch überhaupt nichts vorangetrieben hat, hat mich zu diesem Schritt bewogen.

Es geht mir um den Gesundheitszustand in der Bevölkerung von heute und auch morgen. Denn nach meinem Gefühl sind die Schädigungen durch Hg-Vergiftungen und Mundströme weiterhin im Ansteigen.

Leider sind die Symptome sehr verborgen und die Krankheitsbilder sehr verzahnt mit anderen Beschwerden, so daß nicht die Zahnärzte die Folgen bemerken, sondern wir Praktiker.

Daß wir uns mehr auf subjektive Befunde berufen müssen, möge man uns verzeihen, weil wir als Praktiker nicht über einschlägige Apparaturen zur objektiven Messung verfügen können.

Ich bin sicher, daß eine sehr gute Lösung von einst (Amalgam) — zu kritiklos und in Massenanfertigung angewandt — das Pendel in die andere Richtung ausschlagen läßt und wir jetzt die negativen Folgen handhaben müssen.

Dieses Prinzip verfolgen wir ja auf verschiedenen Gebieten. (Auch auf dem Gebiet der Medizin, leider wollten Sie bei meinem früheren Versuch, mit Ihnen in Kontakt zu treten, nichts wissen). Es ist mir ganz klar, daß heute eine riesige Bürde auf Ihren Schultern lastet.

Zu dem Umweltschutz, für den Sie zu sorgen haben, kommt die Präsidentschaftskandidatur und jetzt auch noch das Amalgam-Problem, mit dem, wie wir hörten, Sie sich schon eingehend befaßt haben.

Doch bedenken Sie bitte: Daß der Wald stirbt, wenn es so weitergeht, hat man in Österreich endlich erkannt. Daß aber viele von uns *sterben* müssen, wenn es so weitergeht, hat uns Hofrat Dr. Stich, der Ihnen persönlich ja auch schon ein Amalgam-Gutachten erstellte, selbst bestätigt.

Ich würde um eine Aussprache im Beisein von Herrn Prof. Till und meinem Patienten, Herrn Ebm, bitten. Wir haben konkrete Vorschläge zu machen.

1 Beilage

Mit vorzüglicher Hochachtung
Ihr sehr ergebener

Dr. med Thomas G. Kroiss
Prakt. Arzt

Man kann die Schmerzen, das Leid und die Not in Worten nicht schildern, die durch Amalgam — Gift im Mund — hervorgerufen werden. Ich habe das alles am eigenen Leib erlebt und verspürt und mit so vielen anderen Amalgamopfern gesprochen. Damit der Gesetzgeber — zumindest in Österreich — seine Augen nicht länger vor den aufgezeigten Problemen verschließen kann, entschloß ich mich am 15. Juli 1985 zu einem überraschenden Besuch bei Frau Bundesminister Dr. Gertrude Fröhlich-Sandner. Ich wollte — wie früher im Rathaus, als Sandner noch Stadtrat und dann Vizebürgermeister war — einfach bei ihr anklopfen. Ich wollte mit der Dame, die ihr Herz am rechten Fleck hat, die Möglichkeiten des Gesetzgebers durchsprechen: Es gibt noch kein Gesetz, das die Behandlung mit Amalgam verbietet. Amalgam ist in Österreich ja nicht einmal ein »Arzneimittel«, das einer Kontrolle unterliegt, und — wie Hofrat Stich so sehr bemängelte — daher auch nicht im Arzneimittelgesetz enthalten. Amalgam ist ein »medizinischer Behelf«, ein »Produkt« also. Und dem Sandner-Ministerium untersteht ein sogenannter »Produktsicherheitsbeirat«.

Die Frau Minister war aber leider nicht im Amt. Daher richtete ich ein ausführliches Schreiben direkt an diesen Produktsicherheitsbeirat in der Abteilung III ihres Ministeriums, des österreichischen Bundesministeriums für Familie, Jugend und Konsumentenschutz, dem ich alle wissenschaftlichen und aktuellen Unterlagen beifügte.

Nun muß der Staat entscheiden, auf wessen Seite er steht.

12 So finden Sie Rat und Hilfe

Die Rechtslage in Deutschland und Österreich ist nicht nur recht unterschiedlich, oftmals auch sehr verworren. In der Bundesrepublik gibt es wenigstens Schlichtungs- und Gutachterstellen, die man, wenn Ärzte pfuschen, anrufen kann.

SCHLICHTUNGS- UND GUTACHTERSTELLEN

Baden-Württemberg
Gutachterstelle für Fragen ärztlicher Haftpflicht, Jahnstr. 40, 7000 Stuttgart 70, Tel. (0711) 765024

Bayern
Schlichtungsstelle, Mühlbauerstr. 16, 8000 München 80, Tel. (089) 4147-1

Nordrhein
Gutachterkommission für ärztl. Behandlungsfehler in der Ärztekammer Nordrhein, Tersteegenstr. 31, 4000 Düsseldorf, Tel. (0211) 4302-214/250

Saarland
Gutachter- und Schlichtungsstelle, Faktoreistr. 4, 6600 Saarbrücken, Tel. (0681) 4003-1

Westfalen-Lippe
Gutachterkommission für ärztliche Haftpflichtfragen, Kaiser-Wilhelm-Ring 4-6, 4400 Münster 1, Tel. (0251) 37500

Hessen, Rheinland-Pfalz
Gutachter- und Schlichtungsstelle in der Landesärztekammer für Hessen und Rheinland-Pfalz, Broßstr. 6, 6000 Frankfurt 90, Tel. (069) 79480

Berlin, Bremen, Hamburg, Niedersachsen, Schleswig-Holstein
Schlichtungsstelle für Arzthaftpflichtfragen der Norddeutschen Ärztekammern, Berliner Allee 20, 3000 Hannover 1, Tel. (0511) 34901

Schlichtungs- und Gutachterstellen gibt es, laut Korrespondenz mit den zuständigen Ministerien, in Österreich gar nicht. Den Rat, sich an die Ärztekammer zu wenden, den ich auf meine Anfrage erhielt, würde ich nicht gerade befolgen.

In der Bundesrepublik gibt es einen »Patientenschutzverband«. Doch bei diesem erlebt man eine böse Überraschung nach der anderen. Es gibt auch hier keine genauen Richtlinien, man wird von einer Stelle zur anderen geschickt, schließlich können es Ärzte sogar ablehnen, sich einem Schiedsgericht zu stellen, weil das auf

»freiwilliger Basis« geschieht. Auch hier wird sich wohl einiges ändern müssen, wie das in Österreich jetzt beginnt.

Was kann man also tun, wenn man von einem Arzt falsch behandelt und geschädigt wird?

Der schnellste Weg ist der zu Gericht, doch auch hier erlebt man heute noch Überraschungen. Denn gesetzlich geregelt ist, zum Beispiel, das Amalgam-Problem nicht. Erst langwierige Prozesse — siehe Schweden — können da Klarheit schaffen. Wie aber schafft man Klarheit, wenn sich die »Experten« selbst noch nicht klar sind?

Auf welchem Gutachten soll der Richter sein Urteil aufbauen? Dennoch hatten von Ärzten Geschädigte in Deutschland beachtliche Erfolge: 1980 klagten 2566 Patienten in der Bundesrepublik, die Zahl ist seither beachtlich gestiegen. Von diesen 2566 Fällen waren Ende 1980 schon 2406 entschieden. Die bezahlten Schadenssummen bleiben zumeist streng geheim. Summen bis zu DM 100.000 wurden genannt.

Erfreuliche Tatsache: Die Richter stellen sich in der Bundesrepublik zumeist hinter die Patienten und gehen mit der Schulmedizin hart ins Gericht. In Deutschland sind auch die Heilpraktiker ganz offiziell anerkannt, haben Rang und Namen, und Homöopathen genießen besten Ruf. In Österreich ist das nicht der Fall. In beiden Ländern aber versucht man mit dem Satz: »Das ist wissenschaftlich nicht anerkannt«, berechtigte Ansprüche abzutun.

Das Oberverwaltungsgericht Münster hat, nur um ein Beispiel zu nennen, folgendes erkannt: »Die der Schulmedizin widerstreitenden Therapie-Hypothesen dürfen nicht weiterhin pauschal dem Bereich wissenschaftlicher Scharlatanerie zugeordnet werden. Die Behörden sind zur Erstattung der Kosten verpflichtet, weil bei Versagen wissenschaftlich anerkannter Mittel auch Medikamente angewandt werden dürfen, deren wissenschaftliche Anerkennung in Zukunft nicht auszuschließen ist . . .«

Auch österreichische Gerichte und Behörden haben betont, daß den Versicherten Behandlungsmethoden anderer Richtungen nicht grundsätzlich deshalb vorenthalten werden dürfen, weil sie von der Schulmedizin noch nicht allgemein anerkannt sind.

Der neue Weg in Österreich

In Österreich wurde mit Beginn des Jahres 1984 ein *Bundesministerium für Familie, Jugend und Konsumentenschutz* errichtet. Frau Bundesminister Dr. Gertrude Fröhlich-Sandner steht jetzt diesem Ressort vor und ist in der Inneren Stadt, Himmelpfortgasse 9 (Tel.: 0222/51533-0 oder 5333-0), erreichbar.

Der Oberste Konsumentenschützer ist Dr. Fritz Koppe, erreichbar in der Wiener Arbeiterkammer, 1040 Wien, Prinz-Eugen-Straße 20-22 (Tel.: 0222/653765).

Es gibt eine lose internationale Arbeitsgemeinschaft »Health Action International« mit dem Sitz bei der Weltgesundheitsorganisation in Genf. Auf Initiative von Herrn Dr. Koppe wird nunmehr in Wien eine Filiale dieser internationalen Gesundheitsorganisation ins Leben gerufen, die sich der Leute annimmt, die durch ärztliche

Fehler oder Medikamente an ihrer Gesundheit Schaden erlitten. Durch die internationalen Verbindungen von »Health Action International« wird es in Kürze möglich sein, die schädigende Wirkung von Amalgam weltweit aufzuzeigen. Die geschädigten Patienten sind, wie schon gesagt, »Konsumenten« der ärztlichen Kunst und der ihnen verordneten Medikamente und werden sich dann — zweckmäßigerweise — zu einem Verein zusammenschließen, um gemeinsame Ziele zu erreichen.

Herr Dr. Caspar Einem, Jurist, ebenfalls in der Wiener Arbeiterkammer erreichbar, ist der Ansicht:

- Der Arzt übt, wenn er niedergelassen ist, also eine eigene Praxis hat, eine selbständige wirtschaftliche Tätigkeit aus: Er ist daher Unternehmer im Sinne des Konsumentenschutzgesetzes.
- Das Verhältnis zwischen Patient und Arzt ist ein Vertragsverhältnis, ein Rechtsgeschäft also. Es unterliegt denselben rechtlichen Regeln wie andere Verträge zwischen Unternehmern und Verbrauchern.
- Aus diesem Verhältnis ergeben sich sowohl für den Arzt (Unternehmer) als auch den Patienten (Konsumenten) Rechte und Pflichten.
- Der Arzt ist verpflichtet, die Behandlung selbst durchzuführen oder unter seiner Verantwortung durchführen zu lassen (Sprechstundenhilfe, Assistentin, Krankenschwester, Labor usw.).
- Für die Behandlung muß der Patient ein Entgelt entrichten. In der Praxis stellt sich das zumeist so dar, daß der Patient Krankenkassen-Versicherungsbeiträge bezahlt und die Kassen den Arzt honorieren.
- Zu den Pflichten des Arztes gehört es, den Patienten zu informieren und über allenfalls ins Auge gefaßte Behandlungsmaßnahmen aufzuklären. Dazu gehört vor allem Aufklärung über allfällige Risiken dieser Behandlung.
- Es gibt bereits höchstgerichtliche Entscheidungen in Österreich über die Grenzen dieser Aufklärungspflicht: Über Folgen einer Behandlung oder ihrer Unterlassung, mit denen nach dem Stand der ärztlichen Erfahrung nicht zu rechnen ist, muß nicht aufgeklärt werden. Über Folgen, nach denen sich der Patient ausdrücklich erkundigt, *muß* jedenfalls aufgeklärt werden.

Wie sich schon bei Debatten in der Wiener Arbeiterkammer zu dem Thema »Heilmittel, die krank machen« gezeigt hat, werden Richtlinien ausgearbeitet werden müssen, die auf Spitalbehandlung eigens zugeschnitten sind. Es wurde deutlich, daß eher bei Spitalbehandlungen Schwierigkeiten entstehen als in Arztpraxen. Durch diese Maßnahmen und Richtlinien der Arbeiterkammer Wien wurde in Österreich der einzig gangbare Weg aufgezeigt, um Patienten in Zukunft vor ärztlichen Fehlern, vor schädigenden Medikamenten oder falschen Behandlungsmethoden (Amalgam) soweit als möglich zu schützen. Ist aber einmal ein Schaden eingetreten, *muß* der Patient = Konsument entschädigt werden.

Mein persönlicher Rat

Wenn ich an die vergangenen sieben leidvollen Jahre zurückdenke, merke ich erst jetzt, wie leicht mir und allen anderen Amalgamopfern zu helfen gewesen wäre und zu helfen ist. Aus eigener, trauriger Erfahrung rate ich daher jedem, der glaubt, Amalgam würde auch bei ihm Schaden hervorrufen:

- ○ **Gehen Sie zu einem Zahnbehandler, der mit einem Arzt (in der BRD auch einem Heilpraktiker) eng zusammenarbeitet, der die Methode der Elektro-Akupunktur beherrscht, und zu einem Internisten. Ein Fachmann der Elektro-Akupunktur kann Schädigungen durch Amalgam erkennen.**
- ○ **Nachdem Sie meinen eigenen Leidensweg kennen, darf ich sagen, die Mundstrommessung, die bei mir der Anfang vom guten Ende war, können Sie vergessen. Die Mandelsche Methode, die ich ja eingehend geschildert habe, erwies sich als die einfachste, billigste und ist absolut zielführend. Sie ist darüber hinaus auch noch absolut sicher. Mundstromwerte hingegen gibt es immer bei Metallen im Mund, es gibt da nie einen Nullwert. Wo bleibt also die Sicherheit?**
- ○ **Unterziehen Sie sich einem EHT (Elektro-Hauttest), wie ihn Professor Altmann an mir vornahm.**
- ○ **Sind diese Untersuchungen positiv, das heißt, verspüren Sie beim EHT Stromschläge ganz geringer Art und werden Körperstellen rot, hat Sie Amalgam bereits geschädigt, und alle Amalgamplomben *müssen* heraus! Da gibt es keine Alternative. Ersetzen Sie diese Zeitbomben aus Gift durch Kunststoffplomben mit Zementunterlage, wie ich das tat, bevor mir alle Zähne gezogen und alle vier Kieferquadranten operiert werden mußten. Oder aber es befinden sich andere Herde an diesen Körperstellen, die einen anderen Ursprung haben. Auch hier muß ein Arzt, der seine Kunst versteht, einschreiten. Am besten ein Internist, zu dem Sie Vertrauen haben.**
- ○ **Wurden beim EHT — nach Professor Altmann — »Herde« (das sind Gewebsveränderungen und Störfelder) festgestellt, müssen auch diese saniert werden.**
- ○ **Das kann nur durch eine Operation oder eine Langzeitbehandlung nach Mandelscher Methode erfolgen. In manchen Fällen wird — wie bei mir — beides notwendig sein.**
- ○ **Warten Sie *nicht* ab. Ich würde heute nicht mehr leben, hätte ich nicht die Ärzte gefunden, die mich heilten. Erinnern Sie sich: Professor Altmann, der Wiener Wissenschaftler, sagte zu mir: »Sie sind dem Totengräber in der letzten Sekunde von der Schippe gesprungen!« Ich würde heute zu den Hunderten »Zahntoter« gehören, die es jährlich in der Bundesrepublik und Österreich gibt.**
- ○ **Der Arzt (oder in der BRD auch der Heilpraktiker), den Sie aufsuchen, *muß* Ihr volles Vertrauen besitzen. Gehen Sie zu keinem Scharlatan, zu keinem »Amalgam-Fan«. Nur mit der richtigen Diagnose und Therapie können Sie vor späteren schier unerträglichen Schmerzen (die von der Schulmedizin — wie bei mir — als Rheuma, Gicht, Ischias und Neuralgie diagnostiziert werden) und ernsthaften körperlichen Schädigungen, die bis zum Tod führen, bewahrt bleiben.**

- **Wenn Sie jetzt Amalgamfüllungen im Mund haben und diese Zeitbomben aus Gift entfernen wollen, müssen Sie beachten, daß die Sanierung zeitaufwendig ist. Sie dürfen nicht alle Plomben auf einmal entfernen lassen. Weiter muß das Metall sehr vorsichtig ausgebohrt werden, damit keine schädlichen Quecksilberdämpfe entstehen. Es muß auch das unmittelbar anliegende Dentin mit entfernt werden, weil dieses — durch die zahlreichen Eiweißverbindungen — auch schon mit den verschiedenen Metallkomponenten (Quecksilber!) verbunden ist. Nach der Entfernung der Amalgamfüllungen muß unbedingt eine längere Nachbehandlung erfolgen, um auch die schon in den Körper hineintransportierten Metallteile wieder zu entfernen und die vorhandenen »Herde« und »Quecksilberdepots« zu eliminieren. Es müssen — wie bei mir durch die Mandelsche Behandlung — die durch Amalgam geschädigten Organe und Gewebesysteme wieder aktiviert werden. Sie sehen also, die Sanierung Ihres Mundes muß überaus sorgfältig und gewissenhaft durchgeführt werden, dann können selbst jahrelange chronische Beschwerden zum Abklingen gebracht werden. Vor allem aber muß es gelingen, das Grundsystem wieder funktionstüchtig zu machen. Die Entfernung des tödlichen Giftes aus Ihrem Mund allein bringt, wie Sie an meinem persönlichen Beispiel sehen, noch nicht die Gesundung.**
- **Leben Sie und ernähren Sie sich *natürlich*. Nehmen Sie so wenig tierisches Eiweiß zu sich wie nur möglich. Allein von Ihren Lebensgewohnheiten, von der richtigen Ernährung, von der Menge des Alkohols, den Sie trinken, hängt es letzten Endes ab, wie »gesund« und wie »wohl« Sie sich fühlen. Obst und Gemüse, Frischkost, Vitamine, Mineralien, Spurenelemente, Fermente, Basen und Ballaststoffe sind sehr wichtig. Wenn Sie einmal einen saftigen Braten essen wollen, tun Sie es ruhig. Sie müssen nicht leben wie ein Mönch. Genießen Sie das Leben! So wie ich jetzt. Ohne Amalgam im Mund und ohne die durch Amalgam verursachten Herde im Körper. Nur bitte, alles mit Maß und Ziel!**
- **Es gibt inzwischen zahlreiche gute Ratgeber für eine gesunde Ernährung. Aus eigener Erfahrung kann ich bestens die »Gewürz- und Kräuterküche« von W. Dungel und W. Exel (Orac-Verlag, Wien) empfehlen. Halten Sie sich an die in diesem Buch aufgezeigten Lebens- und Eßgewohnheiten. Sie werden sich — wie ich — schon in wenigen Tagen, Wochen um vieles besser fühlen. Begehen Sie nicht weiter »Selbstmord mit Messer und Gabel«!**
- **Lassen Sie sich nicht weiter beirren, wenn Ihnen auch jetzt noch Ärzte sagen: Ach nein, Amalgam ist doch vollkommen ungefährlich und unschädlich! Entweder hat dieser Arzt keine blasse Ahnung von den tatsächlichen Folgen dieser Langzeitbombe im Mund — oder er lügt!**

Denken Sie daran: Vor rund zwei Jahrzehnten las ich selbst in New York, Washington und Chicago an fast jeder Ecke auf riesigen Plakatwänden, in den öffentlichen Verkehrsmitteln, nachts sogar in greller Lichtreklame: »A pack a day keeps lung-cancer away«! (Ein Päckchen Zigaretten am Tag verhindert den Lungenkrebs!) Wissenschaftliche Forschung, so hieß es, sei Grundlage dieser Werbung. Damals war das eine sehr, sehr wirksame Werbung. Der Zigarettenkonsum schnellte in ungeahnte Höhen. Was sagt man aber heute dazu? Die gesundheitlichen Gefahren des Rauchens sind heute bekannt, und die Packungen müssen (in vielen Ländern) eine entsprechende Warnung tragen. Wohl kein halbwegs normaler Mensch zweifelt heute noch daran, daß Rauchen individuell in ganz engem Zusammenhang mit Lungenkrebs steht.

Sie dürfen mir glauben, ich verspürte es am eigenen Leib: Amalgam ist genauso gefährlich. Seit der Jahrhundertwende, als die ersten ernst zu nehmenden Wissenschaftler die unheimliche Giftwirkung dieser teuflischen Quecksilber-Metall-Mischung aus der Zeit der Alchimie, der Goldmacherzeit, erkannten, wird diese Erkenntnis in verantwortungsloser Weise verharmlost.

Das Entscheidende:

»Wenn jetzt endlich in aller Öffentlichkeit bekannt wird, welche unheimlichen Schadwirkungen Amalgam hat, wird die Millionen, Milliarden Dollar schwere Amalgam-Industrie natürlich dagegen Sturm laufen. Man wird alles unternehmen, um diese Aufklärung zu unterdrücken. Vielleicht wird dann plötzlich ein ganz superkluger Werbemanager auftauchen und behaupten: ‚Wir haben jetzt endlich ein ganz neues, vollkommen ungefährliches und absolut unschädliches Super-Amalgam erforscht und erfunden!' Das ist niemals möglich. Ich stehe jetzt kurz vor dem Abschluß einer neuen Versuchsreihe und kann eindeutig und zweifelsfrei beweisen, Amalgam, *jede* Art einer Quecksilberverbindung im Mund, kann in fast allen Fällen schwere gesundheitliche Schädigungen im menschlichen Organismus hervorrufen. Es ist meiner Ansicht nach nicht zulässig, daß man einen Stoff, der Gift absondert, wenn auch nur in geringen Dosen, weiterhin in der Zahnbehandlung verwendet. Man müßte das Material sofort aus dem Verkehr ziehen, nachdem derartige wissenschaftliche Beweise vorliegen!«

Diese so inhaltsschweren, bedeutungsvollen und zukunftsweisenden Sätze sprach Professor Till zu Österreichs Gesundheitsminister Dr. Kurt Steyrer.

Der Minister war seiner Meinung.

»Sie haben ja recht. Ich kann das als Arzt und Dermatologe nur vollauf bestätigen, aber . . .«

Ich fragte: »Haben Sie eine einzige Amalgamplombe im Mund, Herr Minister?« Der Herr Minister gab keine Antwort. Vielleicht hat er die Frage nicht gehört . . .

Damit ist wohl erst einmal alles gesagt, und ich schließe meinen persönlichen Rat hiermit ab.

Für diesen Rat stehe ich vor jedermann ein.
Handeln müssen jetzt Sie selbst.
Nur dann kann Ihnen geholfen werden.

Anhang

Fremdwörterverzeichnis

Allergie	die auf einer Antigen-Antikörper-Reaktion beruhende, veränderte Reaktionslage des Organismus nach vorausgegangener Sensibilisierung durch Antigene. Für Nichtmediziner: die Reaktion des gesunden Organismus auf schädigende Einflüsse.
Allopathie	Bezeichnung (Hahnemanns) für die der Homöopathie entgegengesetzte Heilmethode, also die eigentliche Schulmedizin
allopathisch	schulmedizinisch
Anämie	Störung der Blutbildung, Blutarmut
Arteriosklerose	krankhafte Veränderung der Arterien, Arterienverkalkung
Chiropraktik	manuelle Wirbelsäulentherapie durch gezielte Handgriffe
chronisch	sich langsam entwickelnd, lang andauernd, langsam verlaufend
Defizienz	Mangelhaftigkeit, bei Nahrung: fehlendes Eiweiß, Vitamine usw.
Degeneration, degenerativ	Entartung, Ersatz vollwertiger Stoffe (Substanzen) durch minderwertige. Schädigende spezifische Zelleigenschaften, verschlechterte Fähigkeit zur Entwicklung, zur jeweiligen Anpassung, zur Heilung
denaturieren	*de* = weg, *natura* = natürlicher Zustand. Lebens- und Genußmittel durch (meist chemische) und schwer zu entfernende Zusätze ungenießbar machen, z. B. Kochsalz durch Eisensalze, Alkohol durch Pyridin usw. Denaturierung ist meist verbunden mit einem mehr oder weniger starken Eingriff in die antigene Struktur, Wirksamkeit und Spezifität des Eiweißmoleküls.
Diabetes	Zuckerkrankheit
Diarrhöe	Durchfall
Dysfunktion	gestörte Tätigkeit eines Organs
Dysregulation	Regulationsstörungen, z. B. im Blutkreislauf
EKG	Elektrokardiogramm, Aufzeichnung der Aktionsströme des Herzens
Elektro-Fokal-Test	Untersuchung mit einem Gerät, mit dem man fokale Intoxikationen (s. dort) feststellen kann
empirisch	erfahrungsgemäß, auf Erfahrung und Beobachtung aufbauend, voraussagend
endokrin	die Drüsen betreffend, mit innerer Sekretion verbunden

Endokrinologie	Lehre von der Funktion endokriner Drüsen (Drüsen mit innerer Sekretion) und der Hormone
Fokalinfektion, fokale Intoxikation	*focus* = Herd. Herdinfektion, Infektion durch Mikroben, besonders durch Streptokokken oder deren Toxine, die dauernd oder schubartig über längere Zeit von einem Ausgangsherd (Streuherd, Fokus) in den Kreislauf abgegeben werden und dann im Körper — an anderer Stelle — Absiedlung, Entzündung, Allergisierung oder Störung der nervlichen Steuerung (z. B. Durchblutungsstörungen) hervorrufen. Die häufigsten Ausgangsherde: Entzündungen im Zahn-Mund-Bereich, Kiefer.
Galvanoelementbildung	Stromfluß zwischen zwei oder mehreren verschiedenen Metallen im Mund (Gold, Silber, Kupfer, Amalgam)
genetisch	entwicklungsgeschichtlich, durch Vererbung bedingt
Hormon	körpereigener, von den Drüsen gebildeter und ins Blut abgegebener Wirkstoff
hypersensibel	hochempfindlich
Hypophyse	Hirnanhangdrüse
iatrogen	vom Arzt verursacht
Impulsdermograph	Gerät zur bioelektrischen Diagnose
Indikation	Kennzeichen, Heilanzeige, Merkmal, zwingender Grund zur Anwendung eines bestimmten Heilmittels, eines gewissen Heilverfahrens bei einem bestimmten Krankheitsfall
Insuffizienz	Schwäche, ungenügende Leistung
Karzinom	bösartige Krebsgeschwulst, Tumor, epitheliale Geschwulst mit rasch destruierendem, infiltrativem Wachstum, wobei Metastasen (Tochtergeschwülste) gesetzt werden
karzinogene Wirkung	krebshervorrufende Wirkung
lege artis	nach den Regeln der (ärztlichen) Kunst, kunstgerecht, vorschriftsmäßig
Leukozytentest	Untersuchung der Leukozyten (weiße Blutkörper, 5000 bis 9000 in 1 ccm), ermöglicht Rückschluß auf den Verlauf einer Krankheit. Bei einer Entzündung im Körper, einem infektiösen Prozeß, vermehren sich die Leukozyten sehr stark.
Lymphknoten	früher fälschlich Lymphdrüsen genannt, sind linsen- bis haselnußgroße, platt-rundliche Organe, die in das Lymphgefäßsystem eingeschaltet sind. Hauptaufgabe: Lieferung der Lymphozyten und damit gleichzeitig Lieferung von Schutzstoffen gegen die Giftwirkung von Bakterien usw. Lymphknoten stellen ein Filter für Bakterien und Toxine dar.
Lumineszenz	Abstrahlung

Meridian	Energieflußlinien (bei der Akupunktur)
Munddysbakterie	pathologische (abnorme, kranke) Mundflora
Noxe	krankheitserregende Ursache, Schädlichkeit
odontogen	von den Zähnen ausgehend
Ostitis	Knochenentzündung
paradoxe Reaktion	ungewöhnliche Reaktion
Parameter	eine charakteristische Konstante; im biologischen Bereich eine zur Beurteilung einer Situation herangezogene, geeignete Funktionsgröße, z. B. ist die Höhe der Zuckerausscheidung ein guter Parameter für die Stoffwechselsituation eines Diabetikers.
Paranoia	zunächst isolierte, langsam fortschreitende Entwicklung eines Wahns bei erhaltener Klarheit des übrigen Denkens, des Wollens und Handelns. Für den Wahn aber sind die Patienten definitionsgemäß völlig kritiklos und uneinsichtig.
paranoide Züge	Beginn des Wahns, Hinweise auf Paranoia
partial, partiell, partiär	teilweise
pathogen(e) Keime	krankheitserregende Mikroben mit infektiösen Eigenschaften
Pathologie	Lehre von den Krankheiten, und zwar ihren Ursachen, ihren körperlichen Veränderungen
pathologisch	krankhaft
Physiologie, physiologisch	Lehre von den normalen Lebensvorgängen
Placebo	scheinbares Arzneimittel ohne Reaktionsvermögen
Psychosomatik	Wissenschaft von der Bedeutung seelischer Vorgänge für die Entstehung und den Verlauf körperlicher Erkrankungen
Punktprobureranzen	punktförmige Abstrahlungen
Remission, remittierend	vorübergehendes Zurückgehen von Krankheitserscheinungen, z. B. Nachlassen des Fiebers
Rezidive, rezidivierend	Rückfall in den Krankheitszustand, periodisch wiederkehrend
Segment	Abschnitt
Sekundenphänomen	sofortiges Verschwinden fokalbedingter rheumatischer (rheumaähnlicher) Schmerzen speziell bei Impletol-Injektionen in den oberen Tonsillenpol)
Similia similibus curantur	»Ähnliches wird mit Ähnlichem geheilt«, Prinzip, Wahlspruch der Homöopathen
somatisch	körperlich
synoptisch	nebeneinander, in der Gegenüberstellung

Symptom, symptomatisch	Krankheitszeichen, Krankheitsursachen, krankhafte Veränderung
Therapie	Heilbehandlung
therapieresistent	nicht zu heilen, widerstandsfähig gegen Heilbehandlung
Topographie	Beschreibung der Körpergegenden und der gegenseitigen Lageverhältnisse der Organe
Toxine, toxisch	als Antigene wirkende Giftstoffe von Mikroben, Pflanzen oder Tieren mit bestimmter Inkubationszeit und spezifischer Wirkung (im Unterschied zu chemisch definierten Giften). Die chemische Struktur von Toxinen ist unbekannt.
Viribus unitis	»mit vereinten Kräften«
Yang und Yin	die beiden entgegengesetzten Polaritäten der chinesischen Philosophie und Medizin. Yang: die lichte, männliche Urkraft, das Schöpferische; Yin: die dunkle, weibliche Urkraft, das Empfangende.

Quellenverzeichnis

Dieses Buch wurde aufgrund der Erkenntnisse nachstehender Mediziner, Wissenschaftler und Gelehrter geschrieben:

ALTMANN, Leopold
Fachgebiet Interne Medizin, Allergieforschung, Herdforschung, Zahnheilkunde.
Nomenklatur in der Herdlehre, *Ärztliche Praxis*, München, Mai 1963.
Herdgeschehen, *Der Praktische Arzt*, Wien, Mai 1965.
Fokalallergie am Modell Bahn, *Zahnärztliche Praxis*, München, Oktober 1973.
Zur klinischen Pathologie der potentiellen Herde im Zahn-Kiefer-Bereich, *Ö. Z. f. Stom.*, Januar 1975.
Reale Aspekte in der Herdlehre, *Zahnärztliche Praxis*, München, April 1976.
Fokal-Therapie vor Rheuma-Kur, *Ärztliche Praxis*, April 1963.
Vortrag in der Rheinpark-Klinik vor 400 Ärzten am 2.6.1981 in Schloß Diersdorf a. d. Weser, Niederrhein (»Es gibt Hunderte Zahntoter jährlich in der BRD und Österreich«).

BARUAH, J. K., RASOOL, C. G., BRADLEY, W. G. und MUNSAT, T. I.
Retrogade Transport of Lead in Rat Sciatic Nerve, *Neurol. 31*, 612, 1981.

BERLIN, M.
Mercury, In: *Handbook on the Toxicology of Metals*. Eds. L. Friberg, G. F. Nordberg and V. B. Vouk, Elsevier / North Holl. S. 503, 1979.

BORINSKI, P.
Die Herkunft des Quecksilbers in den Ausscheidungen, *Zahnärztliche Rundschau* 40, 429, 1931.

BRECHT-BERGEN, N.
Korrosionsuntersuchungen an Zinn-Silber-Amalgamen, *Z. Electrochemie* 39, 927, 1933.

CHERIAN, M. G., HURSCH, J. B., CLARKSON, T. W. und ALLEN, J.
Radioactive Mercury Distribution in Biological Fluids and Excretion in Human Subjects After Inhalation of Mercury Vapor, *Arch. Environm. Hlth.* 33, 109, 1978.

CONFERENCE of the Intoxication due of Alkylmercury-Treated Seed, Bagdad, Irak, 1974, *Bull. WHO* 53, Suppl. 1976.

GROSS, J. D., DALE, I. M., GOOLWARD, L., LENIHAN, J. M. A. und SMITH, H.
Methyl Mercury in Blood of Dentists, *Lancet*, 312, August 5, 1978.

CUTRIGHT, D. E., MILLER, R. A. und BATTISTONE, G. C.
Systemic Mercury Levels Caused by Inhaling Mist During High-Speed Amalgam Grinding, *J. Oral Med.* 28, 100, 1973.

DJERASSI, Elena
Fokalallergie und Sensibilisierungsvermögen des Organismus, *Ö. Z. f. Stom.* 1976.

DORSCH, Peter
Fachgebiet Medizin und Neuraltherapie
Lehrbuch der Neuraltherapie, Haug Verlag, 1981.

EICHHOLTZ, F.
Die toxische Gesamtsituation auf dem Gebiet der Ernährung, Heidelberg, Springer 1956.

ESPEVIK, S.
In Vitro Corrosion of Dental Amalgams with Different Cu Content, *Scand. J. Dent. Res.* 85, 631, 1977.
Dental Amalgam, *Ann. Rev. Mater. Sci.* 7, 77, 1977.

FELLENBERG, G.
Umweltforschung, Springer Verl., 1977.

FRAUNHOFER, J. A. und STAHELI, P. J.
Gold-Amalgam Galvanic Cells, *Brit. Dent. J.* 132, 357, 1972.

FRIBERG, L. und VOSTAL, A.
Mercury in the Environment, CRC Press, 1972.

FRIBERG, L.
Dept. Hyg., Karolinska Inst. Report to the Swedish Social Board Concerning Oral Galvanism, 11-04, 1982.

FRYKHOLM, K. O. und ODEBLAD, E.
Studies on the Penetration of Mercury Through the Dental Hard Tissues Using Hg^{203} in Silver Amalgam Fillings, *Acta Odont. Scand.* 13, 157, 1955.

FRYKHOLM, K. O.
Mercury from Dental Amalgam; Its Toxic and Allergic Effects and some Comments, ohne Angaben.

FLEISCHMANN, P.
Zur Frage der Gefährlichkeit kleinster Quecksilbermengen, Verein für Innere Medizin, *Dtsch. Med. Wschr.* 8, 304, 1928.

GALLAGHER, P. J., MITCHEL, J. und WHEAL, H. V.
Identity of Ultra-Structural Effects of Mercuric Chloride and Methyl Mercury After Intracerebral Injection, *Toxicol.* 23, 261, 1982.

GASSER, F.
Amalgam in Klinik und Forschung, *Schweiz. Mschr. Zahnheilk.* 82 (1972), 62.
Allergien durch zahnärztliche Fremdstoffe, *Arzneimittelallergie* Bd. 1 (1974), 197-202.
Neue Untersuchungsergebnisse über Amalgam. *Konserv. Zahnheilkunde* Heft 12 (1976), 47-54.
Quecksilberbelastung im menschlichen Körper durch Amalgam, Med.-Biol. Arbeits- und Forschungsgemeinsch. Dtsch. Zahnärzte, Baden-Baden 1976.

GAY, D. D., COX, R. D. und REINHARD, J. W.
Chewing Releases Mercury from Fillings, *Lancet*, 985, 5.5.1979.

GETTLEMAN, L., COCKS, F. H., DARMIENTO, L. A., LEVINE, P. A., WRIGHTS, S. und NATHANSON, D.
Measurements of in Vivo Corrosion Rates in Baboons and Correlation with in Vitro Tests, *J. Dent. Res.* 59, 689, 1980.

GLANTZ, P. O. und BERGMANN, M.
Depts. of Dentistry, Lund & Malmö, Report to the Swedish Social Board Concerning Oral Galvanism, 11-11, 1982.

GLASER, Margarethe
Herdgeschehen, Med. Verl., Heidelberg 1982.

GOTTSCHEWSKI, G. H. M.
Manipulierte Natur-Möglichkeiten und Gefahren, Schnitzer-Verlag, o. J.

GOWDY, J. M. und DEMERS, F. X.
Whole Blood Mercury Levels in Mental Hospitals Patients, *Am. J. Psychiat.* 135, 115, 1978.

GUTHROW, C. E., JOHNSON, L. B. und LAWLESS, K. R.
Corrosion of Dental Amalgam and its Component Phases, *J. Dent. Res.* 46, 1372, 1967.

HALLER, Albert
Gefährdete Menschheit, Hippokrates Verl., Stuttgart 1956.

HANSCHLER, D.
Wichtige Gifte und Vergiftungen, Pharmakologie und Toxikologie, Vol. 1., Wissensch. Verl., S. 572, 1977.

HANSON, Mats
Fachgebiet Biologie, Neurobiologie, Tierphysiologie, Molekular-Pharmazie, Hirnforschung.
Tetanus toxin axonal transport, *Brain Res.* 100, 1975.
Retrograd axonal transport of exogenous proteins in frog nerves, *Brain Res.* 100, 1975.
The mechanismus of fast axonal transport in frog nerves, Ph. D. Thesis, Göteborg 1976.
A new method to study fast axonal transport in vivo, *Brain Res.* 153, 1978.
Fast axonal transport of acetylcholinesterase and protein in cold-blocked frog sciatic nerves in vitro, *Neuro. sci.* 1979, 413-416.
Mitosis inhibitors and axonal transport, *Int. Rev. Cythol.*, suppl. 7, 1978.
Inhibition of fast axonal transport and microtubule polimerization in vitro by cholchicine and solchiceine, *Acta Physiol. Scand.* 107, 1979.
Ca 2+ -or Mg 2+ dependent enzymic ATP hydrolysis associated with the microsonal fraction of frog sciatic nerves, *J. neurochem.* 35, 1980.
Inhibition of rapid axonal transport in vitro by ionophores X-537 A and A 23187, *Brain Res.* 1981.
Effects of mitosis inhibitors on respiration and fast axonal transport in frog sciatic nerves, *Molec. Pharmacol.* 19, 1981.
Axonal transport in transplanted frog sciatic nerves, *Acta Physiol. Scand.* 113, 1981.
Axonal transport of thiamine in frog sciatic nerves vitro, *Exp. Neurol.* 1982.
Oral Galvanism a neurotoxicological phenomen, *Läk. id.* 78, 1981.
Oral galvanism can be explanation poisoning by mercury from amalgam? *Läk. id.* 79, 1982.
Krank durch Zahnbehandlung, *Integral*, 1982, Wien.

HEINRICI, T.
Metallbelastungen der Mundhöhle, Vortrag v. d. internen Arbeitstagung d. Int. Ges. für Elektroakupunktur nach Voll, Münster, 11.1.1978.

HOPFER, Friedrich
Fachgebiet Zahnheilkunde, Akupunktur und Neuraltherapie.
Wechselwirkung zwischen Haut und Herd, *D. Z. f. Akupunktur*, Heft 3, 1966.
Klimakterium und Neuraltherapie, Haug-Verlag, 1971 / 72.
Die Berechtigung der Neuraltherapie bei Herderkrankungen, *Ö. Z. f. Stom.* Heft 11, 1963.
Odontogene Folgeerkrankungen, *Ö. Z. f. Stom.* Heft 2, 1966.
Herddiagnose und -therapie außerhalb des Zahn-Kiefer-Bereiches, *Erfahrungsheilkunde*, Haug, 1973.
Asthma bronchiale und Neuraltherapie, *Wiener klin. Wchsch.* 86, 108-111, 1974.

Zur Technik der wichtigsten neuraltherapeutischen Verfahren, *D. ärztl. Fortb.* 1, 1975.
Das Störfeld Mund-Kiefer-Bereich, Verlag P. Dosch, Sonderdruck 1976.
Neuraltherapie bei Gelenkserkrankungen, Regulationsforschungsvortrag, Sonderdruck 30.4.1977.

HUGGINS, H. A.
Mercury: A Factor in Mental Disease? *J. Orthomolec. Psychiat.* 11, 1, 1982.

HURSCH, J. B., CLARKSON, T. W., CHERIAN, M. B., VOSTAL, J. und VAN DER MALLIE, R.
Clearance of Mercury (Hg-197, Hg-203) Vapor Inhaled by Human Subjects, *Arch. Environm.-Hlth.* 31, 302, 1976.

ISSELS, Josef
Mehr Heilungen von Krebs, Helfer-Verlag, Bad Homburg 1965.

JACOBS, J. M., CAVANAGH, J. B. und CARMICHAEL, N.
The Effect of Chronic Dosing with Mercuric Chloride of Dorsal Root and Trigeminal Ganglia of Rats, *Neuropath. Appl. Neurobiol.* 3, 321, 1975.

JAENSCH, E.
Erfahrungen mit Quecksilbervergiftungen, *Angewandte Chemie* Vol. 39, 1926.

JÖRGENSEN, K. D.
The Mechanism of Marginal Fracture of Amalgam Fillings, *Acta Odont. Scand.* 23, 347, 1965.

JÖRGENSEN, K. D. und SAITO, T.
Structure and Corrosion of Dental Amalgams, *Acta Odont. Scand.* 28, 129, 1970.

JOSELOW, M. M. und GOLDWATER, L. J.
Absorption and Excretion of Mercury in Man IV. Salivary Excretion of Mercury and its Relationship to Blood and Urine Mercury, *Arch. Environm. Hlth.* 27, 35, 1968.

KAESCHE, H.
Die Korrosion der Metalle, Springer Verl., S. 44 und 242, 1966.

KANTARJIAN, A. D.
A Syndrome Clinically Resembling Amyotrophic Lateral Sclerosis Following Chronic Mercurialism, *Neurol.* 11, 21, 1961.

KELCHNER, J., McINTOSH, J. R., BOEDECKER, E., GUGGENHEIM, S. und McINTOSH, R. M.
Experimental Autologous Immune Deposit Nephritis in Rats Associated with Mercury Chloride Administration, *Experientia* 32, 1204, 1976.

KOHLER, E.
Kritische Betrachtungen über Messungen elektrischer Metallpotentiale im Munde, *Dtsch. Zahnärztl. Z.* 13, 312, 1958.

KOLLER, L. D.
Immunotoxicology of Heavy Metals, *Int. J. Immunopharmacol.* 2, 269, 1980.

KOOS, B. J. und LONGO, L. D.
Mercury Toxicity in the Pregnant Woman, Fetus and Newborn Infant, *Am. J. Obstet. Gynecol.* 126, 390, 1970.

KRAMER, Fritz
Potential-Strom- und Energiemessungen im Mund, *Zahnärztliche Praxis,* Heft 4 / 47-54.

LAIN, E. S. und CAUGHRON, G. S.
Electrogalvanic Phenomena of the Oral Cavity Caused by Dissimilar Metallic Restorations, *J. Am. Dent. Ass.* 23, 1641, 1936.

»THE LANCET«
Nr. 8282 (1982), S. 1147-1150, Dentists in Danger: Mercury Poisoning From Dental Amalgam.

MARXKORS, R.
Korrosionserscheinungen an Amalgamfüllungen und deren Auswirkungen auf den menschlichen Organismus, *Das Deutsche Zahnärztebl.* 24, 53, 117 und 170, 1970.

MATEER, R. S. und REITZ, C. D.
Corrosion of Amalgam Restorations, *J. Dent. Res.* 49, 399, 1970.

MAYER, R. und DIEHL, W.
Abgabe von Quecksilber aus Amalgamfüllungen in den Speichel, *Dtsch. Zahnärztl. Z.* 31, 855, 1976.

»MEDICAL TRIBUNE«
Nr. 8, 25.2.1983, Zahnärzte sind quecksilbergefährdet, von Irving Shapiro, School of Dental Medicine, Dept. of Biochemistry, Univ. of Pennsylvania, USA.

MOCKE, W.
Untersuchungen durch Neutronenaktivierung über den diffundierten Elementgehalt von Zähnen mit Amalgamfüllungen, *Dtsch. Zahnärztl. Z.* 26, 657, 1971.

NEUNER, O.
Neue elektrobiologische Untersuchungsmethoden zur Herdfrage und deren Abklärung, *Physikalische Medizin und Rehabilitation* 19 (1978), 101-108.

NILNER, K.
Studies of Electrochemical Action in the Oral Cavity, *Swed. Dent. J. Suppl.* 9, 1981.

O'BRIEN, W. J. und RYGE, G.
An Outline of Dental Materials, Sounders Co., 1978.

PEESEL, Heinrich
Potential-, Strom- und Energiemessungen im Mund, Braunschweig 1977.

PLEVA, Jaro
Mercury Poisoning From Dental Amalgam, Ph. D., Corrosion Section, Steel Research, Uddeholm AB, Hagfors 1, Schweden.

PRICE, W. A.
Nutrition and physical degeneration, Los Angeles 1945.

PROELL, F.
Zahnaufbau und Zahnverfall in Abhängigkeit von der Ernährung, *Z.*, Leipzig 1956.

RADICS, J., SCHWANDER, H. und GASSER, F.
Die kristallinen Komponenten der Silberamalgame, Untersuchungen mit der elektronischen Röntgenmikrosonde, *Zahnärztl. Welt* 79, 1031, 1970.

RAHOOLA, T., HATTULA, T., KOROLAINEN, A. und MIETTINEN, J. K.
Elimination of Free and Protein-Bound Ionic Mercury ($^{203}Hg^{2+}$) in Man, *Ann. Clin. Res.* 5, 214, 1973.

RAUE, Hans
Fachgebiet Augenheilkunde und med. Diagnostik, Mundstrommessungen.

Therapieresistenz: Denken Sie an Zahnfüllungen, *Ärztl. Praxis*, München, Sept. 1980.
Retinablutungen unter der Geburt infolge Zahnfüllungen, *Ärztl. Praxis*, Okt. 1981.
(Un)Rechtsmedizin, quo vadis? *Ärztl. Praxis*, Mai 1982.
Ende ohne Happy end: (Un)Rechtsmedizin, quo vadis, *Ärztl. Praxis*, Sept. 1982.
Genügen Anfängerkenntnisse für Expertenkritik? *Der Augenarzt*, Heft 1, 1983.

RECKEWEG, Hans H.
Schweinefleisch und Gesundheit, Aurelia V., Baden-Baden 1977 (der Autor verdammt den Schweinefleischgenuß vorrangig aufgrund der Anwesenheit von Schweinefleischgiften — Sutoxinen —, die sich im Menschen schwer abbauen lassen und Anlaß zu vielen anderen Krankheitserscheinungen, wie Ekzemen, Herzfehlern, Rheuma, Bronchitis usw., sein können).

RILLING, S.
Nicht-toxische Additivtherapie und diagnostische Verfahren beim Karzinom, Fischer V., 1979.

ROSS, W. D., GECHMAN, A. S., SHOLITON, M. C. und PAUL, H. S.
Need for Alertness to Neuropsychiatric Manifestations of Inorganic Mercury Poisoning, *Compr. Psychiat.* 18, 595, 1977.

ROST, A.
Amalgamschäden, *Zahnärztl. Prax.* 27, 475, 1976.
Herde im Zahn-Mund-Kieferbereich und ihre Sanierung mit Begleittherapie, *Biologische Medizin*, 205-210, 1976.
Herdmöglichkeiten im Zahn-, Mund- und Kieferbereich, *Physikal. Medizin u. Rehabilitation* 4, 165-171, 1978.

ROWLAND, I. R., GRASSO, P. und DAVIES, M. J.
The Methylation of Mercuric Chloride by Human Intestinal Bacteria, *Experientia* 31, 1064, 1975.

SARKAN, N. K., MARSHALL, G. W., MOSER, J. B. und GREENER, E. H.
In Vivo and in Vitro Corrosion Products of Dental Amalgam, *J. Dent. Res.* 54, 1031, 1975.

SCHIMMEL, H.
Leitfaden zur Anwendung der bioelektronischen Funktionsdiagnosen, Pascoe, Gießen 1976.

SCHNEIDER, V.
Untersuchungen zur Quecksilberabgabe aus Silberamalgamfüllungen mit Hilfe flammenloser Atomabsorption, *Dtsch. Zahnärztl. Z.* 32, 475, 1977.

SCHNITZER, J. G.
Fachgebiet Zahnmedizin und Ernährungsforschung, prüft durch eigene Untersuchungen und Versuchsreihen die Erkenntnisse der neuen Ernährungslehre und berichtet ausführlich über seine diesbezüglichen Erfahrungen. Mit seiner Gattin entwirft er »Schnitzer-Intensivkost« und »Schnitzer-Normalkost« und gibt dadurch wertvolle Anregungen hinsichtlich Koständerung. Betätigt sich außerdem mit der Erzeugung von Zubehör und Apparaten zur Herstellung von Biomahlzeiten. Auch er bestätigt die Richtigkeit der neuen Ernährungslehre durch eigene Beobachtungen.

SCHOONOVER, I. C. und SOUDER, W.
Corrosion of Dental Alloys, *J. Am. Dent. Ass.* 28, 1278, 1941.

SCHOTTEL, J., MANDAL, A., CLARK, D., SILVER, S. und HEDGES, R. W.
Volatilisation of Mercury and Organomercurials Determined by Inducible R-Factor Systems in Enteric Bacteria, *Nature* 251, 335, 1974.

SCHRIEVER, W. und DIAMOND, L. E.
Electromotive Forces and Electric Currents Caused by Metallic Dental Fillings, *J. Dent. Res.* 31, 205, 1952.

SHARMA, R. P. und OBERSTEINER, E. J.
Metals und Neurotonix Effects: Cytotoxicity of Selected Metallic Compounds on Chick Ganglia Cultures, *J. Comp. Pathol.* 91, 235, 1981.

STEFFENSEN, K.
Om Kronisk Kvicksolvforgiftning Foraarsaget af Tandplomber (On Chronic Mercury Poisoning Caused by Dental Fillings), *Ugeskrift for Laeger* 96, 855, 1934.

STEINWALL, O.
Transport Inhibition Phenomena in Unilateral Chemical Injury of Blood-Brain Barrier, *Progr. Brain Res.* 29, 357, 1968.

STOCK, A.
Die Gefährlichkeit des Quecksilberdampfes und der Amalgame, *Z. Angew. Chemie* 39, 984, 1926.
Die Gefährlichkeit des Quecksilbers und der Amalgamzahnfüllungen, *Z. Angew. Chem.* 41, 663 , 1928.
Über Verdampfung, Löslichkeit und Oxydation des metallischen Quecksilbers, *Z. Anorg. Allgem. Chemie* 217, 241, 1934.
Die Wirkung von Quecksilberdampf auf die oberen Luftwege, *Naturwissch.* 28, 453, 1935.
Die chronische Quecksilber- und Amalgamvergiftung, *Arch. Gewerbepath.* 7, 388, 1936.
Die chronische Quecksilber- und Amalgamvergiftung, *Zahnärztl. Rundschau* 48, 403, 1939.
Grenzschichterscheinungen und die mikroanalytische Quecksilberbestimmung, *Ber. Dtsch. Chem. Ges.* 72, 1844, 1939.

STOCK, A. und CUCUEL, F.
Der Quecksilbergehalt der menschlichen Ausscheidungen und des menschlichen Blutes, *Z. Angew. Chemie* 47, 641, 1934.

STÖFEN, D.
Dental Amalgam — A Poison in our Mouth? *Toxicol.* 2, 355, 1974.

SUGITA, M.
The Biological Half-Time of Heavy Metals. The Existence of a Third and Slowest Component, *Int. Arch. Occup. Hlth.* 41, 25, 1978.

SVARE, C. W., PETERSON, L. C., REINHARD, J. W., BOYERS, D. B., FRANK, C. W., GAY, D. D. und COX, R. D.
The Effect of Dental Amalgams on Mercury Levels in Expired Air, *J. Dent. Res.* 60, 1668, 1981.

TILL, Thomas
Fachgebiet Mundfloraforschung, Ernährungsforschung, Zahnheilkunde und analytische Chemie (Biologie). Bisher sind über 70 Arbeiten des Autors im In- und Ausland erschienen, darunter 3 Broschüren, 1972 *Nahrung und Gebißverfall* bei Maudrich und *Schach unserem Gebißverfall*, 1. und 2. Auflage 1981 und 1982 im Eigenverlag.
Dem Autor ist es in Zusammenarbeit mit den verschiedensten Experten gelungen, Zusammenhänge und gegenseitige Beeinflussungen hinsichtlich unseres Gebißverfalles eindeutig abzuklären. Experimentell gewonnene Resultate wurden kritisch überprüft und, wenn nötig, anderenorts reproduziert. Die Endergebnisse der Prüfungen bestätigen die Richtigkeit der gewonnenen Erkenntnisse. Als Hauptursache unseres Gebißverfalles wurden die denaturierte Ernährung (daraus resultierend unsere Munddysbakterie) sowie unser realitätsfremdes Zahnbehandlungsschema (z. B. Flickarbeiten mit gifthaltigen Substanzen)

und unsere mangelnde Hygiene erkannt. Ohne Berücksichtigung speziellen Grundlagenwissens aus den Fachgebieten Pathologie, Mundbakteriologie, Toxikologie, Biologie, analytische Chemie und Ernährungswissenschaft ist es nicht möglich, die komplizierten Zusammenhänge unseres Kauorganabbaues zu erkennen. Unser Zahnverfall ist das augenfälligste Zeichen der bisher üblichen Vernachlässigung von unnötigen Risikofaktoren. Nunmehr ist es möglich, Alternativen anzubieten, dies geschieht in *Schach unserem Gebißverfall* und in *Keine Zahngesundheit ohne Naturküche* (erscheint demnächst).

Ätiologie der Infektiösen Parodontopathien? *Zahnärztl. Welt* 86, 176, 1977.

Quecksilberabgabe aus Amalgamfüllungen und Munddysbakterie als Ursache Parodontaler Abbauerscheinungen, *Zahnärztl. Welt* 87, 1076, 1978.

TILL, T. und WAGNER, G.
Untersuchungen zur Löslichkeit der Bestandteile von Amalgamfüllungen während des Kau- und Trinkaktes, I. Teil, *Zahnärztl. Welt* 82, 945, 1973.

TILL, T. und MALY, K.
Zum Nachweis der Lyse von Hg aus Silber-Amalgam von Zahnfüllungen, *Der Praktische Arzt* 32, 1042, 1978.

TILL, T., KLEIN, W. und KOSICS, F.
Über den Einfluß akuter Quecksilber-Belastung auf den DNA-Metabolismus in Vitro, *Zeitschr. Biol. Med.* No. 4, 143, 1980.

TRACHTENBERG, I. M.
Chronic Effects of Mercury on Organisms, U. S. Dept. Hlth.; Natl. Inst. Hlth. 1974 (Übersetzung aus dem Russischen).

TÜRK, Ralf
Herdgeschehen, Med. Verl., Heidelberg 1982.

VERSCHAEVE, L., KIRSCH-VOLDERS, M., SUSANNE, C., GROETENBRIEL, C., HAUSTERMANS, R., LECOMTE, A. und ROOSSELS, D.
Genetic Damage Induced by Occupationally low Mercury Exposure, *Environm. Res.* 12, 306, 1976.

WAGNER, E.
Beitrag zur Klärung des Korrosionsverhaltens der Silber-Zinn-Amalgame, *Dtsch. Zahnärztl. Z.* 17, 99, 1962.

WAGNER, G. und TILL, T.
Untersuchungen zur Löslichkeit der Bestandteile von Amalgamfüllungen während des Kau- und Trinkaktes, II. Teil, *Zahnärztl. Welt* 82, 1004, 1973.

Untersuchungen über den Temperatureinfluß auf elektrochemische Vorgänge an metallischen Zahnreparaturmaterialien, *Zahnärztl. Welt* 83, 980, 1974.

Über elektrochemische Untersuchungen an verschiedenen metallischen Zahnreparaturmaterialien, II, *Zahnärztl. Welt* 81, 490, 1972.

WAKAI, E.
Potential Difference Between Various Kinds of Metals Applied in Oral Cavity and their Physiologic Effects, *J. Am. Dent. Ass.* 23, 1000, 1936.

WILLIAMS, R. F.
Some Features of Antibiotic Resistance in Staphylococci: Mercury Resistance and Multiple Antibiotic Resistance, *Proc. R. Soc. Med.* 64, 540, 1971.

WRANGLEN, G.
Metallers Korrosion och Ytskydd, Almqvist and Wiksell Publ., Stockholm 1967.

WRANGLEN, G. und BERENDSON, J.
Electrochemical Aspects of Corrosion Processes in the oral Cavity with Special Reference to Amalgam Fillings, publ. in the Royal Inst. of Technol. Ser. on Corrosion of Metals and Surface Protection, Stockholm, April 1983.

ZANGGER, H.
Erfahrungen über Quecksilbervergiftungen, *Arch. Gewerbepath.* 1, 539, 1930.

ZIFF, S.
The Toxic Time Bomb. Can the Mercury in Your Dental Fillings Poison You? Aurora Press, New York 1984.

Eine weitere umfangreiche Spezialbibliographie, die sämtliche von *Professor Thomas Till* und seinem Forschungsteam verwendete wissenschaftliche Literatur enthält, liegt dem Autor vor und kann von Interessenten angefordert werden.

Dokumente und wissenschaftliche Artikel

ALLERGIE·AMBULATORIUM
[redacted]
MO.-DO. 8-12.30 U. 13.30-17.30 UHR, FR. 8-12 UHR

WIEN, AM 13.2.1979
[redacted]
FU

Herrn
Dr. Heberle Helmut
Prakt.Arzt
Schüttelstr.
1020 Wien

Sehr geehrte Frau Kollegin!
Sehr geehrter Herr Kollege!

Besten Dank für die Zuweisung ihres Pat. Ebm Ernst, der wegen Verdacht auf Rhin.all zur ntersuchung kam.

Der Pat. wurde ausgetestet und wir konnten bei folgenden Antigenen einen pos./neg. Befund erheben:

Aufgrund des Testergebnisses wurde für Ihren Pat. eine keine Desensibilisierungslösung rezeptiert.

Selbstverständlich ist die Meidung der belastenden Stoffe, soweit möglich, angezeigt.

Der Pat. bleibt weiterhin in Ihrer Behandlung; falls Sie es aber wünschen, sind wir gerne bereit, dieselbe durchzuführen. Der Pat. wurde angewiesen, sich in Ihrer Ordination einzufinden.

Für eventuelle Anfragen stehen wir gerne, auch telefonisch zur Verfügung.

Bei Erreichung der Höchstdosis ersuchen wir unbedingt um Kontrollzuweisung des Patienten.

Mit vorzüglicher Hochachtung

ALLERGIE·AMBULATORIUM
[redacted]
PRIMARIUS DR [redacted]

UNIVERSITÄTSDOZENT
DR. [redacted]
FACHARZT FÜR RADIOLOGIE

27.3.1979
1010 WIEN, am
[redacted]

HERRN OMR.Doz.Dr. Hermann [redacted]
FRAU

Röntgenbefund bei Herrn Ernst Ebm

Herz, Lunge:

Der Herzschatten ist normal groß und normal konfiguriert.
Aorta mäßig diffus dilatiert.
In den Lungen sind keine pathologischen Verdichtungen feststellbar.
Diaphragma eleviert, glatt begrenzt und gut respiratorisch verschieblich.
N.B.: Mit Seitverschiebung knöchern geheilte Fraktur der 6., 7. und 8. linken Rippe; kleine Compactainsel in der 2. linken und 9. rechten Rippe.

Nebenhöhlen:

Die Nebenhöhlen sind mittelweit.
Beide Kieferhöhlen sind in den Randpartien durch Schleimhautschwellung verschattet. Die übrigen Nebenhöhlen zeigen normale Helligkeit.
Knöcherne Begrenzung der Nebenhöhlen intakt.

Zähne:

	rechts	links
B (oben)	7 6 5 4 1	4 6
(unten)	8 7 6	7

1 re. oben: Bis zur Wurzelspitze reichende circuläre Taschenbildung. Keine schwere Wurzelfüllung.
4 re.oben: Metalldicht gefüllter Defekt im Bereich der Krone. Alveolarränder stärker retrahiert.
5 re.oben: Metalldicht gefüllter Defekt im Bereich der Krone. Keine schwere Wurzelfüllung. Spitzelalveole unauffällig.
6, 7 re. oben: Alveolarränder retrahiert. Keine schwere Wurzelfüllung. Kleinere metalldicht gefüllte Defekte im Bereich der Krone. Spitzenalveolen o.B.

4 li.oben: Bekrönt. Wurzelkanal unvollständig schwer gefüllt. Alveolarränder retrahiert. Periapikalspalt verbreitert.

6 li.oben: Bekrönt. Keine schwere Wurzelfüllung. Alveolarränder retrahiert. Periapikalspalt verbreitert.

6, 7 re.unten: Bekrönt. Keine schwere Wurzelfüllung. Alveolarränder retrahiert.

8 re.unten: Kleiner metalldicht gefüllter Defekt im Bereich der Krone. Alveolarränder retrahiert. Keine schwere Wurzelfüllung. Spitzenalveolen unauffällig.

7 li.unten: Bekrönt. Keine schwere Wurzelfüllung. Alveolarränder retrahiert. Periapikalspalten verbreitert.

Ergebnis:

Zwerchfellhochstand und Querlagerung des Herzens.
Aortensklerose.
Schleimhautschwellung geringen Grades in beiden Kieferhöhlen; Deviatio septi nasi und Hyperplasie der Nasenmuscheln.
Paradentose im Ober- und Unterkiefer. Keine Zahngranulome feststellbar.

Ihr sehr ergebener

Doz. Dr. [redacted]
Fachar [redacted]
1010 W [redacted]

AMBULATORIUM FÜR ALLERGIE
UND KLINISCHE IMMUNOLOGIE
Prof. Dr. [redacted] u. Doz. Dr. D. [redacted]

WIEN, am 19. 2. 1981
A-1100, [redacted]
Telefon [redacted]

Sehr geehrte Frau Kollegin!
Sehr geehrter Herr Kollege!

Besten Dank für die Zuweisung Ihres Pat. Ebm, Ernst, geb. 16. 4. 1925

Diagnose: Conjunktivitis

Der Pat. wurde mit zahlreichen Allergenen prick und epicutan getestet:

Inhalationsserie umfassend: Pollensorten, Hausstaub und-milbe, Tierepithelien
Schimmelpilze, Nahrungsmittelserie (prick)
Es fanden sich positiv-allergische Reaktionen auf Gräser- und Getreidepollen.
Standardserie und Antibiotikablock (epicutan): Die Reaktionen waren durchwegs negativ.

Nasale Provokation: ....

Die In vitro Teste mit der RAST-Methode waren bei Verwendung von .... Allergenen: ....

Prist: ....

Gelpräzipitationstest nach Ouchterlony (10 Antigene): ....

Aufgrund der Testergebnisse empfehlen wir für Ihren Pat. eine/keine Desensibilisierungstherapie.
Rezept für die Desensibilisierungslösung wurde/wurde nicht ausgestellt.

Selbstverständlich sollte der Allergen-Kontakt soweit wie möglich vermieden werden.

Der Pat. bleibt weiterhin in Ihrer Behandlung; falls Sie es aber wünschen, sind wir gerne bereit, dieselbe durchzuführen. Der Pat. wurde angewiesen, sich in Ihrer Ordination einzufinden. Wir ersuchen um Kontrollzuweisung des Pat. nach 1 Jahr.

P.S.: Da der Pat. jetzt keine Verschlechterung der Symptome in der Blütezeit angibt ist eine Hyposensibilisierung nicht angezeigt!

Mit besten Empfehlungen
u. vielen Grüßen!

AMBULATORIUM FÜR ALLERG
UND KLINISCHE IMMUNOLOGI
Prof. Dr. [redacted] u. Doz. Dr. [redacted]
1100 Wien, [redacted]

Dr. [redacted]
Zahnarzt

[redacted], den 18.12.1981

Befundblatt für zahnärztliche Herddiagnostik

Die Leerkiefer des Patienten sind massiv beherdet. Alle vier Quadranten zeigen röntgenologisch massive Aufhellungen, die für restostitische Prozesse sprechen. Eine chirurgische Revision in vier Abschnitten wird erforderlich sein.

Im Röntgenbild und im Elektro-Hauttest zeigt sich die re. Kieferhöhle entzündlich verschattet. Es wird notwendig sein, bei der Sanierung des re. Oberkiefers eine Antroskopie mit durchzuführen, um abzuklären, ob ein entzündlicherProzeß in der Kieferhöhle vorhanden ist. Bei positivem Befund muß die Kieferhöhle in derselben Sitzung mitoperiert werden.

Ein weiteres belastendes Moment scheint der Appendix zu sein. Er war im Elektro-Hauttest und im Elektro-Akupunkturtest positiv. Eine röntgenologische Untersuchung des Appendix mit Kontrasteinlauf wird notwendig sein. Bei Nichtfüllung des Appendix ist eine Appendektomie angeraten.
Nach der Kiefersanierung müssen die Tonsillennarben noch einmal auf Resttonsillen überprüft werden, da sie im Elektro-Hauttest eine positive Reaktion gezeigt haben.
Der Leukozytentest zeigt pathologisch hohe Werte bei paradoxer Reaktion auf Elpimedbelastung. Diese Tatsache spricht für eine starke entzündliche Belastung im Sinne einer chron. Entzündung.
Die Magnesiumwerte sind etwas erniedrigt, der Antistreptolysintiter = positiv.

Das EKG zeigt eine deutliche Belastung des Herzens mit coronarer Insuffizienz.
Die Elektrophorese zeigt eine Veränderung in der a-1-Ableitung im Sinne einer Erniedrigung als Zeichen einer Herdbelastung.
Die Blutsenkung ist ebenfalls leicht erhöht.
Das Impulsdermogramm zeigt ebenfalls den Beginn einer Starre bei einer hyperergischen Reaktionslage. Die Rückströme zeigen im Kopfbereich entzündliche Tendenz.
Als vorbereitende Maßnahme auf die Sanierung wurde eine Nosodentestung durchgeführt. Diese Nosoden und homöopathischen Mittel sollten mit Eigenblut zweimal wöchentlich gespritzt werden, wobei zu beachten ist, daß die Hochpotenzen, also die Potenzen über 100, nur alle 4 - 6 Wochen einmal gespritzt werden dürfen.
Eine neuraltherapeutische Behandlung der Schädelnarben ist unbedingt durchzuführen, außerdem würde sich auch eine Schädelakupunktur positiv auswirken.
Nach der Sanierung und der evtl. Entfernung des Blinddarms ist noch eine Untersuchung der Prostata angeraten, da hier im Test ein positiver Befund vorlag.

Kontrolluntersuchung:
Frühere Röntgenuntersuchung:
Frühere Sanierungsmaßnahmen:

Vor der Sanierung der Kiefer sollte nochmals ein Leukozytentest durchgeführt werden.
Mit bestem Gruß
Ihr

Dr. [redacted]
Zahnarzt

(Dr. [redacted]

Erste Kieferoperation, April 1982

Operationsbefund:

Der Pat. wurde mit 10 mg Valium i. v. ruhiggestellt. danach Leitung und Anästhesie im OP-Gebiet.

Die Schleimhaut wurde von 11 - 18 aufgeklappt, sie war schwer abzupräparieren, da sie an vielen Stellen bindegewebig mit dem Knochen verbunden war.

In der Gegend 13, 14 wurde Bindegewebszapfen bei der Abpräparation aus dem Knochen gezogen.

Die Kortikalis war stark vaskularisiert, mehrfach durchbrochen. Das ganze Gebiet war livide verfärbt.

Die Schleimhaut zeigte auf der Innenseite, also im Periost, eine massive blaue Einlagerung, ob Amalgamstaub oder Jodoform, war nicht zu erkennen, es wurde abgetragen, bis die gesunde Schleimhautpartie zu erkennen war.

Der Knochen wurde bukkal aufgeklappt, die obere Kante des Alveolarkammes blieb bestehen, um keinen Alveolarverlust zu haben.

Der Tuber war stark mazeriert, er konnte mit dem Löffel abgetragen werden, die Spongiosa zeigte auf der ganzen Fläche ein bindegewebig umgewandeltes Knochengewebe mit eingelagerten lockeren Spongiosateilen. In der Gegend 13, 14 war Granulationsgewebe zu erkennen, die Entzündung zog sich bis zum Kieferhöhlenboden und zum Nasenboden.

Auch die palatinalen Anteile waren stark entzündlich verändert.

Es kam häufig zu Spritzblutungen, die mit dem Elektrotom gestillt werden mußten.

Nach Säuberung des ganzen Knochens erfolgte in der fossa canina die Antroskopie. Die Schleimhaut war stark vaskularisiert, aber nicht polypös verändert, die Ostien waren frei.

Euphorbium wurde instilliert. An der Wunde wurden die Knochenkanten geglättet, die Wunde gespült, Blut gestillt, Schleimhauttoilette und anschließend speicheldichte Naht und intraoraler Wundverband.

(Dr. Ungar)

P.S.: Am 1.4. wurden die Fäden gezogen, die Wunde heilte trotz starken Hämatoms reaktionslos.

Zweite Kieferoperation, April 1982

Operationsbefund:

Der Pat. wurde mit 10 mg Valium i. v. ruhiggestellt. Danach Leitung und Anästhesie im OP-Gebiet.

Die unauffällige Schleimhaut wurde aufgeklappt. In den vorderen Partien und im Weisheitszahngebiet war sie stark mit dem Knochen bindegewebig verbunden. Bei der Abpräparation wurde der Mentalis dargestellt, er fand sich hochliegend im Eckzahngebiet.

Die Kortikalis wurde abgeklappt bukkal, der Kamm wurde nicht angegriffen. In der Gegend 34 - 37 fand sich eine massiv ebenisierende ossifizierende Ostitis. Sie war gut abgegrenzt durch die rarefizierende Ostitis, sie war bukkal gestielt. Sie konnte in toto entfernt werden. Am Boden der rarefizierenden Ostitis war der Mandibularkanal sichtbar. Der Mandibularis wurde nicht beschädigt.

Im 38er-Gebiet ging die Entzündung weit in den aufsteigenden Ast. Im vorderen Anteil war ebenfalls eine rarefizierende Ostitis festzustellen, diese wurde entfernt. Es kam bei der Operation häufig zu Blutungen, die mit dem Elektrotom gestillt werden konnten.

Nach Säuberung des ganzen Gebietes erfolgte Schleimhauttoilette, Wundspülung, Glätten der Knochenkanten, speicheldichte Naht und intraoraler Wundverband.

(Dr. Ungar)

Krankenhaus des Kreises Hameln-Pyrmont

- Akademisches Lehrkrankenhaus der Medizinischen Hochschule Hannover -

Abteilungen Wilhelmstraße · Tel. 75 70
Abteilungen an der Weser · Tel. 205-1
Pathologisches Institut
Chefarzt Dr. med. Ries

3250 Hameln 1, den 26.5.1982
Wilhelmstraße 5

Herrn
Dr. med. [redacted]

Betr.: EBM, Ernst, geb. 16.4.1925

E.-Nr.: 3o76/82

PE Zahnalveole

PE Gewebe aus den Zahnalveolen 8 7 und 6 re. oben.in 6 Anteilen bis 14 x 8 x 6 mm Größe.
Histologisch recht eindrucksvoller Befund einer chronischen Osteomyelitis. Man sieht unregelmäßig breitbalkig geflochtenen spongiösen Knochen, herdförmig mit Hyperostosenbildung, in dessen Markräumen eine chronische vernarbende Entzündung abläuft mit meist herdförmigen wechselnd großen lymphocytären Infiltraten, Proliferationen und Kapillaren und Fibroblasten, stellenweise auch Hämosiderinpigment speichernde Makrophagen als Ausdruck alter Blutung. Dieser Befund ist prinzipiell gleich, jedoch quantitativ stärker ausgeprägt wie in der Voruntersuchung (E 221o/82), die aus der Zahnalveole 7 8 links unten stammte.

Beurteilung: Ausgeprägte chronische partiell ossifizierende Entzündung in den Zahnalveolen 6,7 und 8 rechts oben.

[redacted]

(Dr. med. [redacted]

Landesinvalidenamt für Wien, Niederösterreich und Burgenland

Ärztlicher Dienst
BZ. 143 950 (SchK - W - 143 950)

1010 Wien, am 16. August 1982
Babenbergerstraße 5 Telefon: 56 15 31
Bei jeder Eingabe das Geschäftszeichen angeben.
Parteienverkehr: Montag bis Freitag von 8 bis 12 Uhr.

Herrn
Ernst E B M
Josef Gall-Gasse 1/2
1020 W i e n

Auskünfte:
Klappe: keine Durchwahl

Betr.: Vorladung gemäß § 62 KOVG.

Sehr geehrter Herr Ebm !

Das Neurologische Krankenhaus der Stadt Wien hat uns informiert, daß Sie der Vorladung zur stationären Begutachtung nicht nachkommen wollen.

In Anbetracht der Wichtigkeit dieser Untersuchung haben wir einen zweiten Termin mit dem genannten Krankenhaus vereinbaren können und ersuchen Sie höflich, sich am

23. August 1982 (8 Uhr in der Aufnahmekanzlei des Pav.A)

für diese kurze stationäre Aufnahme einfinden zu wollen.

In diesem Zusammenhang machen wir Sie auch auf die Ausführungen des § 62 KOVG aufmerksam, desen Wortlauf wir nochmals in Erinnerung bringen: " Wenn ein Versorgungsberechtigter ohne triftigen Grund einer schriftlichen Auffoderung zum Erscheinen zu einer ärztlichen Untersuchung nicht entspricht oder sich weigert, die zur Durchführung des Verfahrens unerläßlichen Angaben zu machen, kann die Leistung der Versorgung abgelehnt oder insolange eingestellt werden, bis er dem Auftrage nachkommt. Er muß aber auf die Folgen seines Verhaltens nachweislich aufmerksam gemacht worden sein. Eine Nachzahlung für die Zeit der Ablehnung oder Einstellung der Versorgung unterbleibt."

C h e f a r z t :

Verwaltungsgerichtshof
Zl. 82/09/0151
7

EINGEGANGEN
17. NOV. 1983
Kanzlei Dr. ZAUFAL

I M N A M E N D E R R E P U B L I K !

Der Verwaltungsgerichtshof hat durch den Vorsitzenden Senatspräsident Dr. Z a c h und die Hofräte Dr. K i r s c h n e r, Dr. L i s k a, Dr. G r i e s m a c h e r und Mag. M e i n l als Richter, im Beisein des Schriftführers Richter Mag. Dr. W a l t e r, über die Beschwerde des Ernst E b m in Wien, vertreten durch Dr. Alfred Z a u f a l, Rechtsanwalt in Wien II, Praterstern 1, gegen den Bescheid des Bundesministers für soziale Verwaltung vom 6. Oktober 1982, Zl. 140.088/9-2/a/1982, betreffend Verlangen nach Übergang der Zuständigkeit zur Entscheidung an die sachlich in Betracht kommende Oberbehörde in Angelegenheit ...

Der angefochtene Bescheid wird wegen Rechtswidrigkeit seines Inhaltes aufgehoben.

Der Bund hat dem Beschwerdeführer Aufwendungen in der Höhe von S 8.060,-- binnen zwei Wochen bei sonstiger Exekution zu ersetzen.

E n t s c h e i d u n g s g r ü n d e :

Unter Punkt III des Bescheides des Landesinvalidenamtes für Wien, Niederösterreich und Burgenland ... März 1980 wurde der ... des Beschwerdefü...

ernst ebm

1o2o W i e n, 13.Juli 1983
Josef Gall Gasse 1
24-14-14

Herrn
Bundesminister
Dr.Kurt S t e y r e r,

BUNDESMINISTERIUM FÜR GESUNDHEIT
UND UMWELTSCHUTZ,

Regierungsgebäude
1o1o W i e n

Sehr geehrter Herr Minister,

ich möchte es nicht versäumen, Ihnen zu Ihrer aufrechten Haltung in der gestrigen Sendung "M" im TV über den Sauren Regen zu gratulieren.

den Sauren Regen taten.
Dazu muss ich aber jetzt um Ihre tatkräftige Hilfe bitten: Wer vom Obersten Sanitätsrat, von Prof.Fellinger als Präsidenten, angefangen über den Ersten und Zweiten Vizepräsidenten bis zu den Ordentlichen und Ausserordentlichen Mitgliedern hat schon jemals ein wissenschaftliches Werk über Amalgam, Quecksilber, Quecksilber-Allergie, Herdgeschehen, Toxikologie, Mundbakteriologie, Ernährungswissenschaft und Pathologie im Zusammenhang mit Amalgam geschrieben?
Wenn, dann bitte w a n n wurde das geschrieben und w o wurden diese wissenschaftlichen Arbeiten veröffentlicht?
Ich bitte Sie nun, diese für mich sehr wichtige Frage durch einen Ihrer Beamten - wenn möglich nicht gerade durch Herrn Dr.Schedy - klären zu lassen.

Prof.Till erhielt nämlich vor nicht zu langer Zeit einen wissenschaftlichen Forschungsauftrag zu diesem Thema, der subventioniert wurde. Ihm wurde dann aber verboten über seine Erkenntnisse zu schreiben, weil eben seine Arbeit subventioniert worden war.
Ich aber darf schreiben. Das ist schliesslich seit über einem Vierteljahrhundert mein Beruf.
Und ich möchte jetzt die wissenschaftlichen Arbeiten der Hohen Herren des Obersten Sanitätsrates, die da ein "Veto" einlegen wollen, den jüngsten Erkenntnissen von Herrn Prof.Till, die ich ja kenne, gegenüberstellen.
Ich glaube, verehrter Herr Minister, dass von den grossen Herren bis [illegible] Schedy

Alle Ärzte, die mich in den letzten Jahren behandeln und eine so wesentliche Besserung meines Gesundheitszustandes erreichten, warten doch nur auf den Tag wo ich sagen kann:"So, liebe Leut', jetzt endlich geht's los!"
Wie immer danke ich Ihnen sehr, "viribus unitis" werden wir das gemeinsame Ziel erreichen.

Diesmal soll ich von Prof.Altmann die besten Wünsche ausrichten und verbleibe

mit freundlichen Grüssen

Ihr sehr ergebener

Kopien: Prof.Altmann,
Prof.Till,
OMR Prim.Zemann,
Sektionschef Dr.Ernst
Bundesrat a.D.Karrer
Staatssekretärin a.D.Albrecht

- 255 -

REPUBLIK ÖSTERREICH
BUNDESMINISTERIUM
FÜR GESUNDHEIT UND UMWELTSCHUTZ

1010 Wien, den 21. Juli 1983
Stubenring 1
Telefon 75 00 Telex 111145 oder 111780
Auskunft Schedy

Klappe 6432 Durchwahl

Zl. II-827.045/3-6b/83

Herrn
Ernst Ebm

Josef Gall Gasse 1
1020 Wien

vermutete Gesundheitsschäden
durch Amalgamfüllungen;

Sehr geehrter Herr Ebm!

Zu Ihrem an Herrn Bundesminister Dr. Steyrer gerichteten Schreiben vom 13. Juli 1983 teilt das Bundesministerium für Gesundheit und Umweltschutz, daß der Oberste Sanitätsrat ein beratendes Gremium des Gesundheitsministers ist. Die Mitglieder des Obersten Sanitätsrates werden vom Bundesminister für Gesundheit und Umweltschutz auf Grund ihrer wissenschaftlichen und sonstigen Qualifikationen ernannt.

Sie beurteilen die an sie gestellten Fragen unter Zuhilfenahme aller zur Verfügung stehenden Unterlagen.

Hochachtungsvoll
Für den Bundesminister:
K r a s s n i g g

Für die Richtigkeit
der Ausfertigung:

ernst ebm

1020 W i e n, 4. August 1983
Josef Gall Gasse 1/2
24-14-14

An das
BUNDESMINISTERIUM FÜR GESUNDHEIT
UND UMWELTSCHUTZ
Herrn Sektionschef OMR
Dr. Albert K r a s s n i g g,
Regierungsgebäude
1010 W i e n

Betr.: Zl. II-827.045/3-6b/83
Ihr Brief vom 21.Juli 1983

Sehr geehrter Herr Sektionschef,

ich danke für Ihr obiges Schreiben, das aber meinen Brief an den Herrn Bundesminister Dr. Kurt Steyrer nicht in der notwendigen Weise beantwortet.
Daß der Oberste Sanitätsrat das ihn beratende Gremium ist, teilte mir der Herr Bundesminister schon bei meiner Vorsprache im Jänner d.J. mit und er wiederholte diese Aussage auch bei der zweiten Besprechung im Juni.
Das war mir also bekannt.
Nicht bekannt ist mir leider bis heute - und das war ja die Frage und der eigentliche Grund meines Briefes an den Herrn Bundesminister, den Sie jetzt beantworteten - w e l c h e Unterlagen stehen dem Obersten Sanitätsrat in Sachen Amalgam-Quecksilber überhaupt zur Verfügung?
Und: Ich bitte Sie heute auch noch um eine Kopie des Sitzungsprotokolles von der Vollversammlung des Obersten Sanitätsrates vom 13. März 1982 bei der sich dieses beratende Gremium ja sehr eingehend mit der Materie "Amalgam" auseinandergesetzt hat und zu der Schlußfolgerung kam:

> "Intoxikationen durch Quecksilber aus Amalgamfüllungen sind im Anbetracht der ausserordentlich geringen Mengen, die einen verschwindenden Bruchteil des mit der Nahrung zugeführten Quecksilbers ausmachen, a u s z u s c h l i e ß e n."

Ein anderes Gremium anderer hochangesehener Ärzte von internationalem Ruf, so etwa hundert an der Zahl, mit denen ich in Kontakt bin, ist nun brennend daran interessiert, zu er-

b.w.

fahren, welche Beweggründe die so hoch angesehenen Mediziner des Obersten Sanitätsrates hatten, Vergiftungen durch Amalgamplomben zu negieren, ja sogar auszuschließen.
Wenn einerseits auf den Unterlagen des Obersten Sanitäts-Rates so weitreichende Empfehlungen an den Herrn Bundesminister aufgebaut sind, auf der anderen Seite sich dieses Gremium - im Interesse der Volksgesundheit natürlich - mit dem von Prim.Dr. Zemann schon vor Jahren aufgeworfenen Problem "Amalgam" so eingehend befaßt hat, können doch weder diese Unterlagen noch das Sitzungsprotokoll - im Interesse der Volksgesundheit natürlich - etwa "Top-Secret" sein.
Ich bitte Sie daher höflichst, mir diese wissenschaftlichen Werke, diese Unterlagen, nach welchen dem Herrn Bundesminister Empfehlungen gegeben wurden, bekanntzugeben, die Autoren derseben, den jeweiligen Verlag und das Erscheinungsdatum und ich ersuche, mir auch das Sitzungsprotokoll der Vollversammlung des Obersten Sanitätsrates vom 13. März 1982 in Kopie zuzusenden.
Sollten Ihrem Ministerium dadurch Kosten entstehen, bin ich selbstverständlich gerne bereit, diese aus eigener Tasche zu tragen.
Ich danke ganz besonders für Ihre große Mühe in dieser Angelegenheit und ersuche um eine möglichst umgehende Antwort.

Mit freundlichen Grüßen

ERNST E B M

Kopien: Herrn Minister Dr. Steyrer,
Herrn Prof. Till, Herrn Prim.Zemann

REPUBLIK ÖSTERREICH
BUNDESMINISTERIUM
FÜR SOZIALE VERWALTUNG

1010 Wien, den 4. Oktober 1983
Stubenring 1
Telefon 75 00 Telex 111145 oder 111780
Auskunft

Sektionschef Dr. Karl Ernst ---

Klappe 6171 **Durchwahl**

Sehr geehrter Herr Ebm!

Ihrem Wunsche gemäß habe ich in Ihrer Angelegenheit mit dem 1. Sekretär des Herrn Bundesministers für soziale Verwaltung, Herrn Oberrat Mag. Gerfried Schultheis Kontakt aufgenommen. Dabei habe ich darauf hingewiesen, daß Sie ein Gespräch mit dem Herrn Bundesminister für soziale Verwaltung für äußerst wichtig halten, zumal namhafte Wissenschaftler die Verwendung von Amalgam für Zahnfüllungen infolge des Quecksilbergehaltes für sehr gesundheitsschädlich halten. Wie aber zu erwarten war, wurde mir mitgeteilt, daß Ihr Anliegen nicht in den Aufgabenbereich des Sozialministers fällt.
Herr Bundesminister Dallinger sieht daher keine Möglichkeit, hier Hilfestellung zu geben, sondern muß Sie an den allein hiefür zuständigen Bundesminister für Gesundheit und Umweltschutz verweisen.
<u>Auch den Sozialversicherungsträgern, die bekanntlich mit Selbstverwaltung ausgestattet sind, kann der Herr Bundesminister hinsichtlich der Behandlungsmethoden von Vertragsärzten keine Weisungen erteilen.</u>

Das Verbot der Verwendung gesundheitsschädlicher Präparate durch Ärzte könnte nur gesetzlich verfügt werden.
Für die Vorbereitung wäre das Bundesministerium für Gesundheit und Umweltschutz zuständig.
Ich sehe daher keine Möglichkeit, die von Ihnen gewünschte Vorsprache zu vermitteln. Damit erübrigt sich auch das für 27. Oktober in meinem Büro anberaumte Gespräch.

Mit vorzüglicher Hochachtung

Ernst

1. Patienteninformationsschrift von Dr. L. Altmann (1952)

Dr. med. Leopold Altmann Wien, im Jahre 1952

Zahnheilkunde — einmal anders

»Alt kann man nur werden, wenn man gesunde Zähne hat oder gar keine.« Dieser alte Bauernspruch kehrt in verschiedenen Varianten immer wieder; die zugrundeliegenden Beobachtungen hat man schon in einer Zeit gemacht, in der man die Zusammenhänge zwischen Zahnerkrankung und Allgemeinleiden wohl ahnte, nicht aber kannte. Heute wissen wir, daß die Erkrankungen der Zähne und der Mundhöhle überhaupt nicht unabhängig von den Lebensvorgängen im übrigen Körper betrachtet werden dürfen. Wir wissen heute um die Bedeutung der Ernährung, der Vitamine, der inneren Sekretion usw. für die Entwicklung der Zähne im Kiefer, und wir kennen andererseits die Bedeutung der Erfolge und der Mißerfolge in der Zahnbehandlung für das allgemeine Krankheitsgeschehen. Die Zahnheilkunde ist heute ein markantes Fach der Heilkunde überhaupt und nicht mehr ein Kunsthandwerk wie in früheren Zeiten. Die Ärzte lassen sich seit langer Zeit schon von der Überlegung leiten, daß es keine kranken Zähne, sondern nur zahnkranke Menschen gibt . . . Nicht klar ist vielen Patienten, daß die Zahnbehandlung oft entscheidenden Einfluß auf Gesundheit und Arbeitsfähigkeit haben kann. Die Ursache für spätere Erkrankungen des Gesamtorganismus liegt in der anatomischen Beschaffenheit der Zähne und Kiefer. Jeder Zahn kann fallweise Ursache für eine folgenschwere Erkrankung sein . . . Mit zunehmender Erfassung weiterer Bevölkerungskreise durch zahnärztliche Maßnahmen muß mit einer weiteren Steigerung der Erfolgskrankheiten gerechnet werden.

Ursprünglich hat man nur Zähne, die kein lebendes Zahnmark haben, als mögliche Herde angesehen. Heute wissen wir, daß die Vorgänge viel komplizierter sind. Es ist eine auch in Laienkreisen lang bekannte Tatsache, daß im Röntgenbild nachweisbare »Granulome« oft Herde sind. Es muß mit Nachdruck aber festgestellt werden, daß auch bei vollkommen negativem Röntgenbefund unter gewissen Umständen der Zahn eine Gefahrenquelle sein kann und daß auf keinen Fall die Größe der Veränderungen für die Beurteilung entscheidend ist . . . Die praktischen Folgerungen lassen sich in dem einfachen Satz zusammenfassen: nicht unter allen Umständen Zähne konservieren lassen, nicht auf der Anfertigung von Kronen und Brückenarbeiten bestehen, sondern sich eher zu Extraktionen entschließen und das fehlende Kauvermögen durch herausnehmbare Prothesen ergänzen. Wenn man früher die Erhaltung des Kauvermögens ohne Rücksicht auf den Gesamtorganismus als die Aufgabe der konservierenden Zahnheilkunde auffaßte, so muß die Forderung der heutigen Zeit dahin gehen, dem Patienten die Zähne gesund zu erhalten, aber nicht um jeden Preis Zahnleichen zu konservieren . . . Der Zahnverlust löst im Unterbewußtsein des Menschen verschiedene Reaktionen aus. Jeder Mensch hat das Bestreben, so lange als möglich jung und schön zu sein. Es ist bekannt, daß die ersten Anzeichen des Alterns sorgfältig verdeckt werden. Die Ablehnung einer Zahnentfernung geschieht meist nicht aus Angst, sondern deswegen, weil der Zahnverlust als psychisches Trauma empfunden wird . . . Die oft krankhafte Angst vor »falschen«

Zähnen ist auch nur so zu erklären. Ich glaube aber nicht, daß bei entsprechender Aufklärung solche an sich verständlichen Komplexe einer Gesunderhaltung im Wege stehen dürfen. In der Praxis ist es so, daß der Patient geneigt ist, den einen oder anderen der kranken Zähne herzugeben, daß er aber meist vor einer Fokaltherapie zurückschreckt, wenn er erfährt, daß eine größere Anzahl von Zähnen entfernt werden muß. Es ist aber eine unabänderliche Tatsache, daß eine teilweise Fokaltherapie wertlos ist und nur die sogenannte Totalsanierung erfolgversprechend ist.

Anhangsweise muß mitgeteilt werden, daß die Zähne die häufigste Ursache für Herderkrankungen abgeben, daß aber fallweise auch andere Organe dafür in Frage kommen. Bekannt auch in Laienkreisen ist die Rolle, welche die Tonsillen bei der Entstehung vieler Krankheiten spielen. Da außer den Herden an den Zähnen und Mandeln noch Herde in verschiedenen anderen Organen vorkommen, muß durch entsprechende fachärztliche Untersuchung festgestellt werden, wo überall mögliche Herde sind.

Es gibt gewiß viele Menschen, die z. B. Veränderungen am Zahnsystem oder kranke Mandeln haben, ohne daß sie derzeit an einer nachgewiesenen Herderkrankung leiden. Der Ausbruch der Erkrankung ist aber jederzeit möglich. Es bedarf oft nur eines geringfügigen äußeren Anlasses. Vom Liegen auf der grünen Wiese oder vom »Zug« in der Straßenbahn bekommt man keinen Rheumatismus. Hat der Mensch aber einen Herd im Körper, so kann ein so geringfügiger Anlaß genügen, eine Erkrankung auszulösen. Es müssen nicht immer nur bakterielle Schädigungen ins Auge gefaßt werden. Wie allgemein bekannt ist, spielen sogenannte allergische Erkrankungen im Leben unserer Zeit eine große Rolle, nicht zuletzt infolge der zunehmenden Labilität des vegetativen Nervensystems. Der Zusammenhang Allergie und Herderkrankung ist Grundlage häufiger Diskussionen. . . .

2. Patienteninformationsschrift von Dr. L. Altmann (ca. 1970)

Wie gut ist Amalgam?

Die Entdeckung, daß verborgen liegende, oft entzündliche Manifestationen krankmachende Wirkung auf entfernt liegende Körperteile ausüben können und daß diese Erkrankungen als Voraussetzung für jede weitere Behandlung die Herdeliminierung verlangen — ist die Grundlage für das moderne Gebäude der Fokalpathologie. Die Herderkrankung ist ein Komplex, der sich zusammensetzt aus einer lokalen Ursache, dem Herd und den von ihm ausgelösten fernen Krankheitserscheinungen im Organismus. Wir verstehen heute unter einem Herd = Fokus in der Regel eine lokale gewebliche Veränderung im Organismus, die sensiblisierungsfähige Stoffe hervorbringt und in der Lage ist, diese *zeitweise* dem übrigen Organismus zu übermitteln.

Die Forschungen über die Eiweißfrage im Dentinkern haben gezeigt, daß die Sensibilisierung durch Abbaustufen des Dentineiweißes der Weg ist, der den Organismus beim Herdkranken zur Antikörperbildung anregt.

Nach diesen einleitenden Bemerkungen einige spezielle Hinweise zum Verständnis der Amalgam-Frage.

Wenig bekannt ist, daß nicht nur Proteine, sondern auch Substanzen aus der anorganischen Chemie, auch in der Zahnheilkunde unter Umständen zu Antigenen werden. Spreng hat in Zusammenarbeit mit Hansen etwa um 1938 nachzuweisen begonnen, daß die konservierende Zahnheilkunde sehr viel mit Allergie zu tun hat.

Depotantigene charakterisieren geradezu dieses Fach. Die Defekte der Zahnhartsubstanz sind Wunden besonderer Art. Sie werden bekanntlich durch nicht immer indifferente Fremdstoffe als Wundverband versorgt. Diese Fremdstoffe, Metalle und Nichtmetalle, bleiben oft jahrelang im Mund und werden so mit Recht als Beispiel für Depotantigene angegeben. Einige werden im Innern des Zahnes deponiert, etwa als Wurzelfüllung, andere an der Außenseite der Zahnkronen als Füllungen und Kronenarbeiten. Nicht nur im Hauptkanal des Zahnes, auch im Kieferknochen gibt es Materialien, die bei Prothesen zur Anwendung kommen.

Im Munde neigen alle diese Fremdstoffe zu Veränderungen, die metallischen zu Korrosionserscheinungen. Lokale Reaktionen bleiben im Mund oft im Hintergrund. Ein Ekzem in der Kniekehle kann die Folge einer Strumpffarbe sein, es kann aber ebensogut eine Metallfernwirkung einer Brücke im Munde der Patientin entsprechen.

Das Amalgam ist derzeit das am meisten gebrauchte Füllungsmaterial und für die sogenannte Sozialpraxis wegen seines niedrigen Preises unentbehrlich.

Die abwertende Kritik am Amalgam ist seit seiner Einführung in die konservierende Zahnheilkunde nie verstummt. Die American Dental Association und andere »Experten« haben sich immer wieder bemüht, zuletzt noch im Vorjahr, die Ungefährlichkeit des quecksilberreichen Amalgams festzustellen.

Ich empfehle vor jeder Diskussion über mögliche Schädigungen an Patienten durch Amalgame, einen Blick in den Mund zu tun bei einem Kranken, der eine Reihe alter Amalgamfüllungen im Munde inkorporiert hat: oxydierte, häßliche Oberflächen, bröckelige, rissige Seitenteile, mangelhafter Randschluß und Sekundärkaries sind zu sehen, meist bei krankhaft veränderten Zahnfleischverhältnissen. Prof. Sauerwein, Direktor der Universitätsklinik für Mund-Zahn-Kieferkrankheiten in Bonn, beurteilt in einem Buch über Zahnerhaltungskunde (1970) 83 % der nicht an seiner Klinik gelegten Amalgamfüllungen als negativ.

Er hält die warnenden Stimmen, etwa von Stock in den 20er Jahren, für übertrieben, kennt aber selbst *allergische* Reaktionen aus Quecksilber.

Andere, frühere Autoren haben hingewiesen, daß Amalgamfüllungen bei einer Ideosynkrasie gegen quecksilberhaltige Präparate entfernt werden müssen.

Als Anekdote zum Thema Amalgam wird von Hartung 1957 die Krankengeschichte eines ekzemkranken Zahnarztes erzählt. Er litt an einer amalgambedingten Quecksilberallergie und wurde in sträflicher Unkenntnis der Lage mit einer Präzipitatsalbe »behandelt«.

Mundsymptome sind bei einer Quecksilberallergie eher selten. Allfällige Krankheitsbilder an anderen Körperteilen fallen außerhalb der Beobachtungsmöglichkeit eines vielbeschäftigten Zahnbehandlers. Die Feststellung des Zusammenhanges bleibt daher dem Fokologen vorbehalten oder dem Zufall überlassen.

Wenn gelegentlich von elektrischen Strömungen im Mund, von Quecksilberdämpfen und Quecksilberintoxikationen gesprochen wird, mag das in manchen Fällen seine Berechtigung haben, an *unserem* Thema geht es aber vorbei.

Das Trinken größerer Mengen von Quecksilber ist wohl spektakulär, beweist aber nichts, was man nicht schon wüßte. Nicht der Weg über den Darm oder elektrische

Apparatuntersuchungen sind das Entscheidende, sondern die Permeation der Mundschleimhaut für Hg. Zum Metallbefund gehört immer der Zustand der Mundschleimhaut beschrieben.

Anhangsweise sei daran erinnert, daß es nicht nur in lieblos gelegten Amalgamfüllungen, sondern auch in Gold und anderen Legierungen unter bestimmten Umständen zur Korrosion kommen kann.

Die meisten zahnärztlich verwendeten Fremdstoffe können nach der Schleimhautdurchwanderung durch Koppelung an Eiweiß zu vollwertigen Antigenen komplettiert werden.

Relativ bekannt ist die hohe Antigenpotenz von Quecksilber und seinen Verbindungen. Exanteme, Urtikaria, Purpura simplex, Arthralgien sind immer wieder gesehene Folgeerkrankungen.

Wenn man über schädliche Einflüsse bei Amalgamfüllungen sprechen will, so sind diese zweifellos innerhalb des allergischen Geschehens zu suchen und gehören so zum Arbeitsgebiet des Fokologen. Untersuchungen mit Hilfe des Elektronenröntgenmikroskopieapparates erlauben einen überzeugenden Einblick in die Veränderungen, die sich im Amalgam vollziehen. Das Quecksilber ist in den korrodierten Randzonen vermindert, Diese Randzonen sind, verglichen mit den darunter liegenden Schichten, quecksilberarm. Für das Verständnis notwendig ist nur der Hinweis auf die Quecksilberresorption im Mundbereich.

Kurz gesagt, die Metallionen bilden submucös Eiweiß-Metall-Komplexe, die als Sensibilisierungsfaktoren dienen. Wir wissen dies schon seit 1962. Die klinischen Beobachtungen von Dauerheilungen der durch Quecksilber sensibilisierten Patienten nach restloser Entfernung aller Amalgamfüllungen gilt als Beweis.

Spreng-Werner-Hansen, Gasser und Djerassi haben ausführlich über ihre Forschungen berichtet. Für die Zahnärzte sei auch aus dem Handbuch »Praxis der Zahnheilkunde« der Aufsatz von D. Haunfelder in Erinnerung gebracht, der sich mit der Bedeutung des Herdgeschehens für den Zahnarzt auseinandersetzt.

Wer glaubt, daß bei den Millionen Menschen, die schlechte Amalgamfüllungen als Dauerdepot tragen, die Zahl der Schäden gering ist, irrt. Sie sind nur nicht so bekannt, wie sie sein sollten. Submorbide Zustände werden überhaupt nicht erfaßt. Die ungünstige Kombination von Fokalallergie im engeren Sinn des Wortes und Medikamentenallergie — in unserem Fall Quecksilberallergie — hat Djerassi in ihrer Arbeit in »Österr. Zeitschrift für Stomatologie« 1976, Heft 1, beschrieben.

Wir warnen aber nicht nur vor Amalgamfüllungen, besonders vor schlecht-verarbeiteten, sondern auch vor anderen Metallkombinationen im Mund einschließlich der sogenannten Implantate. Daß ein Lokalelement im Mund durch elektrische Spannungen über das Nervensystem hinweg schädigend wirkt, ist allgemein bekannt. Nicht bedacht wird in weiten Kreisen, daß durch Metallionen eine Fernwirkung im Sinne der Allergie ausgelöst werden kann.

M. U. Dr. ALTMANN LEOPOLD
PRIVATORDINATION
DIAGNOSTIK UND THERAPIE
DER FOKALERKRANKUNGEN
1010 WIEN, TUCHLAUBEN 3 63 86 88

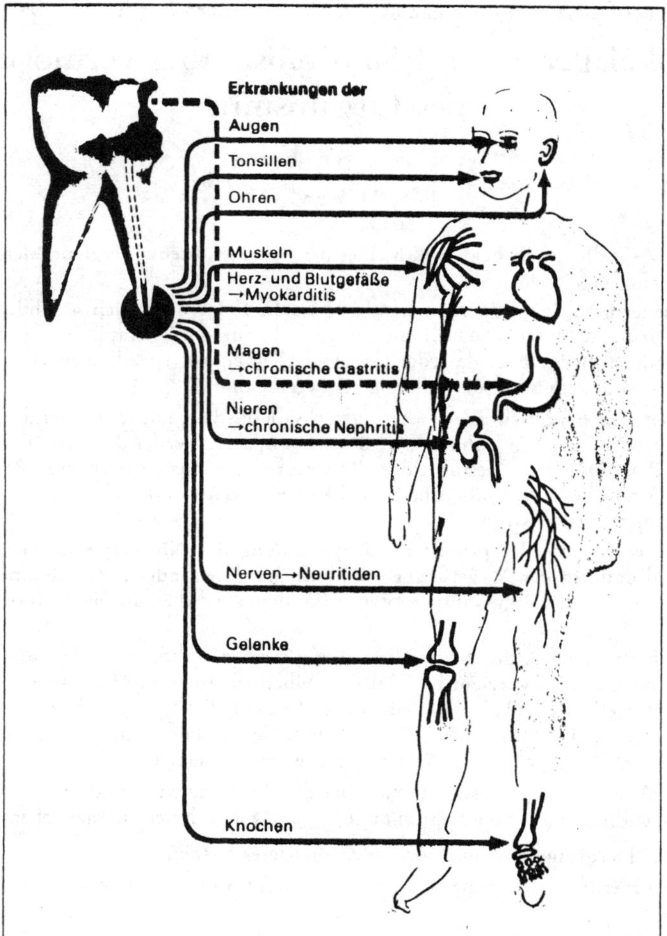

17

Aus: Österreichische Zeitschrift für Stomatologie, Heft 1, Januar 1976

Heft 1 Fokalallergie und Sensibilisierungsvermögen des Organismus

Aus dem Lehrstuhl für konservierende Stomatologie
(Leiter: Prof. Dr. Dr. T. Burkow)
der Stomatologischen Fakultät der Medizinischen Akademie, Sofia

Fokalallergie und Sensibilisierungsvermögen des Organismus

von

E. Djerassi

Die Fokalallergie ist bekanntlich eines der bedeutendsten Allergieprobleme in der Stomatologie.

Bei jeder herdbezüglichen Untersuchung ist die Frage nach allen sensibilisierenden Möglichkeiten im Organismus für die Diagnostik, für die Therapie und Prophylaxe von besonderer Bedeutung, da jedes einzelne Allergen zur spezifischen Umstimmung der Reaktionslage im Sinne der Allergie beitragen kann.

Neben den bakteriell-allergischen, gewebsallergischen und autoallergischen Prozessen, die durch Foci im Zahn-Kiefer-Bereich ausgelöst werden können (Foci — wie avitale Zähne, Ostitiden, Restostitiden, Radices relictae, Dentes retinentes, Paradontopathien), sind die stomatologischen Medikamente und Materialien als potentielle Allergene nicht zu übersehen.

Sie können entweder primär zur Umwandlung der Normergie in eine Allergie führen und dadurch den Weg für die Fokalallergie ebnen oder aber sich einer bereits vorhandenen Fokalallergie aufpfropfen und deren Erscheinungen dadurch potenzieren.

Die Literaturübersicht liefert diesbezüglich ein ziemlich ärmliches und unvollständiges Bild, das vorwiegend aus Kasuistik über Metall- und Medikamentenallergie zusammengestellt ist. Über die Bedeutung der Fokalbelastung bei Allergie durch zahnärztliche Medikamente und Materialien fehlen bishin weitere Untersuchungen, so daß wir uns in der folgenden Arbeit zum Ziel gesetzt haben:

Der Allergisierung durch stomatologische Medikamente und Materialien bei beruflich gefährdeten Personen (Stomatologen und Helferinnen) nachzugehen —

a) bei Herdträgern — mit Foci im Zahn-Kiefer-System,

b) bei Herdfreien — ohne Foci im Zahn-Kiefer-System und anderwärtig.

Material und Methodik

Die Untersuchungen wurden an insgesamt 500 Personen im Alter von 20 bis 60 Jahren, die in stomatologischen Sprechstunden arbeiten, durchgeführt. 386 davon waren Herdträger mit Foci im Zahn-Kiefer-System wie: devitale Zähne mit und ohne ostische Veränderungen im Periapex; Radices relicate; retinierte und halbretinierte Zähne; Restostitis und paradentale Knochentaschen.

114 Personen waren herdfrei und, was betont werden muß, äußerst schwierig zu finden.

Bei allen Untersuchten wurde eine allergologische Anamnese erhoben, Vitalitätsproben, Rö-Status gemacht; die Kapillarresistenz (K. R.) nach Nesterow-Blumenkron bestimmt und Epikutanproben nach Jadassohn und Bloch durchgeführt.

Bei den Trägern von potentiellen Herden wurde die routinemäßige Fokaldiagnostik mit herdbezüglicher Anamnese; K. R. und E. H. T. — Elektrohauttest nach Gehlen und Standel (mit dem kombinierten Gerät nach Djerassi) angewandt.

Ausgewertet wurden nur die Fälle, bei denen ein chronisch verlaufendes Allgemeinleiden vorhanden war, die K. R. vermindert und der E. H. T. mindestens eine hyperämisch-hyperalgetische Zone im Bereich der Herdmöglichkeiten im Z. K. S. aufwies.

Für die Epikutanproben wurden die in unserer stomatologischen Praxis gebräuchlichsten Medikamente und Materialien in einer Standardserie von 12 Allergenen gruppiert — in einer für die menschliche Haut nicht toxischen Konzentration. Die Form und Konzentration der Allergene wurde den Tabellen von Carries und Haegyi entnommen. Da für Amalgam und Trioxymethylen keine Angaben vorhanden waren, wurde die Konzentration dieser Mittel anhand entsprechender Titration bestimmt. Die für die Epikutantestung gebrauchte Serie war folgende:

Amalgam — 5 % in Lanolin-Vaselin-Salbe
Phosphatzement — 5 % in Vaselin
Thymol — 5 % in Glycerin
Chlorphenolcampher — Substanz
Trikresol — 5 % in Spiritus
Eugenol — 1 % in Spiritus
Silikatzement — 5 % in Vaselin
Novocain — 1 % in Wasser
Jodoform — 25 % in Spiritus
Penicillin 100.000 E in 1 ccm Wasser
Trioxymethylen — 5 % in Vaselin
Kunststoff — 1 % in Vaselin

Das Ablesen der Resultate erfolgte nach 24 und notfalls nach 48 Stunden. Als positiv wurden nur die Proben gedeutet, bei denen ein stark ausgeprägtes an der Stelle des Allergens lokalisiertes Erythem oder Bläschen auftraten.

Resultate und Diskussion

Wie aus Tab. 1 ersichtlich ist, haben von den insgesamt 500 untersuchten Stomatologen und Helferinnen 294 positive Epikutanproben gezeigt. Die Prozentquote der Allergie liegt im allgemeinen hoch — 58,8 %, ganz besonders bei den beherdeten Personen, bei denen sie 71 % erreicht. Diese ist auf das hohe Antigen-Potential vieler, in der Stomatologie verwendeter Medikamente (Amalgam, Trioxymethylen u. a.) zurückzuführen; auf den Allgemeinzustand des Organismus — es handelt sich um Chronisch-Kranke — und vor allem auf die ungünstige Kombination von Fokalallergie und Medikamentenallergie.

Heft 1 Fokalallergie und Sensibilisierungsvermögen des Organismus

Die durchgeführten Untersuchungen haben folgende Resultate ergeben:

	Untersuchte Stomatologen und Helferinnen	%	Positive Reaktionen Manifeste Allergie	%	Latente Allergie	%	Insgesamt	%	Keine Reaktion	%
Mit Foci	386	79,2	131	35,1	139	36	270	71,1	116	28,9
Ohne Foci	114	20,8	8	7,1	16	14,2	24	21,3	90	78,7
Insgesamt	500		139	27,8	155	31	294	58,8	206	41,2

Tab. 1

Auffallend ist, daß die Herdträger etwa dreifach mehr (71 %) als die unbeherdeten Personen (21,3 %) allergisch reagierten. Dabei ist nicht nur die Zahl der allergisch reagierenden bei den Herdträgern gegenüber den herdfreien bedeutend größer, sondern auch die Art der Allergie ist unterschiedlich. Bei den Personen ohne Foci ist die latente Reaktion (14,2 %) deutlich über die manifeste (8 %), etwa um das Doppelte, überwiegend. Die Beherdeten dagegen haben vielmehr manifeste Formen (35 %) bei 36 % latenten allergischen Reaktionen. Der klinische Verlauf der manifesten Formen in diesen Fällen war schwieriger und therapieresistenter.

Die Erklärung für die häufiger auftretende, öfters manifeste und schwieriger verlaufende allergische Reaktion bei den Herdbelasteten könnte folgendermaßen lauten.

Durch die im Fokus enthaltenen Eiweißstoffe von Bakterien, Zerfallsprodukte von Geweben und Zellen, kann der Organismus eine Sensibilisierung erlitten haben. Die initiale Umstimmung der Reaktionslage ist dadurch erzielt — eine Mono- oder Polyallergie kann die Folge sein. Bei der bestehenden allergischen Situation kommt es bekanntlich leichter und schneller zur zusätzlichen Sensibilisierung gegenüber anderen, neuen Allergenen. In dem gegebenen Falle sind es Haptene, die nach Proteinbindungen in Vollantigene übergehen und ihr antigenes Potential entfalten. Die Reihenfolge der Sensibilisierung kann natürlich auch umgekehrt verlaufen: als erstes die Medikamentenallergie und dann erst die Fokalallergie. Das Ergebnis bleibt gleich — die allergische Wirkung wird verstärkt und potenziert.

Für die allergologische Prophylaxe im allgemeinen ist aber dadurch ein Hinweis gegeben: Die Fokalprophylaxe muß immer vorhergesehen und miteingebaut werden.

Was die Ergebnisse der Medikamententestung betrifft, muß man hinzufügen, daß von den 6000 einzelnen Epikutanproben 637 positiv und 5363 negativ ausfielen. Der große Unterschied zwischen der hohen Zahl der reagierenden Personen und der verhältnismäßig niedrigen Zahl der positiven Proben ist auch hier (wie in vorhergehenden Arbeiten) damit zu deuten, daß es sich vorwiegend um eine monovalente Allergie handelte, wobei die Zahl der durchgeführten Proben für jede einzelne Person hoch liegt. Von den 294 positiv Reagierenden zeigen 132 eine Reaktion auf ein Allergen, 87 auf zwei, 39 auf drei und 36 auf mehr als drei.

Eine Gruppenallergie wurde auch hier nicht beobachtet.

Tab. 2

Medikamente	Positive Reaktion	%	Negative Reaktion	%
Amalgam	53	17,6	247	82,4
Phosphatzement	30	10	170	90
Thymol	39	13	261	87
Chlorphenolkampfer	19	6,3	281	93,7
Trikresolformalin	27	9	273	91
Eugenol	35	11,6	265	88,4
Silikatzement	19	6,3	281	93,7
Novokain	20	6,6	280	93,4
Jodoform	31	10,3	296	83,7
Penicillin	15	5	285	95
Trioxymethylen	54	18	246	82
Kunststoff	50	16,6	250	83,4

In Tabelle 2 ist die Allergie auf die verschiedenen Medikamente, mit denen getestet wurde, geschildert. Das Amalgam und das Trioxymethylen nehmen dabei die ersten Plätze ein.

Das Amalgam ist eines der am meisten gebrauchten Füllungsmaterialien und zur Zeit für die Sozialpraxis unentbehrlich. Wie aus differenzierten Testungen mit den verschiedenen Bestandteilen dieses Materials hervorging, ist das Quecksilber das stärkste sensibilisierende Element. Das Quecksilber ist seit langem durch sein hohes Antigen-Potential bekannt, kann dank seiner leichten Sublimierung über Luftwege und Haut unbemerkt in den Organismus gelangen und seine allergisierende Wirkung ausüben. Leider wird an diese seine Wirkung noch zu wenig und zu selten gedacht.

Die manifeste Allergie, die beobachtet wurde, äußerte sich in vielen verschiedenen Formen: vom einfachen Juckreiz mit verschiedener Intensität bis zu therapieresistenten Hauterkrankungen, Augenleiden, Magen-Darm-Affektionen u. a. Seltener äußerte sich die Allergie an der Mundschleimhaut als Cheilitis, Gingivitis, Stomatitis oder, um mit Urbach zu sprechen, Stomatopathia allergica.

Aus den durchgeführten Untersuchungen wird ersichtlich, daß durch das Zusammenspiel zweierlei Allergiequellen — der Fokalallergie und der Medikamentenallergie — das Sensibilisierungsvermögen des Organismus stark beeinflußt wird. Diese Tatsache sollte der Prophylaxe dienen, wobei man sich die Fokalbelastung als allergisierendes Agens immer vor Augen halten muß.

Anschrift der Verfasserin:

Dr. Elena Djerassi, Kandidat der medizinischen Wissenschaft; Leiter des Bulgarisch-Österreichischen Arbeitskreises für Allergie, Immunologie und Fokalgeschehen in der Stomatologie — Ludwig-Boltzmann-Gesellschaft, I. G. E. G. M., Stomatologische Fakultät der Medizinischen Akademie Sofia, Boulevard Zwiatko Radoynow 26, Sofia, Bulgarien.

Aus: Ärztliche Praxis, Heft Nr. 72 vom 6. 9. 1980

Dr. med. H. Raue

Therapieresistenz: Denken Sie an die Zahnfüllung!

Die „Mundbatterie" verursacht viele chronische Schmerzzustände, Haut- und Darmerkrankungen

Die langsame elektrolytische Zersetzung von Amalgamfüllungen der Zähne läßt Stoffe entstehen, die zur Sensibilisierung führen. Darüber hinaus führt die „Mundbatterie" — elektrische Ströme zwischen verschiedenen Metallen an Zähnen und Gebißprothesen — zu Irritationen des Nervensystems. Viele „therapieresistente" Leiden sind allein durch Ersatz alter Zahnfüllungen zu kurieren. Die Diagnostik ist denkbar einfach, sowohl hinsichtlich der Auffindung des toxischen Metalles als auch hinsichtlich der Suche nach der in Frage kommenden Zahnfüllung. Mundstrommessungen sollten in Zukunft ärztliche und zahnärztliche Routine sein.

Die Verbindungen von Quecksilber (Hg) und anderen Metallen nennt man Amalgame. Das Quecksilber ist hierbei als Lösungsmittel für die übrigen Metallkomponenten zu betrachten. Die in der Zahnheilkunde verwendeten Amalgame können Silber, Zinn, Zink oder Kupfer enthalten (siehe auch Tabelle 1). Bei richtigem Mischungsverhältnis ist die Gefahr der Quecksilberabgabe sehr gering, aber nicht auszuschließen (Gasser).

Kommt es dennoch zu diesem Zustand, können erhebliche Gesundheitsstörungen die Folge sein. Hierbei unterscheidet man:

1. toxisch-allergische Schädigungen durch Abgabe von Metall-Ionen;
2. Irritationen des Nervensystems durch unphysiologische elektrische Spannungen.

Korrosionen an Amalgamfüllungen sind bekannt und belegt. Besonders beim Kontakt mit anderen Legierungen (z. B. von Edelmetallen) werden feine Ströme und somit elektrochemische Vorgänge (Bildung von galvanischen Elementen!) induziert, die zur Auflösung des Amalgams führen (Spreng, Gasser, Rost, zit. bei Neuner).

Quecksilber ist unbestritten ein schweres Gift. Selbst in kleinsten Spuren kann es im menschlichen Körper Krankheitserscheinungen hervorrufen. Vielen Gesundheitsstörungen durch Amalgamfüllungen liegt aber vornehmlich ein allergisches Geschehen zugrunde. Dazu gehören (nach Spreng) unter anderem: Depressionen, Gastroenteritis und andere Darmleiden, Dermatitis, Urtikaria, Ekzeme, Kopfschmerzen und Bronchialasthma. Einzig das Entfernen der Amalgamfüllungen führte in solchen Fällen zur dauernden Heilung.

Akupunktur weist Sensibilisierung nach

Grandpierre wies mit der Elektroakupunktur nach Voll Sensibilisierungen gegenüber Amalgam bei Patienten mit folgenden Beschwerden nach: Migräne, Kopfschmerzen, Schwindel, vegetative Beschwerden mit Schlafstörungen, Ekzeme an Stirn und Schläfen, Pruritus sowie rheumatische Gelenkbeschwerden. Nach Entfernen des Amalgams verschwanden die Symptome, die vorher jeglicher anderen Therapie trotzten (zit. bei Gasser).

Die gleiche Diagnosemethode benutzte Heinrici und konnte bei seinen Patienten nach Entfernen der Amalgamfüllungen unter anderem folgende Krankheiten beseitigen: Gonarthrose, Handekzem, Migräne und Klaustrophobie.

Für die Ärzte und Zahnärzte, die die Elektroakupunktur nach Voll beherrschen und anwenden, sind solche Fälle sehr dankenswert, weil die Patienten mit ihren Leiden vorher schon von Arzt zu Arzt „gewandert" sind, die Diagnosemethoden der klassischen Medizin verständlicherweise aber versagen mußten. Rost drückt dies sehr deutlich aus: „Hier kann uns m. E. zur Zeit einzig und allein die Elektroakupunktur weiterhelfen." An dem von Voll entdeckten Allergie-Meßpunkt kann die Verträglichkeit des Amalgams wie auch anderer, in die Mundhöhle inkorporierter Materialien (z. B. Kunststoffe) ausgetestet werden.

Lokale „Hochspannung" durch die „Mundbatterie"

Die Ansichten über die Bedeutung von Strombildungen im Mund gehen diametral auseinander. Daher ist es verständlich, daß die Studenten an den Universitäten nichts oder nur sehr wenig über die Möglichkeiten und Folgen einer intraoralen Strombildung erfahren und die „Mundbatterie" in der täglichen Praxis weitgehend unbeachtet bleibt (Kramer).

Die Amalgame enthalten Metalle, die in der elektrischen Spannungsreihe an verschiedenen Stellen stehen. Im Milieu des Speichels beginnt an der Oberfläche einer Amalgamfüllung eine elektrolytische Zersetzung, ähnlich wie in einer Taschenlampenbatterie. Dabei entstehen elektrische Ströme, die man mit entsprechenden Meßgeräten gut feststellen kann (Schnitzer).

Liegen Gold und Amalgam im Mund nebeneinander, bilden sie ein elektrisches Element, wobei Spannungen bis zu 1 000 Millivolt und mehr entstehen können (Rost). Diese Spannungen in der Nähe der Schädelbasis und der Hypophyse sind sicher nicht bedeutungslos für den Patienten.

Folgende Faktoren führen nach Ansicht von Schimmel zum Manifestwerden von galvanischen Mundströmen:

1. unsachgemäße Verarbeitung des Amalgams und fehlende Unterfüllung,
2. Amalgamfüllung ohne gute Politur,
3. schlechte Mundpflege,
4. Störungen und Erkrankungen des Verdauungsapparates mit konsekutiver Erniedrigung des Speichel-pH unter pH 7,0.

Manche Menschen mit sehr starker Strombildung sind ohne besondere klinische Symptome, andere werden dagegen bereits durch schwache Ströme gestört. Es gibt auch Patienten, die in der Jugend gegen Strombildung noch unempfindlich sind, mit fortschreitendem Alter jedoch sensibel werden. Die Empfindlichkeit gegen Mundströme variiert also sehr.

Nach Beobachtungen von Kramer können folgende Symptome im Mund auf die lokale Strombildung zurückgeführt werden: Zungenbrennen, Aphthen, Trockenheit im Mund, hyperplastische Gingivitis und Metallgeschmack. Hauterkrankungen, vegetative und Herz-Kreislauf-Labilität. Störungen im Bereich des Nervensystems und der Psyche seien durch Strombildung im Mund mitbedingt.

Mir fiel auf, daß Patienten meiner Praxis in gewissen Abständen immer wieder Beschwerden schilderten, die trotz verschiedener Behandlungsversuche, auch in Kliniken und bei anderen Ärzten, nicht verschwanden. Ich führte deshalb seit Juli 1977 Mundstrommessungen routinemäßig durch, soweit dies in einer Kassenpraxis möglich ist, und zwar vorwiegend bei Patienten, die über Kopfschmerzen, Schwindel und Übelkeit klagten. Ich benutzte dazu das Potentialmeßgerät der Firma Pitterling-Elektronik. Dieses mißt sowohl die

Stromintensität in Mikroampère (μA) wie auch die Stromspannung in Millivolt. Der Meßwert stellt sich nach Anlegen der beiden Elektroden auf die in Frage kommenden beiden Füllungen im Mund in μA automatisch ein. Da man bei einer Zweitmessung nicht mehr den Maximalwert erreicht, weil die Erstmessung die „Mundbatterie" partiell entlud, besitzt dieses Gerät einen Datenspeicher für die Meßwerte. Dies hat u. a. den Vorteil, daß der Patient sich selbst von der maximalen Strombildung in seinem Mund überzeugen kann.

Meßwerte von 3 bis 5 μA sind zunächst zu vernachlässigen, doch sind hier Kontrolluntersuchungen angezeigt. Bei höheren Werten und vorliegenden Beschwerden sollten die in Frage kommenden Amalgamfüllungen entfernt werden.

Stromerhöhungen können auftreten von Amalgam zu Amalgam, von Amalgam zu Gold, von Amalgam zu Stahl- bzw. anderen Metallarbeiten ebenso wie von Gold zu Stahl. In Einzelfällen kommt es vor, daß vormals unverdächtige Zahnplomben nach Entfernung von Füllungen mit höheren Werten plötzlich elektrolytisch reagieren.

Verdächtig: „wetter- und hormonabhängige Beschwerden"

Im Zeitraum von Mitte Juli 1977 bis Mitte Februar 1980 fanden sich bei 98 Patienten meiner Praxis erhöhte Mundstromwerte von 6 μA und darüber. Diese Personen klagten über Kopfschmerzen (n = 57), Schwindel (20), Übelkeit, Brechreiz und Erbrechen (6), Migräne (6), Ohnmachtsanfälle (4), Flimmern vor den Augen (3), Ohrensausen (1), bitteren

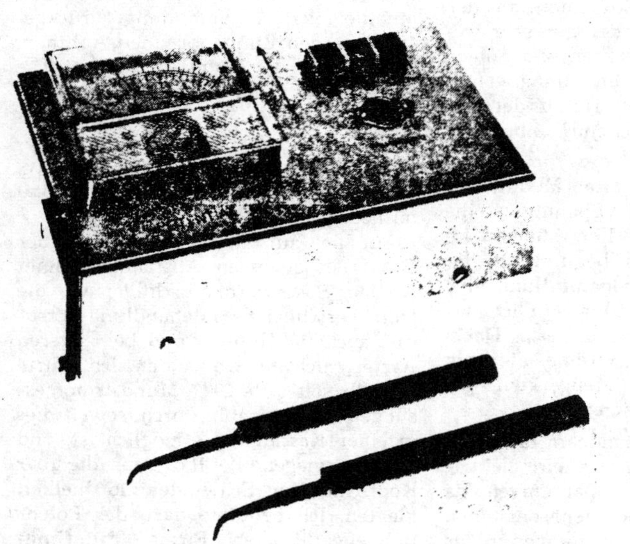

Gerät und Elektroden zur Messung von elektrischen Strömen im Munde.

Mundgeschmack (1) bzw. über Ziehen im Kiefer mit Schmerzen (1). Manche Beschwerden schienen „wetterbedingt" oder „hormonbedingt" zu sein.

Eine 33jährige Frau klagte beispielsweise über eine seit Jahren bestehende schwerste Migräne, die in der Zeit der Menstruation und zwischen 14. und 18. Zyklustag besonders stark auftrat. Dadurch konnte die Patientin ihren Pflichten als Handwerkerfrau nicht nachkommen und mußte sich oft ins Bett zurückziehen. Einschlägige Medikamente gegen Migräne brachten nur eine unbedeutende Besserung. Der Mundstromwert betrug 25 μA. Nach Entfernung der als kausal angesehenen Amalgamfüllung waren die Beschwerden sofort erheblich gebessert, die Frau mußte im Betrieb nicht mehr aussetzen. Bei der Kontrolle konnte sie berichten, daß keinerlei Migränebeschwerden mehr auftraten und sie sich „wie erlöst" fühlte.

Ein 44 Jahre alter Mann litt seit 8 Monaten an Vertigo mit dauernder Übelkeit und Brechreiz bis zum Erbrechen. Vorwiegend nachts kam es auch zu Kollapszuständen. Befund und Urteil des HNO-Kollegen lauteten: starker Nystagmus mit Würgereiz bei Rückwärtsbeugen; beide Labyrinthe erregbar; Ursache der Erscheinungen wahrscheinlich vertebragen; Tumorausschluß erforderlich. Der Neurologe meinte: wahrscheinlich vertebragen bedingte Basilarinsuffizienz. Ich maß Mundstromwerte bis 20 μA zwischen Gold- und Amalgamfüllungen. Sofort nach der Entfernung des Amalgams waren alle Beschwerden verschwunden.

Sieben Jahre lang hatte eine 41jährige Frau unter unerklärbaren Kopfschmerzen gelitten und an mindestens fünf Tagen der Woche starke Schmerzmittel eingenommen. Nach Mundstrommessung (30 μA) und Entfernung der angeschuldigten Amalgamfüllungen verschwanden die Beschwerden völlig.

Eine 40 Jahre alte Frau hatte seit neun Monaten Gleichgewichtsstörungen („Seemannsgang"), Schwindel sogar im Liegen, wobei es auch zum Erbrechen kam. Sie konnte „nicht mehr denken", litt unter Gedächtnisstörungen, sah alles unklar, Linien gar nicht mehr gerade. Dazu bestanden Nackenkopfschmerzen. Sie mußte die ganze Zeit arbeitsunfähig geschrieben werden, weil sie sich mit ihren furchtbaren Beschwerden einfach überfordert fühlte. Die Ärzte fanden nichts, und die Patientin kam zu der Ansicht, daß alle meinten, sie „spinne". Schließlich sollte noch ein Hirntumor ausgeschlossen werden. Ein HNO-Kollege überwies die Frau zu mir. Im Bereich der Augen ließ sich kein krankhafter Befund erheben. Die Mundstromwerte zwischen Gold und Amalgam betrugen maximal 25 μA. Eine Woche nach Entfernung der Amalgamfüllungen kommentierte die Patientin: „Herr Doktor, es ist alles weg." Dabei gab sie auch an, vormals sogar suizidale Gedanken wegen ihrer unerträglichen Symptome gehabt zu haben.

Auch Prothesen im Mund können an der Bildung pathologischer Ströme mitbeteiligt sein. Dies zeigt der Fall eines 58jährigen Mannes. Setzte er eine neuangefertigte Stahlprothese ein, bekam er sofort heftigen Schwindel, der aber verging, sobald er diese aus dem Munde

Tab. 1: Metallkomponenten der Amalgame für Zahnfüllungen (nach Spreng)

Neben Quecksilber sind enthalten	
Silber bis zu	67 %
Zinn bis zu	33 %
Es dürfen enthalten sein:	
Kupfer bis zu	6 %
Zink bis zu	2 %

nahm oder seine alte Kunststoffprothese einsetzte. Die Mundstromwerte zwischen den Gold- und Amalgamfüllungen der Restzähne und der Stahlplatte betrugen 10 μA. Nach Entfernen des Amalgams betrugen die Werte zwischen den Goldfüllungen und der Stahlplatte 4 μA bei wesentlich geringerem Schwindel im Vergleich zu früher.

Notwendige Konsequenzen für Ärzte und KBV?

Diese Ergebnisse sollten nicht ohne Konsequenzen für Ärzte und Zahnärzte bleiben. Es darf nun als gesichert gelten, daß Amalgamfüllungen der Zähne elektrische Ströme im Mund hervorrufen können und somit einen Herd im Zahnbereich mit Fernwirkung darstellen. Es wird daher gefordert, in Zukunft bei der Fragestellung nach einem Fokalgeschehen zusätzlich zu den bisher üblichen zahnärztlichen Untersuchungsmethoden eine obligatorische Messung der Mundstromwerte vorzunehmen.

In der maßgeblichen medizinischen Literatur, die sich mit den Ursachen von Kopfschmerzen, Schwindel und Erbrechen beschäftigt, werden Strommessungen im Mund nicht erwähnt. In einer Verlautbarung der Pressestelle der Hamburger Zahnärzteschaft aus dem Jahre 1977 heißt es noch, das Auftauchen elektrolytischer Spannungsreihen im Mund beim gleichzeitigen Vorhandensein von Gold- und Amalgamfüllungen sei äußerst selten beobachtet worden und mithin völlig unerheblich. Nach eigenen Untersuchungen kann ich hierzu zwei sachliche Feststellungen entgegenhalten:

1. Erhöhte Mundstromwerte treten nicht nur zwischen Amalgam und Gold auf, sondern auch von Amalgam zu Amalgam und von diesem zu Stahl, und zwar in fast 50 % der Fälle.

2. Wenn ich von fast 100 Fällen mit deutlich erhöhten Mundstromwerten von mehr als 5 bis 10 μAmpère durch Amalgam ausgehe und dies auf 2 000 Augenarztpraxen in der Bundesrepu-

Tab. 2: Gesundheitsstörungen durch Amalgame im Mund

Kardinalbeschwerden:
- Kopfschmerzen
- Gesichtsneuralgien
- Migräne
- Schwindel
- Schlafstörungen
- Ohrensausen
- Nausea, Erbrechen
- Herz-Kreislauf-Labilität
- Darmerkrankungen
- psychische Störungen
- vegetative Störungen
- Hautkrankheiten
- rheumatische Beschwerden

Vorwiegend toxisch-allergisch bedingt (Diagnostik: Elektroakupunktur nach Voll):
- Gastroenteritis und andere Darmerkrankungen
- Dermatitis, Ekzeme
- Urtikaria, Pruritus
- Bronchialasthma
- Depression

Vorwiegend aufgrund der Strombildung (Diagnostik: lokale Strommessung):
- Kopfschmerzen, Migräne
- Schwindel
- vegetative Störungen
- Zungenbrennen, Mundtrockenheit, Gingivitis, Metallgeschmack im Mund

Häufige Fehldiagnosen:
- HWS-Syndrom
- Depression
- vegetative Dystonie
- Hypochondrie

blik hochrechne, dann wären dies im Untersuchungszeitraum von knapp 2 Jahren 200 000 Patienten, die wegen teilweise erheblicher Beschwerden allein durch erhöhte Mundstromwerte infolge Amalgam zu ihren Ärzten gehen, die die Ursache aber nicht diagnostizieren können, weil ihnen über den gesamten Komplex (bis auf wenige Ausnahmen) praktisch nichts bekannt ist. Auch wenn wir nur von dem zehnten Teil der genannten Patientenzahl ausgehen, nämlich 20 000, wäre meine Forderung nach der obligatorischen Mundstrommessung durch Zahnärzte zum Herdausschluß berechtigt.

Weniger Fehl- und Verlegenheitsdiagnosen!

Die Frage, warum die von mir erarbeiteten Erkenntnisse nicht schon früher Allgemeingut von Ärzten und Zahnärzten wurden — obwohl wenige Zahnärzte bereits darüber berichteten —, ist wahrscheinlich damit zu beantworten, daß die betroffenen Patienten nicht den Zahnarzt aufsuchen, weil es in dessen Zuständigkeitsbereich ja nicht weh tut. Haus- und Fachärzte oder Kliniker können aber nur symptomatisch behandeln, wenn ihnen über die eigentliche Ursache der Beschwerden nichts bekannt ist. **Fehl- und Verlegenheitsdiagnosen** lauten HWS-Syndrom, unklare Kopfschmerzen, Migräne, vegetative Dystonie, (larvierte) Depression und ähnlich. Viele Medikamente werden verordnet: Manche lindern die Beschwerden. Und die Betroffenen werden nicht selten als Hypochonder bzw. „Nervenkranke" angesehen. Diesem Mißstand sollte ein Ende gesetzt werden!

Die kassenzahnärztlichen und kassenärztlichen Bundesvereinigungen (KZV und KBV) sind aufgerufen, die Untersuchung der Mundstromwerte einer Gebührenordnungsziffer zuzuordnen bzw. eine neue hierfür einzuführen. Es muß uns klar sein, daß es ein Leben ohne Amalgam in nächster Zeit noch nicht geben wird. Im individuellen Fall können krankmachende Zahnfüllstoffe durch andere, z. B. Composites, Zement oder Gold ersetzt werden.

Literatur: F. Gasser: Amalgam in Klinik und Forschung. Schweiz. Mschr. Zahnheilk. 82 (1972) 62. — F. Gasser: Allergien durch zahnärztliche Fremdstoffe. Arzneimittelallergie Bd. 1 (1974) 197—202. — F. Gasser: Neue Untersuchungsergebnisse über Amalgam. Konserv. Zahnheilkunde Heft 12 (1976) 47—54. — T. Heinrici: Metallbelastungen der Mundhöhle. Vortrag v. 11. 1. 1978 a. d. internen Arbeitstagung d. Int. Ges. für Elektroakupunktur nach Voll in Münster. — F. Kramer, H. Peesel: Potential-, Strom- und Energiemessungen im Mund. Zahnärztl. Praxis Heft 4 (1977). — O. Neuner: Neue elektrobiologische Untersuchungsmethoden zur Herdfrage und deren Abklärung. Physikalische Medizin und Rehabilitation 19 (1978) 101—108. — A. Rost: Herde im Zahn-Mund-Kieferbereich und ihre Sanierung mit Begleittherapie. Biologische Medizin (1976) 205—210. — A. Rost: Herdmöglichkeiten im Zahn-, Mund- und Kieferbereich. Physikal. Medizin u. Rehabilitation 4 (1978) 165—171. — H. Schimmel: Leitfaden zur Anwendung der bioelektronischen Funktionsdiagnostik. 1. Aufl. Pascoe, Gießen (1976). — J. G. Schnitzer: Nie mehr Zahnweh. 3. Auflage, Schnitzer Verlag. — M. Spreng: Allergie und Zahnmedizin. 2. Aufl. J. A. Barth Verlag, Leipzig, S. 84—88. — R. Voll: Kopfherde. ML Verlag, Uelzen (1974) S. 95.

Dr. med. Hans Raue, Facharzt für Augenkrankheiten — Naturheilverfahren —,
6200 Wiesbaden.

OFFIZIELL NICHT ANERKANNTE HEILVERFAHREN IM SPIEGEL VERFEHLTER KRITIK

Genügen Anfängerkenntnisse für eine Experten-Kritik?

Von *H. Raue*

Nachdem *Mehlhose* wiederholt im ,,Augenspiegel" über die Wirkungslosigkeit bestimmter noch nicht anerkannter Heilmethoden berichtet hat, wird jetzt praktisch die gleiche Leserschaft im ,,Augenarzt" mit seinen fragwürdigen Auslegungen behelligt. Er befindet sich mit seiner totalen Ablehnung gegenüber Akupunktur, Elektroakupunktur nach *Voll*, Homöopathie, Neuraltherapie und Ozontherapie, um nur einige zu nennen, in guter Gesellschaft und konnte praktisch all das wörtlich übernehmen, was vor ihm schon *Prokop/Oepen/Wimmer/Rippl-Manß* u. a. zu Papier brachten. Aber *Mehlhose* hat auch noch etwas anderes mit diesen Rechtsmedizinern und Juristen etc. gemeinsam: von der Materie selbst haben alle außer lückenhaften Anfängerkenntnissen keine besondere Ahnung, was sie aber unisono nicht davon abhält, sich für Experten zu halten und auch dementsprechend zu urteilen. *Mehlhose* rechtfertigt sein zweifelhaftes Verhalten auf meine Veröffentlichung (Un)Rechtsmedizin, quo vadis? in einem Leserbrief: ,,*Raue* bezichtigt zwei angesehene Rechtsmediziner ungenügender Sachkenntnis, weil sie keine praktischen Behandlungen auf dem Gebiet der sogen. biologischen Medizin, auf dem sie kritisch tätig sind, durchführen. Es besteht doch kein Zweifel darüber, daß die Mehrheit des medizinischen Wissens am Schreibtisch erworben wird, während die praktische Erfahrung nur in Augenblicken des Alltags zu Buche schlägt."

Mehlhose fährt fort: ,,Was ist denn an der Akupunktur praktisches Tun?

Doch nur das Stechen, das man kaum als Kunst bezeichnen kann. Die Kunst beginnt hier — vorausgesetzt die Akupunktur ist therapeutisch wirksam — mit der Kenntnis der Krankheitszustände, die günstig reagieren sollen und der Kenntnis der Punkte, die für den Einstich zu wählen sind. Und gerade diese Kenntnisse wird der vernünftige Mediziner nicht auf seine eigene Erfahrung allein stützen, sondern wird sich durch Studium der Erfahrungsberichte anderer Experten kundig zu machen suchen. Ist jemand, der einige Patienten einer bestimmten Krankheitsgattung akupunktiert hat, für Akupunktur in Bausch und Bogen sachverständig, und jemand, der praktisch nicht akupunktiert oder sonstwie ,biologisch' behandelt, a priori ein Schreibtischmediziner?" *Mehlhose* hat hier vollkommen recht. Wer nicht praktisch arbeitet, ist ein ausgesprochener Schreibtischmediziner. Er stützt sich allein auf das Geschriebene, ihm fehlen jegliche praktische Erfahrung, jegliche Kontrollmöglichkeit. Er muß sich lediglich auf das Wort anderer verlassen. Und wenn wir dann bei solchen Experten wie *Mehlhose, Oepen, Prokop, Wimmer* u. a. nachlesen, da kann man durch Verdrehungen, Verwechslungen, falschen Auslegungen kein wirkliches Bild über eine bestimmte Methode erhalten, das den Gegebenheiten entspricht. *Backes* hat das für uns zusammengefaßt. Was *Mehlhose* in diesem Zusammenhang aus seiner Lehrzeit vergessen zu haben scheint, ist doch folgendes: vor jeder praktischen Ausübung der Heilkunde, auf welchem Gebiet auch immer, haben ausgiebige theoretische Studien zu stehen. Und hier mangelt es doch schon bei unseren sogen. Experten-Kritikern erheblich. So erlebte ich u. a. *Oepen* während der Diskussion zur Medizinischen Woche 1981 Baden-Baden dadurch in bedrängter Lage. Auf entsprechende Einwände fachlicher Art aus dem Auditorium bzgl. ihres Vortrages mußte sie passen, weil sie sich überfordert fühlte, sofort Antwort zu geben. Da müsse sie erst in der Literatur nachlesen, weil sie ja diese Fachkenntnisse verständlicherweise nicht parat haben kann. Das gab verständlicherweise ein Riesengelächter bei den gesamten anwesenden Kollegen, deren Heilverfahren sie kurz zuvor als Scharlatanerie und Außenseitertum abgelehnt hatte. Mit Wissenschaft hat doch solche Kritik wahrlich äußerst wenig zu tun...

Die Meinung wirklicher Experten über die Akupunktur, die damit jahrelange persönliche Erfahrung haben, sieht also ganz anders aus, wie die von reinen Schreibtischmedizinern, die von der eigentlichen Materie nur Randkenntnisse aufweisen, sich aber selbst zu Sachverständigen ohne Sachkenntnis erheben und die Ärzteschaft damit falsch und irreführend orientieren.

In einer Veröffentlichung (Un)Rechtsmedizin, quo vadis? führte ich noch 6 weitere Univ.-Kliniken an, die sich nach jahrelanger, erfolgreicher praktischer Erfahrung positiv über die Wirksamkeit der Akupunktur aussprechen:

A. Braun und *W. Stein* (Orthopädische Klinik und Poliklinik der Universität Heidelberg) berichten über die erfolgreiche Schmerztherapie durch Akupunktur vorwiegend bei Problemfällen.

D. Kolditz und Mitarbeiter (Orthopädische Universitätsklinik Düsseldorf) berichten über 43 Kranke mit Zervikalsyndrom. Nach 1—3 Sitzungen verschwanden die Symptome völlig.

H. P. Zahradnik (Abt. Klinische Endokrinologie der Univ.-Frauenklinik Freiburg) stellt Erhöhung des Endorphinspiegels nach Akupunktur fest.

R. Pothmann und Mitarbeiter (Univ.-Kinderklinik Düsseldorf) berichten über Akupunkturheilungserfolge von 68 % bei therapieresistenter Sinusitis.

M. V. Fischer (Chirurg. Univ.-Klinik Heidelberg) konnte statistisch belegen, daß Zephalgien und Migräne geradezu ,,ideale" Indikationen für die Akupunktur hinsichtlich Erfolg und Rezidivfreiheit darstellen. Zugleich widerlegte er ein Argument der Akupunktur-Gegner: mit der Persönlichkeitsstruktur des Behandelten hat der Akupunkturerfolg nichts zu tun.

E. Sonnabend und Mitarbeiter (Poliklinik für Zahnerhaltung und Paradontologie der Universität München) berichten über die Herddiagnostik mittels Elektroakupunktur nach *Voll* anhand von 55 Patienten, die ihnen zur Fokussuche überwiesen wurden.

Bei einer beachtlich hohen Korrelation der Befunde von 85 % im Vergleich mit klinischem und röntgenologischem Befund mit dem Elektroakupunktur-Befund besteht für *Sonnabend* kein Zweifel an der Aussagefähigkeit dieser Untersuchungsmethode.

Bei den Verfassern der von mir zitierten Arbeiten aus 8 Universitäts-Kliniken handelt es sich nicht etwa um Verfechter nicht anerkannter Heilverfahren, sondern um Professoren und Ärzte, die bei therapieresistenten Leiden eben für sie neue, bisher nicht übliche Behandlungsmöglichkeiten zum Wohle ihrer Patienten gesucht, gefunden, erlernt und angewandt haben. Dies ist bei ihnen um so höher zu bewerten, da sie sich bei der konservativen, teils starren Kollegenmeinung unberechtigterweise in den Verdacht der Unseriösität, ja Scharlatanerie begeben mußten, wozu unsere altbekannten Negativkritiker ein gerüttelt Maß an Schuld beitrugen.

So hat also *Sachsenweger* seine Patienten nicht nur mit der lapidaren Bemerkung im Arztbrief abgehakt: die geklagten Beschwerden lassen sich seitens der Augen nicht objektivieren, sondern er hat über sein Fachgebiet hinaus diesen bedauernswerten Menschen geholfen, was bisher mit sanktionierten Heilmethoden nicht gelungen war. Er ist damit, ohne daß er dies ahnte, schon der Forderung *Mehlhoses* nach akademischen Einrichtungen zur wissenschaftlich neutralen Prüfung sogen. biologischer Heilmethoden nachgekommen.

Silberamalgam als Krankheitsursache.

Ich konnte in meiner Praxis übrigens ähnliches erleben mit entscheidenden Konsequenzen für die Betroffenen und mich. Mir wurden, wie jedem anderen Ophthalmologen auch, Patienten zur Abklärung ihrer therapieresistenten Beschwerden zugewiesen, deren Krankheitsursache ich mit herkömmlichen Methoden einer Klärung nicht näher bringen konnte. So mußte ich Patienten untersuchen, die an unterschiedlichsten Krankheitserscheinungen litten: HWS-Syndrom, Kopfschmerzen unklarer Herkunft, Schwindel, Übelkeit, Brechreiz bis zum Erbrechen, nervöse Beschwerden u. a. m. Nach umfassender Untersuchung der Augen konnte ich leider diesen bedauernswerten Menschen ebenso wenig helfen, wie dies vorher den Kollegen der anderen Fachdisziplinen ergangen war, weil sich keine Ursache für die geklagten Beschwerden finden ließ.

Durch meine jahrelange Zugehörigkeit zur Internationalen Gesellschaft für Elektroakupunktur nach *Voll*, dem Zentralverband für Naturheilverfahren und der Gesellschaft für Erfahrungsheilkunde war mir bekannt, daß es bei einem gewissen Prozentsatz von Patienten mit Amalgamfüllungen zu Irritationen des Zentralnervensystems durch unphysiologische elektrische Potentiale kommen kann, die solche Symptomatik hervorrufen können. Ich schaffte mir deshalb im Jahre 1977 ein Potentialmeßgerät an, damit ich in meiner Praxis Mundstrommessungen durchführen konnte, um dadurch bedingte Leiden abklären zu können.

Da kam Mitte Juli 1977 eine 40jährige Sekretärin in meine Praxis mit den Worten: Herr Doktor, wenn Sie nichts finden, soll ich wegen Verdachts auf Hirntumor in die Neurologische Univ.-Klinik nach Mainz zur Beobachtung. Seitens der Augen ergab sich kein Anhalt für die seit 9 Monaten bestehenden Beschwerden, so daß Frau H. arbeitsunfähig geschrieben werden mußte. Sie litt unter schweren Gleichgewichtsstörungen, Schwindel vergleichbar mit Seemannsgang, der sogar im Liegen auftrat, dabei Übelkeit bis zum Erbrechen. Sie konnte nicht mehr denken, litt unter Gedächtnisstörungen, sah teilweise alles unklar und hatte starke Nackenkopfschmerzen. Sechs Ärzte hatten sie bereits ausgiebig untersucht, konnten aber keine Ursache für diese Beschwerden feststellen. Am 12. 7. 1977 führte ich im Anschluß an die Augenuntersuchung mit dem Potentialmeßgerät eine Mundstrommessung durch und stellte stark erhöhte Werte bis 25 mAmp. zwischen Amalgamfüllungen und Gold fest. Nachdem die in Frage kommenden Amalgamfüllungen vom Zahnarzt entfernt worden waren, kommt Frau H. eine Woche später zu mir und erklärt: ,,Herr Doktor, es ist alles weg. Warum konnten das denn die anderen 6 Ärzte nicht feststellen, zu denen ich geschickt wurde? Ich habe eine solch furchtbare Zeit mit den 9 Monaten Krankheit hinter mir, ich hätte ja am liebsten sterben wollen, das Leben war für mich nicht mehr lebenswert. Mir war ja so, als ob ich laufend betrunken war, ich bin ja nur so rumgetorkelt und habe so oft erbrochen. Ich wäre ja auch nie darauf gekommen, daß es die Zähne hätten sein können. Von Ihnen als Augenarzt hätte ich am wenigsten Hilfe erwartet."

Der überraschende Heilerfolg bei Frau M. H. ermutigte mich so, daß ich seitdem bei Patienten mit entsprechenden Beschwerden routinemäßige Mundstrommessungen in meiner Praxis durchführe. Im Zeitraum von Mitte Juli 1977 bis Ende August 1981 stellte ich auf diese Weise bei 266 Patienten erhöhte Mundstromwerte von 6 mAmp. und darüber fest. Von diesen klagten

125 über Kopfschmerzen
42 über Schwindel
9 über Übelkeit, Brechreiz und Erbrechen
8 Migräne
7 Ohnmachtsanfälle
2 Krampfanfälle
5 Gleichgewichtsstörungen
7 Flimmern vor den Augen
2 passageres Doppeltsehen
6 Strahlenkörperentzündungen
6 Ohrensausen
2 bitteren Mundgeschmack
7 Mund- und Zungenbrennen
5 Schlafstörungen
5 rheumatische Beschwerden
5 Ziehen im Kiefer mit Schmerzen
8 nervöse Störungen

Ein zweiter Fallbericht soll die Notwendigkeit solcher Mundstrommessungen unterstreichen: G. Sch., ein 47 Jahre alter Mann, klagt seit Februar 1979 über starken Schwindel und bitteren Mundgeschmack nach Überkronung eines Zahnes. Sein Zahnarzt konnte keine Ursache für die geklagten Beschwerden im Zahnbereich finden. Der Internist deutete den Schwindel als Kreislaufbeschwerden. Der HNO-Arzt wußte auch keinen Rat, schickte Herrn Sch. aber zur Mundstrommessung zu mir. Der Test am 30. 4. 1979 ergab dann über 30 mAmp. zwischen Goldarbeiten und einer großen Amalgamfüllung am 48, der daraufhin extrahiert wurde. Am 8. 5. 1979 nach Entfernung dieses Zahnes war der äußerst lästige, jeglicher Therapie trotzende Mundgeschmack verschwunden. Auch der Schwindel sei wesentlich besser geworden, er empfinde nur manchmal noch einen leichten Wischer. Früher habe er so stark geschwankt, daß er dachte, er würde gleich flach liegen. Ich maß zwischen Gold- und Amalgamfüllungen noch 10 mAmp. und riet, auch noch die übrigen Amalgamfüllungen entfernen zu lassen. Der Internist glaubte aber nicht an die Ursache seitens der Zähne und schickte Herrn Sch. in eine bekannte diagnostische Klinik, die eine larvierte Depression bei Sch. feststellte, der darüber äußerst verwundert war, weil er gar nicht der Typ dafür sei, wie er sich ausdrückte. Am 12. 7. 1979 kam er nochmals zu mir, weil die Restbeschwerden noch anhielten, und ich maß jetzt 20 mAmp. und riet wiederum, alles Amalgam entfernen zu lassen, was nun endlich durchgeführt wurde. Der Pat. kam dann am 15. 10. 1979 freudestrahlend zu mir und teilte mit, daß jetzt keinerlei Beschwerden mehr auftreten würden und er sich dadurch, nachdem, was er über Monate habe durchmachen müssen, sehr beglückt und dankbar fühle.

In der maßgeblichen medizinischen Literatur, die sich mit den Ursachen von Kopfschmerzen, Schwindel und Erbrechen beschäftigt, nimmt man die mögliche Ursache ,,Mundbatterie" = Stromentwicklung durch korrodierende Amalgamfüllungen und dadurch bedingte Irritationen des Nervensystems nicht zur Kenntnis.

Der Wiener *Till* hat sich über Jahre mit dieser Problematik beschäftigt und konnte an Hand analytischer Untersuchungen nachweisen, daß sich Quecksilber aus Amalgamfüllungen tatsächlich in Zahnwurzeln und im Kieferknochen anreichert.

Gasser stellte 1972 nach entsprechenden Untersuchungen an seiner Basler Klinik fest, daß infolge Korrosion eine andauernde Quecksilberabgabe aus Amalgamfüllungen erfolgt. Diese Abgabe von Quecksilber sei mengenmäßig nicht unbedeutend.

Die elektrochemische Korrosion tritt nach *Meyer* auf, wenn zwei unterschiedliche Metalle oder Metall-Legierungen, die ein verschieden großes elektrisches Potential besitzen (z. B. ein ,,edles" Metall: Gold und ein ,,unedles" Metall: Amalgam), von einer Elektrolytflüssigkeit, dem Speichel, im Munde umspült werden. Dabei tritt ein Potentialausgleich auf, d. h. es fließt ein Elektronenstrom vom unedlen zum edlen Metall. Saure und metallische Geschmacksempfindungen werden durch diese elektrochemische Mundmilieuänderung ebenso erklärbar wie Mundgeruch, Entzündungen der Mundschleimhaut, Zungenbrennen und neuralgische Beschwerden.

Meyer warnt deshalb vor dem Neuapplizieren einer Amalgamfüllung neben einer Goldlegierung. In diesem Zusammenhang ist es wohl nicht uninteressant zu erfahren, daß 4 meiner Patienten mit Strahlenkörperentzündungen erst wenige Tage zuvor eine neue Amalgamfüllung von ihrem Zahnarzt erhielten.

Die äußerst einfach vorzunehmenden Mundstrommessungen können mit dem Potentialmeßgerät der Fa. Pitterling-Elektronik, Akademiestr. 5, 8000 München 40 vorgenommen werden. Dieses mißt sowohl die Stromintensität in Mikroampère wie auch die Stromspannung in Millivolt.

Wo können Stromerhöhungen auftreten?

Das kann von Amalgam zu Amalgam vorkommen wie auch von Amalgam zu Gold, aber auch zwischen Gold und Amalgam einerseits zu Stahlarbeiten andererseits.

Was sagt die Zahnmedizin zum Amalgam-Problem?

Offiziell werden Erkrankungen durch Amalgam verniedlicht oder abgestritten. Der wahre Grund für dieses merkwürdige Verhalten, das den Patienten ihre Beschwerden läßt, ist, daß man nicht weiß, was man an Stelle vom Amalgam verwenden soll, wenn man dessen Nimbus beeinträchtigen läßt. Es gibt aber ausreichend profilierte Zahnärzte (*Gasser, Rost, Kramer, Türk, Schwarz, Thomsen, Heinrici, Rossaint* u. a.), die dieses Problem eindeutig erkennen und danach handeln. Es ist nur eine Frage der Zeit, daß auch hier die zahnärztliche Spitze nachziehen muß.

Die Frage, warum die von mir erarbeiteten Erkenntnisse nicht Allgemeingut von Ärzten und Zahnärzten sind, ist wahrscheinlich damit zu beantworten, daß die Patienten bei Beschwerden zunächst ja nicht den Zahnarzt aufsuchen, weil es in dessen Zuständigkeitsbereich ja nicht weh tut. Die in Anspruch genommenen Haus- und Fachärzte hingegen können nur symptomatisch behandeln, weil ihnen über die eigentliche Ursache der Beschwerden im Zahnbereich nichts bekannt ist. Ihre Fehl- bzw. Verlegenheitsdiagnosen lauten dann: HWS-Syndrom, unklare Kopfschmerzen, Migräne oder vegetative Dystonie. Leider werden die Betroffenen auch nicht selten, weil sie ja immer wieder mit den gleichen andauernden Klagen ihre Ärzte aufsuchen, zu Unrecht als Hypochonder bzw. „Nervenkranke" angesehen, denn trotz aufwendigster Diagnostik wird mit den bisherigen Methoden ja keine Ursache gefunden. Zusätzlich erhalten die bedauernswerten Patienten noch eine Unzahl von Medikamenten, die sowieso nicht helfen können.

Dieser verhängnisvolle Zustand wird erst ein Ende haben, wenn die Mehrheit der Zahnärzteschaft sich nicht mehr auf die verbalen, negativen Stellungnahmen ihrer maßgebenden Vertreter in dieser Frage, wie *Riethe* und *Marxkors*, stützt. Letzterer behauptet einfach, daß alle Mutmaßungen „Unsinn" seien, daß Amalgamfüllungen Krankheitserscheinungen auslösen können, und tut unsere jederzeit leicht nachvollziehbaren Untersuchungen und deren Ergebnisse als „reine Spekulation" ab. Selbstverständlich kann man seine ärztliche Aufgabe auch so verstehen, nur nützt das leider den Patienten sehr wenig, weil die nämlich dadurch ihre Beschwerden behalten.

Was können wir dagegen tun?

So lange von maßgeblicher Seite diese an den Tatsachen vorbeigehenden Stellungnahmen abgegeben werden, die die gesamte Ärzte- und Zahnärzteschaft irreführend unterrichten, werden in den Praxen besonders viele Fehldiagnosen gestellt werden, in denen keine Mundstrommessungen vorgenommen werden. Wer hingegen seine Patienten nach den neuesten wissenschaftlichen Erkenntnissen versorgen will, die nicht unbedingt mit der herrschenden Hochschulmeinung übereinstimmen müssen, weil den Vertretern derselben nämlich in der Vergangenheit schon ausreichend Irrtümer unterlaufen sind (*Sachsenweger*), die sie dann kleinlaut berichtigen mußten, der wird bei den in Frage kommenden Fällen auch als Humanmediziner Mundstrommessungen durchführen und solche Patienten dann zum Zahnarzt schicken, bei denen der Verdacht oder die Gewißheit besteht, daß hohe Mundstromwerte durch Amalgamfüllungen Ursache der geklagten Beschwerden sein könnten.

Welche Konsequenzen sollte der Leser ziehen?

Nicht jeder ist ein Experte, der so bezeichnet wird oder sich für einen solchen hält. Nicht alles, was zu Papier gebracht wird, muß den Tatsachen entsprechen.

Kritik sollte nur derjenige üben, der von einem Sachgebiet auch wirklich etwas versteht. *Mehlhose* verurteilt auch die segensreiche Neuraltherapie, die schon so viele Menschen von ihren Schmerzen befreit hat, und führt sich dadurch zusätzlich ad absurdum. Aber zur gekonnten Neuraltherapie gehört eben eine umfassende praktische Erfahrung. Es muß auch mit Nachdruck festgestellt werden, daß Akupunktur kein bloßes „Stechen" ist.

Wer sich mit diesen Heilmethoden erfolgreich in seiner Praxis beschäftigen will, wird scheitern, wenn er, wie *Mehlhose*, dies glaubt, nur mit der linken Hand erlernen und ausüben zu können. Es gehören ein jahrelanges Studium und persönliches Engagement unter Verzicht auf andere, liebgewordene Dinge dazu. Ein 4-Wochen-Kurs z. B. läßt erst einmal einen Einstieg zu. Diese Gebiete sind insgesamt, vom Umfang her gesehen, mindestens so gestaltet wie unsere Augenheilkunde. Und dazu benötigt man auch erst einmal 4 Jahre, um sich dann in eigener Praxis bewähren zu können.

Ich habe an Hand von 8 Arbeiten aus Universitätskliniken über die Akupunktur gezeigt, daß neue, bisher nicht anerkannte Heilmethoden eine wesentliche Bereicherung unserer Schulmedizin darstellen können. Dazu gehören übrigens auch die Neuraltherapie, Homöopathie und Ozontherapie. Es sollten im Interesse unserer Patienten unberechtigte Vorbehalte zurückgestellt und keine Mühen gescheut werden, um die therapeutische Versagerquote zu senken. Die Verwertung der Erkenntnisse aus den korrodierenden Amalgamfüllungen gehört ebenfalls dazu.

Ein Literaturverzeichnis können Interessenten beim Verfasser anfordern.

Aus: Ärztliche Praxis, Heft Nr. 40 vom 18. 5. 1982

Dr. med. H. Raue

(Un)Rechtsmedizin, quo vadis?

Die alternative Medizin brauchen wir so lange, bis sie in die Schulmedizin integriert ist

Der aufmerksame Beobachter muß in den letzten Jahren eine zunehmende, gezielte Kampagne einzelner Rechtsmediziner feststellen, die sich darin gefallen, konzentriert die Ärzte anzuprangern, die in ihrer Praxis biologische Heilmethoden anwenden. Hier zeichnen sich besonders mit Schwerpunktstoßrichtung Akupunktur und Homöopathie Prof. Otto Prokop (Ost-Berlin) und Prof. Irmgard Oepen (Marburg) aus. Daß sie selbst keine fundierte Sachkenntnis auf diesen umfangreichen Gebieten besitzen, hindert sie nicht daran, fortlaufend eindeutig negative Urteile über die Naturheilverfahren in ihrer Gesamtheit abzugeben. Die Legitimation zu dieser äußerst fragwürdigen Ansicht leitet Frau Oepen aus einem Urteil des Bundessozialgerichts (Az 3 RK 38/73) vom 14. 3. 1975 ab: Ein Gericht überschreitet die Grenzen der richterlichen Beweiswürdigung nicht und verletzt auch nicht seine Aufklärungspflicht, wenn es zur Urteilsfindung nur allgemein anerkannte Gutachter heranzieht und sich allein auf deren Gutachten stützt.

Das Gericht geht dabei sicher von dem Standpunkt aus, daß sich solche Gutachter trotz Fehlens eigener einschlägiger Kenntnisse bei den Fachleuten der fraglichen Spezialgebiete vor Abgabe einer Stellungnahme genauestens orientieren. Daß dies bei Prokop und Oepen nicht geschehen sein kann, erkennt man an deren negativen Pauschalstellungnahmen zu allen Naturheilverfahren. Trotz fachlich eindeutig positiver Resultate von Professoren aus namhaften Kliniken, z. B. in bezug auf die Wirkung der Akupunktur, ignorieren sie nicht nur diese, sondern lehnen insgesamt alles als Scharlatanerie ab, was bisher auf diesem wichtigen Teilgebiet der Medizin erarbeitet wurde. Was dies dann noch mit einem Sachverstand des Gutachters zu tun haben will, werden weder die Richter am Bundessozialgericht, noch deren bestellte „Fachleute" wissen.

Prokop hat für dieses merkwürdige Verhalten auch ein Alibi bereit. In seinen Vorträgen drückt er das vor einem dankbaren Hochschulauditorium so aus: Er müsse als Gutachter auch über Sittlichkeitsdelikte urteilen, und es könne ihm schließlich niemand zumuten, hier vorher einschlägig praktisch tätig gewesen zu sein, um fachkundiger darüber urteilen zu können. Ein Vergleich, der sicher publikumswirksam ist — was die Heiterkeitsstürme seiner Anhänger unterstreichen —, der aber vollkommen an den Realitäten der praktischen Medizin vorbeigeht.

Prokop und Oepen sind sich einig, daß die Erfolge der Akupunktur lediglich auf Plazebo-Wirkungen beruhen, daß weder Akupunkturpunkte noch Meridiane existieren und daß es keine Organbeziehungen derselben gibt. Prokop läßt höchstens noch psychophysische Faktoren gelten. Diese seine Meinung ist aus einem Nichts entstanden, und dieser Hypothese stehen eindeutig positive Ergebnisse namhafter und sachkundiger Kliniker entgegen, die sich allerdings jahrelang ausgiebig mit dieser Materie beschäftigt haben.

Elektroakupunktur nach Voll: ablehnen oder ausprobieren?

Auch die erfolgreiche Elektroakupunktur nach Voll wird von beiden Rechtsmedizinern vom grünen Tisch aus abgelehnt, weil die Jahrtausende alte chinesische Akupunktur für sie, die Nichtfachleute, unbewiesen ist, weil es falsch sei, daß diese Akupunkturpunkte eine spezielle Charakteristik des elektrischen Widerstandes hätten und weil es falsch sei, daß man diesen Widerstand mit einer Handelektrode messen könne. Der eindeutigen Ablehnung der Elektroakupunktur nach Voll durch Prokop und Oepen steht übrigens seit Jahren ein faires Angebot von Voll gegenüber: Die Demonstration seiner Methode an unbekannten Patienten, was er in seinen Kursen ja fortwährend praktiziert. Das wurde aber von den beiden Neinsagern nicht wahrgenommen, weil nicht sein kann, was nicht sein darf.

Auf anschauliche Art und Weise ist es z. B. in der Zahnheilkunde möglich, mittels Elektroakupunktur nach Voll eine Herdtestung am Patienten unter Vergleich mit dem Röntgenbild durchzuführen. Nach Medikamentenausgleich am Lymphmeridian (radiale Seite des Daumens) werden die einzelnen Odontone elektrisch gereizt, und man kann anschließend am zugehörigen Akupunkturpunkt am Daumen messen, ob im betreffenden Odonton ein krankhaftes Geschehen vorliegt (und zwar in bezug auf seine Qualität und Quantität und seine evtl. Organauswirkung in den betreffenden Meridianen). Dieses hervorragende diagnostische Verfahren ist wesentlich aussagekräftiger als die Röntgenaufnahme allein; denn es macht bereits ein krankhaftes Geschehen im Entstehen meßbar, das in der Röntgenaufnahme noch nichts zur Abbildung kommen läßt, andererseits aber schon Herdwirkung aufweisen kann.

Oepen und Prokop sollten dazu lernen, um bei uns mitreden zu können. Prof. R. Sachsenweger (Leipzig) könnte dabei ihr Vorbild sein, wenn er schreibt: Viele Akupunkturgegner gehen vom gegenwärtigen Wissenschaftsstatus aus und vermögen sich offensichtlich nicht vorzustellen, daß es Phänomene im Heilprozeß geben könnte, die mit den derzeitigen Methoden (z. B. Mikroskop, Mikroelektrode, Biochemie u. a. m.) nicht erfaßbar sind. Das Fehlen einer allgemein anerkannten wissenschaftlichen Erklärung für die Akupunkturwirkung ist aber von geringem Belang. Jeder therapierende Arzt ist gewohnt, fallweise mit Hypothesen, Lehrmeinungen usw. zu arbeiten, wenn er nicht bei vielen Patienten untätig bleiben will.

Eine verläßliche Erklärung therapeutischer Erfolge fehlt auch für manche andere Therapieart. Außerdem ist bekannt, daß in der Vergangenheit — angeblich wissenschaftlich belegte — Therapiewirkungen oft genug revidiert werden mußten. Trotzdem wurden jahrzehntelang biologisch tätige Ärzte und Zahnärzte mit dem Bannstrahl der Unseriosität belegt. In unserer aufgeklärten Zeit tut es immer noch der wissenschaftlichen Karriere Abbruch, wenn man sich mit solch „ketzerischen" Verfahren beschäftigt.

Psychiatrische Untersuchung für Ärzte für Naturheilverfahren?

Der juristische „Kollege" unserer Rechtsmediziner, Dr. Wolf Wimmer (Mannheim), treibt dies sogar noch weiter. Er verlangt, daß für solche Ärzte psychiatrische Untersuchungen durchgeführt werden und möchte ihnen am liebsten die Approbation entziehen. Für sich selbst nimmt es Wimmer bezeichnenderweise in seinen Veröffentlichungen hingegen mit der Wahrheit und Beurteilung gar nicht so genau, denn sein Kollege Prof. Otto Backes (Bremen) schreibt über ihn: „Einen nicht minder unglaublichen Leichtsinn stellt diese Zitierweise Wimmers dar" oder „falsch sind auch Wimmers Ausführungen zur sogen. ärztlichen Aufklärungspflicht".

Kann eine Schreibtischmedizin wirklich Naturheilverfahren ersetzen? Raue

Übrigens, was Wimmers Jargon betrifft, so sind ihm bei seinen Veröffentlichungen gegen uns Ärzte für Naturheilverfahren sämtliche Verbalinjurien („Kurpfuscher", „Betrüger", „Blödsinn", „Unsinn", „Gaunerei" etc.) recht.

Wimmer soll hiermit deutlich gesagt werden, daß wir Ärzte uns solche beleidigenden Beschimpfungen entschieden verbitten. Wir biologisch tätigen Ärzte und die Ärzteschaft überhaupt sind ohne weiteres in der Lage, auftauchende Probleme mit zweifelhaften Kollegen im Kammerbereich selbst zu regeln. Bevor Wimmer fachübergreifend wird, sollte er den Saubermann erst einmal in den eigenen Reihen spielen. Backes, der die Entstellungen und Verfälschungen Wimmers im Bremer Ärzteblatt entlarvte, wurde an gleicher Stelle nicht die Möglichkeit einer Entgegnung gegeben, was nicht gerade für dieses Blatt spricht. Denn Backes möchte die Heilbehandler vor solchen Juristen schützen, die den Versuch unternehmen, die Schulmedizin „gesund" und die Außenseiter „tot" zu beten.

Unkritische Kritiker verhindern Fortbildung der Ärzteschaft

Durch solche ständigen ungerechtfertigten Äußerungen wird eine Fortbildung der Mehrheit der Ärzteschaft in dieser Richtung verhindert. Da erhält alles den Bannstrahl der Ablehnung, was sich an Einzeldisziplinen seit Jahrzehnten bewährt und unzähligen Menschen geholfen hat: Akupunktur, Homöopathie, Neuraltherapie, um nur einige stellvertretend für alle zu nennen. Im Gegensatz zur Behauptung der Kritiker darf in der Akupunktur jeder therapeutische Eingriff nur nach Stellung einer Diagnose vorgenommen werden und natürlich muß unter sterilen Kautelen gearbeitet werden. Das sind doch beides Binsenweisheiten für die gesamte Medizin. Somit stellt Samlert mit Recht die Frage, wo Frau Oepen das Recht und den Mut zu solchen Pauschaldiffamierungen von einigen Tausend sorgfältig arbeitender Ärzte bei uns hernimmt.

Ein weiteres Experten-Bonmot ist das Abbrechen von Akupunkturnadeln, weshalb die Methode so gefährlich sei. Abgesehen davon, daß ich dies noch niemals erlebt habe, könnte dies ja auch bei jeder gewöhnlichen Injektionsnadel geschehen. Man wird aber vernünftigerweise deshalb nicht in der Medizin Injektionen verbieten oder verteufeln, weil einmal eine Kanüle abbrach oder ein Spritzenabszeß entstanden ist. Solche einseitigen Schilderungen stellen eine reine Brunnenvergiftung dar.

Eine Tatsache steht auch fest: Wenn infolge der entstellenden Schilderungen,

Unwahrheiten und Unterstellungen wider jeglicher Vernunft erreicht würde, daß die biologischen Heilverfahren nicht mehr durch Ärzte ausgeübt werden dürfen, dann würden die Patienten ihr Heil bei Nichtärzten suchen. Ob eine solche Entwicklung im Interesse der gesamten Ärzteschaft läge, möchte ich sehr bezweifeln. Noch ist es Zeit für die zuständigen Stellen (Ärztekammern, Hochschulen), hier reformerisch regulierend zu wirken und dem weit verbreiteten Wunsch nach Anerkennung dieser Heilmethoden und Errichtung von Lehrstühlen für Naturheilverfahren nachzukommen. Die starre Schulmedizin scheint bisher allerdings nicht in der Lage zu sein, dem Verlangen von Millionen Menschen nach biologischen Heilmethoden zu entsprechen.

Acht Akupunktur-Arbeiten aus deutschen Universitätskliniken

Trotzdem haben sich neben den niedergelassenen Ärzten bereits zahlreiche verantwortungsbewußte Kliniker mit Akupunktur, Homöopathie und Neuraltherapie befaßt, weil sie mit herkömmlichen, sanktionierten Heilmethoden ihren Patienten nicht immer helfen konnten. Diese Arbeiten, beispielsweise zur Akupunktur, sind Kronzeugen dafür, daß Prokop und Oepen mit ihren fragwürdigen biologischen Schreibtischkenntnissen Unrecht haben und in ihre Schranken verwiesen werden müssen.

>A. Braun und W. Stein (Orthopädische Klinik und Poliklinik der Universität Heidelberg) berichten über erfolgreiche Schmerztherapie durch Akupunktur bei orthopädischen Erkrankungen, wobei es sich vorwiegend um Problemfälle handelte. Unmittelbar nach der Akupunktur waren 60 Prozent der Patienten beschwerdefrei oder deutlich gebessert. Nach neun Monaten gaben dies noch 48 Prozent der Patienten an, die vorher an Phantom- bzw. Stumpfschmerzen oder an HWS-Syndrom, Lumbalgie, Koxarthroseschmerz u. a. litten.

>D. Kolditz und Mitarbeiter (Orthopädische Universitätsklinik Düsseldorf) berichten über 43 Kranke mit Zervikalsyndrom. Am besten half die Akupunktur bei akutem Tortikollis. Nach ein bis drei Sitzungen verschwanden die Symptome völlig. Starke Kopfschmerzen, sympathische Begleitsymptome sowie pseudoradikuläre Beschwerden sprachen schon in der ersten Sitzung gut an.

>H. P. Zahradnik (Abteilung Klinische Endokrinologie der Universitäts-Frauenklinik Freiburg) weist darauf hin, daß es bei Akupunktur zur Erhöhung des Endorphin-Spiegels im Liquor, dagegen zum Abfall des c-AMP-Spiegels und der Dopamin-Wirkungen im ZNS kommt.

>R. Pothmann und Mitarbeiter (Universitäts-Kinderklinik Düsseldorf) berichten über Akupunktur-Heilungserfolge zu 68 Prozent bei therapieresistenter Sinusitis. Sie empfehlen deshalb vor eingreifenden operativen Maßnahmen bei chronisch rezidivierender Sinusitus eine Akupunktur-Behandlung.

>M. V. Fischer (Chirurgische Universitäts-Klinik Heidelberg, Abteilung Anästhesiologie) konnte statistisch belegen, daß Zephalgien und Migräne geradezu „ideale" Indikationen für die Akupunktur hinsichtlich Erfolg und Rezidivfreiheit darstellen. Zugleich widerlegte er ein Argument von Akupunktur-Gegnern: Mit der Persönlichkeitsstruktur des Behandelten hat der Akupunktur-Erfolg nichts zu tun.

>E. Sonnabend und Mitarbeiter (Poliklinik für Zahnerhaltung und Paradontologie der Universität München) berichten über die Herddiagnostik mittels Elektroakupunktur nach Voll anhand von 55 Patienten, die ihnen zur Fokussuche zugewiesen wurden. Als Untersuchungsparameter galten Korrelationen von 1. klinischem, 2. röntgenologischem

und Elektroakupunktur-Testbefund. Bei einer beachtlich hohen Korrelation der Befunde von 85 Prozent besteht für Sonnabend kein Zweifel an der Aussagemöglichkeit dieser Untersuchungsmethode. Offen blieben die übrigen 15 Prozent mit fehlender Korrelation. Hierunter könnten sich nach Meinung der Autoren die chronischen Pulpitiden und vielleicht Ostitiden verbergen, die der klassischen Diagnostik nicht zugänglich waren.

>M.-K. Schreiber (Augenklinik der Medizinischen Hochschule Hannover) berichtet über die Wirkung der Laserakupunktur auf den Augeninnendruck bei Glaukomkranken und Gesunden. Bei den an chronischem Glaukom Erkrankten wurde eine signifikante Drucksenkung (bis zu 17 mm Hg) gefunden, wobei die Dauer der Drucksenkung durchschnittlich 12 Stunden anhielt und der Ausgangswert nach 24 Stunden wieder erreicht wurde.

>R. Sachsenweger und B. Cebulla (Universitäts-Augenklinik Leipzig) teilen uns ihre Erfahrungen mit der Akupunktur bei funktionell bedingten Schmerzzuständen im Kopfbereich mit. 105 Patienten mit Migräne, Kopfschmerzen, Trigeminusneuralgien und Blepharospasmus wurden behandelt. Beseitigung der Schmerzzustände oder Besserung wurde bei 75 Patienten erreicht.

Urteile von Sachunverständigen als Maßstab der Bewertung

In diesen acht Hochschularbeiten werden wir objektiv über die Erfahrungen und Erfolge mit der Akupunktur durch kritische Kliniker unterrichtet. Diesen wirklich Sachverständigenurteilen stehen die verbalen Ablehnungen der sachunverständigen Schreibtisch-Rechtsmediziner gegenüber, die in zunehmendem Maße durch Vortragsreisen und Veröffentlichungen die Ärzteschaft falsch unterrichten, damit verunsichern und den medizinischen Fortschritt zum Nachteil der leidenden Menschen verhindern. Frau Oepen zitiert ihren Lehrmeister: Prokop macht auf die Verliebtheit einiger Ärzte in die Akupunktur aufmerksam; und Liebe macht blind! So viel Polemik an verantwortlicher Stelle muß erschrecken; denn Hochschulen und Kammern sind sich nicht zu schade, diese Sachunverständigenurteile als Maßstab ihrer Beurteilung in bezug auf die Naturheilverfahren anzusehen.

Kanzow ist wenigstens bereit zuzugeben, daß die wissenschaftliche Medizin immer wieder Irrtümern und falschen Schlußfolgerungen aufsaß. Die von ihm so titulierte „wissenschaftliche" Medizi ist allerdings nicht so wissenschaftlich, daß sie in der Lage zu sein scheint, unsere jederzeit nachprüf- und reproduzierbaren Heilmethoden nachzuvollziehen. Wir fordern die ernsthaften Wissenschaftler auf, an unserer „Zauberei" (Kanzow) teilzunehmen! Um sich darin einzuarbeiten, gehören allerdings eine erhebliche Menge Zeit, persönliches Engagement und viel Ausdauer dazu. Mit dem Besuch einiger weniger Tagungen und anschließendem Werturteil, wie dies Frau Oepen exerziert, ist es leider nicht getan. Vor den Erfolg haben auch hier die Götter den Schweiß gesetzt.

Homöopathie: Können Plazebos tatsächlich Krebs erzeugen?

Eine Heilwirkung der Homöopathie wird von Prokop und Oepen ebenfalls seit jeher geleugnet, es sei denn auf der Grundlage des Plazebos. Wie verwundert müssen sie jetzt sein, da das Bundesgesundheitsamt unlängst aristolochiahaltige Präparate bis zum Verdünnungsgrad D 10 vorsorglich aus dem Verkehr gezogen hat. Begründung: „Aus der Feststellung, daß in einzelnen homöopathischen Verdünnungen analytisch keine Aristolochiasäure nachweisbar sei, kann nicht gefolgert werden, daß bei ihrer Anwendung ein karzinogenes Risiko mit hinreichender Sicherheit auszuschließen ist." Auf einmal scheinen also die Plazebos der unwirksamen Homöopathie sogar Wirkstoffe zu enthalten. Verständlicherweise allerdings nur solche, die schaden können. Bisher war man geschlossen anderer Meinung. Da prangerte man deren Wirkungslosigkeit an, denn ab D 3 sei ja überhaupt nichts mehr drin.

Wir biologisch tätigen Ärzte sind über eine solche doppeldeutige Betrachtungsweise einmal mehr verwundert. Hier kann doch nun wirklich etwas nicht stimmen: Bisher war man der Ansicht, die Homöopathie sei nicht mehr als verdünntes Wasser, und auf einmal soll von diesem eine karzinogene Wirkung ausgehen? Seien wir gespannt, ob dies die klugen Rechtsmediziner auf ihrem abseitigen Betrachtungsplatz kommentarlos verstummen läßt. Oder werden uns jetzt Karzinom-Plazebos vorgejubelt? Doch auch hierzu eine kleine Nachhilfe: Mit der Elektroakupunktur nach Voll kann man Wirkung und Wertigkeit der homöopathischen Verdünnungen am Patienten nachweisen. Es gehört allerdings eine Voraussetzung dazu: Man muß die Methode beherrschen.

Amalgamfüllungen: ignoriert von Zahn- und Rechtsmedizinern

Ein weiteres Problem soll Erwähnung finden, an dem die wissenschaftliche Medizin mit Vorsatz vorbeigeht. Es tangiert deshalb auch unsere Rechtsmediziner nicht, und selbst Sachverständige wie Marxkors scheuen sich nicht, auf Anfrage im Bundestag ein falsches Gutachten abzugeben: Es handelt sich um die fragliche Unbedenklichkeit quecksilberhaltigen Amalgams als Zahnfüllmaterial. Durch Korrosion von Amalgamfüllungen, vor allem in Verbindung mit Gold- und Stahlarbeiten, kann es im Munde zum Auftreten galvanischer Ströme kommen, wobei Spannungen bis 1 000 Millivolt bzw. Stromstärken bis 40 Mikroampere gemessen werden. Daß solche unphysiologischen Ströme in der Nähe der Schädelbasis nicht unbedenklich sind, zeigt die Praxis. Entfernt man nämlich die in Frage kommenden Amalgamfüllungen, sind auf einmal bis dahin therapieresistente Kopfschmerzen, Gesichtsneuralgie, Migräne, Schwindel, Schlafstörungen, vegetative Störungen, HWS-Syndrome u. a. m. verschwunden.

Zahlreiche diesbezügliche Arbeiten (Till, Gasser, Kramer, Rost, Thomsen, Raue) werden von den zahnmedizinischen Hochschulen und Gesellschaften einfach ignoriert. Zu bedauern sind hierbei die Patienten, die wegen dieser Ignoranz hilfesuchend von Arzt zu Zahnarzt gehen und verzweifelt schließlich u. U. bei Nichtärzten Heilung erfahren, die über dieses Problem besser unterrichtet sind als die zuständige Hochschulmedizin. Hier vermisse ich plötzlich unsere beiden Rechtsmediziner.

Ein Urteil des Bundessozialgerichts (9. Senat Az. RVi 2/78 v. 7. 11. 1979) sagt aus, daß das ärztliche Berufsethos auch die Verpflichtung enthalte, den Versicherten eine gründliche und sorgfältige ärztliche Versorgung zuteil werden zu lassen. Daraus folgt, daß den Versicherten neuere Behandlungsmethoden nicht grundsätzlich deswegen vorenthalten werden dürfen, weil sie von der Schulmedizin nicht allgemein anerkannt sind. Der Rechtswissenschaftler Prof. Küchenhoff hat hervorgehoben, daß nötigenfalls jeder Arzt verpflichtet ist, Naturheilverfahren anzuwenden: „Ein Arzt, der sich in alten Anschauungen befangen, nicht zu entschließen vermag, einen naturheilkundigen Arzt hinzuzuziehen, kann sich wegen unterlassener

Hilfeleistung ebenso strafbar machen wie ein Arzt für Naturheilverfahren, der nicht ein allopathisches Medikament als letzte Rettung rechtzeitig versucht."

Tausende niedergelassener Ärzte und einzelne namhafte Kliniker versuchen seit Jahren, die Wirkungsweise von Therapiemethoden, die an der Universität nicht gelehrt werden, zu klären. Diese neuen Möglichkeiten mußten gesucht werden, weil wir bei einem nicht geringen Prozentsatz unserer Patienten mit der herkömmlichen — wenn auch wissenschaftlich abgesegneten — Therapie Versager erlebten. Anstatt an diesem Fortschritt in der Medizin teilzunehmen und die gewonnenen Erkenntnisse ausbauen zu helfen, verunglimpfen einzelne Theoretiker kraft ihres Amtes biologisch tätige Ärzte.

Nicht unerwähnt bleiben soll allerdings, daß die Gesellschaft für Rechtsmedizin sich zu keiner Zeit mit der Jagdleidenschaft von Frau Oepen gegen die Naturheilverfahren identifiziert hat. Ihr letztes Werk erschien unter dem Titel: „Brauchen wir eine alternative Medizin?" Die Antwort lautet: Die alternative Medizin brauchen wir — im Gegensatz zu dieser Publikation — unbedingt, bis sie in die Schulmedizin integriert ist.

Literatur: O. Backes: Alternative Medizin 1/1980, 27—39. — A. Braun, W. Stein: Schmerztherapie durch Akupunktur bei orthopädischen Erkrankungen. Phys. Med. u. Reh. 6/1979, 288 u. 297. — G. Dotzauer, O. Prokop: Was hat es mit der Akupunktur auf sich? Deutsch. Med. Wschr. 103 (1978) 470—477. — M. V. Fischer: Akupunktur-Behandlung bei Schmerzen. Ärztl. Praxis 33 (1981) 3818. — F. Gasser: Amalgam in Klinik und Forschung. Schweiz. Mschr. Zahnheilk. 82 (1972) 62. — U. Kanzow: Von Schulmedizinern und Zauberern. Dtsch. Ärztebl. 19/1981, 921—922. — D. Kolditz et al.: Zervikal-Syndrom: Stellatum-Blockade und Akupunktur helfen rasch. Selecta 17/1981, 1226. — F. Kramer, H. Peesel: Potential-, Strom- und Energiemessungen im Mund. Zahnärztl. Praxis 28 (1977) 14. — I. Oepen: Paramedizinische Heilmethoden. Z. Allg. Med. 56 (1980) 1375—1380. — I. Oepen: Kritische Argumente zur Akupunktur. Z. Allg. Med. 56 (1980) 1401—1407. — I. Oepen: Wert und Unwert der Akupunktur. Therapiewoche 31 (1981) 794—804. — I. Oepen: Brauchen wir eine „alternative Medizin"? Fortschr. Med. 99 (1981) 1759 bis 1763. — R. Pothmann et al.: Vergleichende Studie zur Wirkung von Antibiotika, Laser und Akupunktur in der Therapie der chron. Sinusitis maxillaris bei Kindern u. jungen Erwachsenen. Akupunktur 9 (1981) 127—129. — H. Raue: Therapieresistenz: Denken Sie an die Zahnfüllung. Ärztl. Praxis 32 (1980) 2303—2309. — A. Rost: Herdmöglichkeiten im Zahn-, Mund- u. Kieferbereich. Phys. Med. u. Reh. 4/1978, 165—171. R. Sachsenweger, B. Cebulla: Erfahrungen mit der Anwendung der Akupunktur bei funktionell bedingten Schmerzzuständen im Kopfbereich. Dt. Gesundh.wesen 31 (1976) 1646—1650. — R. Sachsenweger, B. Cebulla: Möglichkeiten und Grenzen der Akupunktur. Medizin aktuell 6/1980, 7. — H. Samlert: Akupunkturarzt — Aurikulotherapeut 6/1981, 177—179. — M.-K. Schreiber: Zur Wirkung der Laserakupunktur auf den Augeninnendruck bei Glaukomkranken und Gesunden. Erfahrungsheilkunde 7/1980, 593—598. — E. Sonnabend et al.: Elektroherddiagnostik — Realität oder Hypothese? Zahnärztl. Praxis 31 (1980) 199—204. — J. Thomsen: Die Metallbelastung des Organismus durch zahnärztliche Werkstoffe. Vortrag 61. Ärztl. Fortbildungskongreß d. Zentralverb. f. Naturheilverf., Freudenstadt 1981. — T. Till, K. Maly: Zum Nachweis der Lyse von Hg aus Silber-Amalgam von Zahnfüllungen. Prakt. Arzt 1978, 1042—1056. — M. v. Ungern-Sternberg: Laßt Aristolochia wieder zu. Ärztl. Praxis 33 (1981) 2196. — R. Voll: Lehrbücher der Elektroakupunktur nach Voll, ML Verlag, Uelzen. — W. Wimmer: Ärztliche Außenseitermethoden in juristischer Sicht. Bremer Ärzteblatt 8/1980, 23—29. — H. P. Zahradnik: Akupunktur: der neuroendokrine Angriff. Ärztl. Praxis 33 (1981) 2048. — Zander, Till, Marxkors: zit. bei Praxis mit Amalgam gilt als abgesichert Zahnärztl. Mitt. 7/1980, 424.

Aus: Biologische Medizin, Heft Nr. 3, Juni 1984

Dr. D. K. Teherani, Dr. W. Klein, F. Koscis, Prof. Dr. T. Till

Gesundheit ist keine Ware

Problemstellung

Unser neues Arzneimittelgesetz (Österreich) stellt eine bedeutende Verbesserung hinsichtlich des Schutzes von Patienten gegen Arzneimittelschadwirkungen dar, trotzdem gibt es noch einige Schwachstellen: Klinische Prüfungen von Arzneimitteln werden laut § 29 aufgrund von Nutz- und Schadeffekt-Kalkulationen abgehandelt und § 22 und 23 über die Zulassung, bzw. Aufhebung einer Zulassung, erscheint uns zum Schutz der Gesundheit von Mensch und Tier, etwas zu nig vorsichtig.

Die Gefahren von Schadwirkungen einiger quecksilberhaltiger Substanzen sind einfach zu groß. Aus der zuständigen Fachliteratur (Pathologie, Biologie, Neurobiologie, Toxikologie, Mundbakteriologie, analytischen Chemie, Neuraltherapie, Elektroakupunktur und Ernährungswissenschaft) sind uns mehr als 1 000 Quellen bekannt, die über das Ausmaß verschiedenster Metall-Schadwirkungen berichten.

Um zu veranschaulichen, welches Ausmaß eine sorglose Verwendung derartiger Produkte haben kann, sei nur auf die Minamata-Katastrophe hingewiesen. Viele Menschen mußten ihr Leben lassen, weil sie durch längere Zeit quecksilberverseuchte Fische aßen. Dieses Quecksilber kam durch die sogenannte Nahrungskette – quecksilberhaltige Saatbeizmittel in den Boden, wurde von dort durch Regen ausgeschwemmt, kam in den Fluß und von dort ins Meer, wurde durch Plankton aufgenommen, dieses bildete die Nahrung für Fische – durch Genuß dieser Fische zum Menschen. Eine gemeine Quecksilbervergiftung war die Folge.

Auch in Österreich und in der Bundesrepublik Deutschland wurden bereits Untersuchungen an verschiedenen Nahrungsmitteln auf Quecksilbergehalt durchgeführt. Fische aus der Donau, Drau, Rhein, Bodensee ergaben beachtliche Quecksilber-Werte, auch bei Hühnern und Schweinen, hauptsächlich in Innereien, wurde Quecksilber festgestellt, aber nie in so hohem Ausmaße wie seinerzeit in Japan. Nur Schweden reagierte darauf beispielgebend – ein Verwendungsverbot quecksilberhaltiger Saatbeizmittel wurde ausgesprochen.

In der Medizin ist die Anwendung quecksilberhaltiger Präparate rückläufig, quecksilberhaltige Salben in der Haut- und Geschlechtskrankheiten-Therapie werden nicht mehr gebraucht, kaum Sublimat, Kalomel. Einige Salben in der Kosmetikbranche und wenige andere Produkte wie zum Beispiel Merfen finden heute noch Verwendung.

In allen zuständigen Disziplinen, die sich mit Metallverarbeitung und Metallverwendung beschäftigen, weiß man, daß Quecksilber in feinster Form ein Zellgift und insbesondere ein Nervengift ist. Man kennt die Folgen einer vermehrten Quecksilberexponierung bestimmter Berufe, wie Spiegelmacher, Thermometermacher usw., die von akuten Krankheitserscheinungen bis zu schweren chronischen Vergiftungen reichen. Die Erkrankungen gehen meist äußerst langsam und schleichend vor sich und werden daher oft sehr schwierig erkannt. Aufgrund der Forschungsergebnisse wurde nachgewiesen, daß sich Quecksilber sowohl im Bindegewebe, wie auch in Knochen, Haaren und Nägeln einlagern und anreichern kann. Es kann auch entlang von Nervenfasern weitertransportiert werden. Der Sehnerv kann angegriffen werden. Nervenzellen und Hirnzellen können zerstört werden.

Die auftretenden Krankheitssymptome reichen je nach Ursprung der Quecksilberintoxikation von örtlichen Schadwirkungen bis zu chronischen Vergiftungserscheinungen, mit neurasthenisch-vegetativ-dystonischen Zuständen. Nicht selten tritt Fingerzittern auf. Allgemein ist meist nicht bekannt, daß bestimmte Bakterien unseres Mundmilieus die Fähigkeit besitzen, das sich aus Amalgamfüllungen herauslösende Quecksilber in Methylquecksilberverbindungen umzuwandeln! Die Annahme, daß sich derartige Füllungen im Mund alsbald mit einer schützenden Oxidschicht überziehen, ist falsch, da diese Möglichkeit durch mechanische Abrasion sowohl beim Kauakt, als auch durch pH-Wechsel des Speisebreies und dem Temperaturwechsel sowie die Zahnreinigung verhindert wird. Dazu kommt noch, daß nachgewiesen wurde, daß verschiedene Halogenidlösungen (Cl, Br, Jod und Flour) Amalgam mehr auflösen. Kochsalz ist fast in jeder Speise – Fluor gibt es in Zahnpasten. Das gebräuchliche Amalgam besteht zu 50 % aus Quecksilber.

Aus Untersuchungsresultaten an vielen Zähnen auf Quecksilbergehalt der Wurzeln geht hervor, daß die Quecksilber-Werte an Zähnen ohne Amalgamfüllungen, jeweils verglichen mit jenen Werten an Zahnwurzeln amalgamgefüllter Zähne an denselben Patienten, immer bedeutend geringer waren. Daraus ist zu schließen, daß eine Quecksilberanlagerung an Zähnen eher nicht durch quecksilberverseuchte Nahrungsmittel erfolgt. Bei den Haaren ist dies sehr wohl der Fall. Die Quecksilberwerte erhöhen sich, bei Anwesenheit von Metallkronen (Gold, Spargold oder Stahl) in der Nachbarschaft, da es durch Galvanoelementbildung zu vermehrter Quecksilberherauslösung kommt.

Weiter ist zu berücksichtigen, daß es unter Umständen auch Fernwirkungen gibt. Patienten mit Stahlgelenksersatz an der Hüfte sollten sich hüten, Amalgam im Mund zu haben. Aber auch Goldreparaturen können verschiedene Reizungen machen, insbesondere wenn nicht vorher versucht wurde, eventuelle Quecksilberdepots im Körper entsprechend wegzubringen (was leider nicht immer gelingt).

Beispiele hinsichtlich Quecksilberschadwirkungen aus Amalgamfüllungen aus der Praxis

Fallbericht 1

Verheiratete Frau K. W., 27 Jahre, ein Kind, leidet seit 1979 (nach einer im Jahre 1977 durchgeführten Zahnsanierung)

1. unter Zahnschmerzen beim Kauakt,

2. unter Zahnfleischentzündungen, mit Zahnfleischbluten, graue Zahnfleischfarbe,
3. unter üblem Mundgeruch, Brenngefühl, zeitweise Metallgeschmack,
4. unter häufigen Stimmungsschwankungen, Gereiztheit und Schlaflosigkeit, Müdigkeit, Beredsamkeit und Apathie wechseln sich ab,
5. eine Allergie gegen Kobalt wurde festgestellt, dadurch konnte ein Stahlskelettersatz nicht vertragen werden,
6. die Patientin besitzt eine schlechte Zahnqualität (ererbt), alle Zähne im Oberkiefer waren bereits geflickt; Amalgam, Silikat und Spargoldlegierungen waren zur Sanierung verwendet worden.

Im September 1983 wurde erstmalig der Verdacht geäußert, daß es sich um eine Quecksilbervergiftung durch Amalgamfüllungen handeln könnte. Die durchgeführten Untersuchungen bestätigen die Richtigkeit dieser Annahme:

Harn: 0.25 ppm = μ g/ml Hg (Norm liegt zwischen 0.002 – 0.011 ppm), ist also deutlich erhöht.

Blut: DNA-Lymphozyten-Metabolismus wurde untersucht, die DNA-Synthese ist gegenüber Kontrollpersonen unverändert. DNA-Reparatur, nach UV-Exposition der Zellen, – die Reparatur der UV-Licht-Schäden an der DNA der Lymphozyten ist in der beobachteten Zeitspanne um etwa 20 % vermindert. DNA-Struktur: der enzymatische Einschnitt von UV-Licht-Schäden in der „supercoiled" Form der DNA ist um etwa 10 % gegenüber Kontrollpersonen gemindert.

Aus Tabelle 1 lassen sich Quecksilbergehalte an verschiedenen Zahnwurzeln und auch aus der Alveolarwand ablesen (Neutronenaktivierungsanalyse).

Tab. 1: Status: K. W. Sept. 1983, 5 Zähne fehlen

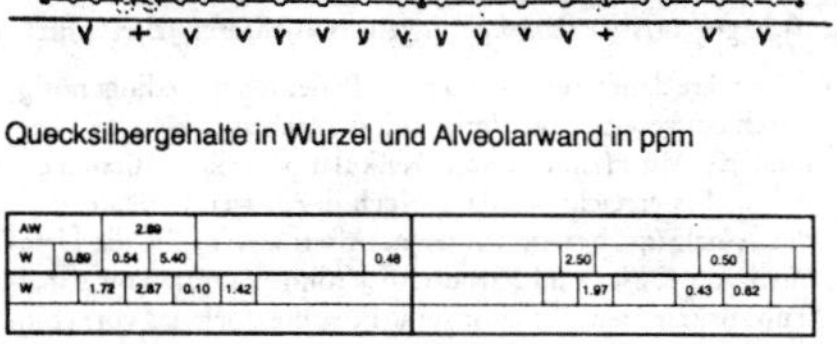

Quecksilbergehalte in Wurzel und Alveolarwand in ppm

AW		2.89										
W	0.89	0.54	5.40		0.48		2.50		0.50			
W		1.72	2.87	0.10	1.42			1.97		0.43	0.82	

Wurzel = W Alveolarwand = AW

Elektronenmikroskopische Untersuchungen von Metallmundarbeiten ergaben folgende Definition:

6⌋ Krone

Energy	nett. int.	groß int.
2.18	500 Au	2915
8.08	1904 Cu	5554
9.76	2948 Au	7282
11.52	2708 Au	8256
11.36	326 Au	3819

⌊7 Krone

Energy	nett. int.	groß int.
2.14	28875 Au	39062
2.98	3098 Ag	12083
6.42	2218 Fe	7760
8.08	13169 Cu	19969
8.62	17259 Zn	34555
9.70	22957 Au	30922
11.52	11042 Au	18939
13.36	1116 Au	3963

7⌋ Krone

2.18	36615 Au	67163
2.98	9489 Ag	29506
6.42	0 Fe	8016
8.08	33050 Cu	45750
8.62	1025 Zn	9585
9.76	39242 Au	53674
11.52	23408 Au	38973
13.36	1784 Au	7513

7⌉ Krone

2.18	731 Au	2747
	od. Hg	
3.02	1833 Ag	5637
3.46	435 Sn	2002
6.42	561 Fe	1666
8.08	35923 Cu	1193
8.62	605 Zn	3117
9.76	635 Au	1790
11.52	319 Au	1291
13.36	63 Au	428

5⌉ Inlay

2.18	346 Au	2439
3.02	1935 Ag	5787
8.08	4124 Cu	7764
9.76	57 Au	2829
11.52	48 Au	3517
13.36	0	2335

6⌉ Amalgamfüllung

2.98	499 Ag	2479
3.42	8468 Sn	15217
6.42	152 Fe	1554
8.02	5255 Cu	7802
8.62	1902 Zn	4590
9.94	1325 Hg	3605
11.80	1324 Hg	4180

Aus diesen analytischen Punktwerten läßt sich entnehmen, daß sämtliche Reparaturarbeiten zum Teil aus Gold bestehen, aber zum anderen Teil zumindest aus Kupfer, oder zusätzlich noch aus Silber, Zink, Zinn und Eisen. Es handelt sich also größtenteils um Spargoldlegierungen. Die Amalgamfüllung ist eine Kupferamalgamfüllung!

Seit den Zeiten der Publikationen des Chemikers Stock, etwa 1928 – 1936, wird ernsthaft empfohlen, daß Kupferamalgam nicht mehr für Reparaturarbeiten im Mund verwendet wird. Heute 1983 findet sich bei einer 27jährigen Frau noch immer dieses gefährliche Material im Mund.

Aufgrund der Krankheitssymptome der Patientin und der Verifizierung der toxischen Schadwirkungen des Quecksilbers aus den Amalgamfüllungen und der nachweislichen schlechten Zahnqualität, entschloß sich die Patientin, sämtliche geflickten oder geschädigten Zähne zu enfernen und prothetisch zu ersetzen. Die Zähne wurden also entfernt und immediat ein Zahnersatz inkorporiert. Bei der Zahnentfernung wurde festgestellt, daß viele Mahlzähne durch verflossene Entzündungsvorgänge fest mit dem Kieferknochen verwachsen waren und teilweise auch Alveolarwandteile mit entfernt werden mußten.

Die Untersuchungsergebnisse von Zahnwurzeln und Alveolarwand auf Anwesenheit von Quecksilber lassen sich aus der Tabelle 1 ablesen und bestätigen verschiedentlich den Beginn einer Quecksilberdepotbildung. Außerdem konnte an 2 Zähnen (|4 und 4|) die keine Amalgamfüllungen hatten, festgestellt werden, daß sich dort an den Wurzeln noch beachtliche Reste von Quecksilber aus früherer Zeit fanden (diese Zähne hatten früher Amalgamfüllungen). Weiter läßt sich der Quecksilberwert an der Wurzel des 1| von 0.48 ppm, einem Zahn der nie eine Amalgamfüllung trug, dahingehend definieren, daß dieser Wert entweder aus der Umgebung in diesem Mundmilieu induziert wurde oder unter Umständen vielleicht aufgrund von quecksilberverseuchter Nahrung entstanden ist (Fisch u. a.). Auf jeden Fall sind Quecksilberwerte bis zu 5.4 ppm äußerst besorgniserregend und unterstreichen die Richtigkeit der Diagnosestellung und Therapiemaßnahmen. Vorsichtige langsame Quecksilberdepot abbauende therapeutische Maßnahmen von etwaigen im Körper noch vorhandenen Anreicherungen beschließen die Behandlungsmaßnahmen, und dies sollte vor der Herstellung eines definitiven Ersatzes geschehen.

Fallbericht 2

Mann, 58 Jahre, Kriegsversehrter, litt seit Jahren an verschiedensten schwer definierbaren Krankheitssymptomen:

1. ständig schlechterwerdende Sehfähigkeit (mußte dunkle Brillen tragen),
2. trug Stützmieder,
3. hatte schwerste gelenksrheumaähnliche Beschwerden,
4. Magen- und Darmbeschwerden,
5. psychisch sehr depressiv.

Über Elektroakupunkturtests wurden endlich nach einer Mundinspektion festgestellt, daß ursächliche Zusammenhänge mit Amalgam und Goldreparaturen im Mund vorliegen. Schließlich wurden sämtliche Zähne entfernt und weitere noch radikal restostitische Herde im Ober- und Unterkiefer operativ entfernt, bei Türk in Bad Pyrmont. Da restostitische Herde meist identisch mit Quecksilberdepots sind, wurde anschließend mit einer Quecksilber abbauenden Therapie behandelt. Dadurch gelang es, den Patienten zeitweise völlig schmerzfrei zu halten. Es gab aber immer wieder Rückfälle.

Erst nach energetischer Diagnostik und Therapie gelang es, den Patienten über einen langen Zeitraum schmerzfrei, ohne Mieder und ohne Seheinschränkung zu halten und seine Gesundheit wiederherzustellen. Ein erstaunlicher Vitalitätszuwachs macht diesem Leidenden das Leben wieder lebenswert.

Fallbericht 3

Frau A. R., 66 Jahre, Lehrerin. Erhielt 1978 eine Totalendprothese des linken Hüftgelenkes aus V-4-A-Stahl. Die Patientin hatte schon vor Einsetzen dieses Hüftgelenkes verschiedentlich Schwierigkeiten mit den Zähnen, Zahnkronen, Brücken und Amalgamfüllungen; Reizerscheinungen am Zahnfleisch, Stromschläge, Aphthen usw. Schließlich wurden sämtliche Amalgame, Stahl- und Goldmaterialien im Mund durch ein einheitliches hochprozentiges Goldmaterial ersetzt, bestehend aus Kronen und Teilprothesen. Nunmehr leidet die Patientin an Schlafstörungen, an zeitweise am ganzen Körper auftretenden Muskelzuckungen, an Brennen des Gaumens, der Zungenspitze, an einzelnen Stichen oder anhaltendem Stechen im Kopf, Druck im Kopf, Prickeln in den Beinen und Fußsohlen, Bohren in den Beinmuskeln. Halten die Schmerzen an, dann gibt es an dieser Stelle Hitzeentwicklung. Der Ort der Beschwerden wechselt häufig in schneller Folge.

Meist treten diese Beschwerden in der Nacht auf, aber sie kommen auch tagsüber vor. Mitunter entstehen auch an der Haut oder Schleimhaut kleine Wunden, die aber schnell abheilen. Beim Schwimmen vergehen alle Beschwerden. Verschwommenes Sehen, Verspannungen der Kiefermuskulatur treten zeitweise auf. Schlafbedürfnis ist vermehrt.

Aus den aufgetretenen Beschwerden und den Schilderungen der Patientin läßt sich entnehmen, daß hier eine Überempfindlichkeit gegen verschiedene Metalle und vor allem gegen mehrere Metalle gleichzeitig vorhanden ist.

Eine 24-Stunden-Urin-Untersuchung am 16. November 1983 ergab einen Wert von 0.0044 ±0.0005 ppm Quecksilber.

Somit ist der Nachweis der Anwesenheit von 3 verschiedenen Metallen im Körper der Patientin erbracht. Aus der Literatur sind mehrfach Hinweise bekannt, daß die Anwesenheit von mehreren Metallen im Körper zu Schadwirkungen führen kann. Daher ist Polymetallismus wenn möglich zu vermeiden. Im Falle dieser Patientin wurde zunächst geraten, eine Behandlung durchzuführen, die versucht Restbestände von Quecksilber-Störfeldern abzubauen. Sollte diese Therapie nicht den gewünschten Erfolg bringen, wird es nötig sein, eventuell die Goldarbeiten im Mund durch nichtmetallische Arbeiten zu ersetzen.

Aus dem Gesagten geht eindeutig hervor, daß die Verwendung von quecksilberhaltigen Erzeugnissen für den Menschen keineswegs ungefährlich ist. Aus ärztlicher Sicht ist daher eine weitere sorglose Anwendung abzulehnen. Dies kann aber nicht auf einzelne wissende Ärzte und ihrem kleinen Wirkungkreis beschränkt bleiben!

In unserer toxischen Gesamtsituation müßte alles daran gesetzt werden, allmählich bereits bekannte unnötige Mehrbelastungen abzubauen. Außerdem sollte nicht unberücksichtigt bleiben, daß gerade das ständige Vorhandensein und eine jahrelange Einwirkung kleinster toxischer Dosen, den Anreiz für eine karzinogene Wirkung geben können, und dies trifft sowohl für das Quecksilber aus Amalgamfüllungen als auch für andere Fokaltoxine zu. Wie man sieht, wird auch heute noch Kupferamalgam für Zahnflickarbeiten verwendet – trotz gegenteiliger Empfehlungen seit mehreren Jahrzehnten.

Es wäre daher zum Nutzen der Patienten unbedingt nötig, durch ein gesetzliches Verbot diese Nachlässigkeiten zu verhindern. Mit Handelswaren-Kalkulationen kann diesbezüglich nichts erreicht werden. Noch dazu, wenn wie im Falle des Amalgams bereits wirksame Alternativen, die die Ursachen von Karies und Parodontose (ohne Einsatz von Amalgam) bekämpfen, bekannt sind. Es sollte doch das vornehmste Anliegen des Arztes die Gesunderhaltung seines Patienten bleiben.

Durch Änderung des Wortlautes im Text der § 29, § 22 und § 23 des Österreichischen Arzneimittelgesetzes und entsprechendem Einbau eines Punktes, der besagt, „daß schon bei Verdacht auf Schadwirkung eines Stoffes, dieser aus dem Handel und aus der Verwendung genommen werden muß", könnte man auch unser Gesetz an bundesdeutschen Regelungen anpassen. Allerdings müßte auch tatsächlich dafür Sorge getragen werden, daß die Kontrollmaßnahmen auch streng genug sind, um eine Durchführung zu garantieren, noch dazu, wenn es bereits Beispiele gibt, die nachweislich durch derartige Giftflickarbeiten äußerst schwierig behandelbare Krankheitserscheinungen bewirkt haben.

Dadurch könnte diese Misere zum Wohle der Volksgesundheitserhaltung beseitigt werden und viele völlig unnötige Behandlungsmaßnahmen erspart werden.

Literatur bei den Verfassern:

Dr. Dipl.-Ing. Davoud Kariman Teherani
Dr. Dipl.-Ing. Wolfgang Klein
Dipl.-Ing. Franz Koscis
Forschungszentrum Seibersdorf/Niederösterreich
Institut für Biologie
Vorstand Dr. H. Altmann
A-2444 Seibersdorf

Prof. Dr. Thomas Till
Facharzt für Zahn-, Mund- und Kieferheilkunde
Vorstandsmitglied der „Internationalen Interessengemeinschaft für Patientenschutz, Sektion Zahngesundheitserhaltung

Aus: Der Praktische Arzt, März 1984

Aus der Praxis

Gibt es für den Arzt Gründe, über unsere Gesundheitserhaltung besorgt zu sein?

Von *T. Till*

Problemstellung: Namhaften Experten der zuständigen Fachgebiete ist es in den letzten Dezennien gelungen, nachzuweisen, welches Ausmaß von Schadwirkungen unsere übliche Zivilisationskost (Essen und Trinken) auf unseren Organismus, insbesondere auf unser Kauwerkzeug hat. Zusätzliche Umweltunzulänglichkeiten und Lebensgewohnheiten (Alkohol- und Nikotinmißbrauch und Streß) machen das Maß unserer toxischen Gesamtsituation voll. Welche Möglichkeiten gibt es, aus dieser für unsere Gesundheit unzuträglichen Gegebenheit herauszukommen?

Die wichtigen Meilensteine in der ernährungswissenschaftlichen Grundlagenforschung wurden durch R. Bircher (1), W. Kollath (2), M. O. Bruker (3), J. G. Schnitzer (4) und vor allem durch L. Wendt (5) gesetzt. Es gelang ihnen durch gezielte Untersuchungen experimentell nachzuweisen, wie schädlich unsere manipulierte Zivilisationskost für unseren Körper ist und wie weit wir uns bis jetzt von einer unserem Körper zuträglichen Urnahrung entfernt haben. Langjährige klinische Beobachtungen verifizierten ihre Untersuchungsergebnisse.

Rohrzucker und Auszugsmehle zerstören unsere Zähne.

Eiweißüberfütterung führt zu Schadwirkungen an unserem Gefäßsystem, am Zahnhalteapparat und ist Ursache vieler anderer Krankheitserscheinungen.

Der schädigende Einfluß von Alkohol- und Nikotinabusus darf auf keinen Fall übersehen werden.

Unsere Zivilisationskost ist der Hauptgrund für unseren Gebißverfall, und zwar sowohl hinsichtlich der Zahnfäule, der Zahnlockerung und des Auftretens von Gebißanomalien und Zahnfehlstellungen.

Hitzebehandlung, Tiefkühlung, Mikrowellen, chemische Zusätze usw. zerstören den Vollwert unserer Lebensmittel und Getränke. Lebensmitteltechnologische Forschungen brachten bis jetzt geringfügige Verbesserungen – aber viel zu wenig.

Nach Kollath ist unser Zahnverfall das sichtbare äußere Symptom unserer falschen Ernährung.

Es gibt bis jetzt leider keine Anzeichen dafür, daß diese Kriterien von den verschiedenen **Zahnschulen** in irgendeiner Weise berücksichtigt werden – die Gründe dafür sind:

I. chronischer Wissensmangel, in den zuständigen Disziplinen, wie Pathologie, Mundbakteriologie, Toxikologie, Biologie, analytische Chemie und Ernährungswissenschaft.

II. Keine oder nahezu keine Dotierung von Forschungsarbeiten an den Zahnkliniken – die sich diesbezüglich entschuldigen, weil sie apparatemäßig und instrumentell nicht eingerichtet seien.

III. Interesselosigkeit am Problem des ständig fortschreitenden Gebißverfalls, der aus allen diesbezüglichen Statistiken ersichtlich ist.

In der Nationalbibliothek, die sämtliche in Österreich erscheinenden selbständigen Publikationen archiviert, ist weder von K. Keresztesi, Wien, noch von K. Gausch, Innsbruck, eine Arbeit zum Thema bekannt. H. Köle, Graz, schreibt über kieferchirurgische Behandlungsmaßnahmen 1965 und 1973.

Aus Äußerungen des Leiters der Fachgruppe Zahnheilkunde der Ärztekammer für Wien und seines Beschwerdereferenten usw. lassen sich fachliche Wissensmängel ableiten und auch versehentlich Praktiken verifizieren, die den Patienten sicher nichts nützen.

Ob Kaugummigaben, ein Entwicklungsresultat des Ludwig-Boltzmann-Instituts in Baden bei Wien, eine erfolgbringende Lösung gegen unseren Gebißverfall sein werden, wage ich zu bezweifeln, da dies, wie mir scheint, bei unserer derzeitigen toxischen Gesamtsituation eher als zusätzliche Mehrbelastung für unseren Organismus unzuträglich sein könnte.

Sozialversicherungen sind sicher nicht interessiert daran, den derzeitigen Zustand zu ändern. Bis heute gibt es kein einziges ideales Füllungsmittel, sämtliche Füllungen sind mehr oder minder kurzfristige Flickarbeiten, die allmählich mit Sicherheit zum Zahnverlust führen. Dazu kommt, daß nach Harndt (21) 90 von 100 Füllungen fehlerhaft sind. Ein zahnloser Patient ist aber für die Krankenkasse kostensparender, da prothetische Ersatzarbeiten nur mehr teilweise kostenmäßig übernommen werden. Zahnerhaltende Kostenänderungsvorschläge oder Verhütung von Vergiftungserscheinungen durch gefährliche Füllsubstanzen fanden keine Beachtung. Im Gegenteil, es wurden noch zusätzliche Schadstoffbelastungen unseres Körpers durch Fluor propagiert.

Tabelle I:

	Krankheitsgruppen	Krankenstandsfälle	%	Zivilisationskost (Schadwirkung)
1	Tuberkulose	2.285	0,09	3
2	Geschlechtskrankheiten	540	0,02	1
3	Grippe (Influenza)	119.065	4,44	3
4	Übrige infektiöse und parasitäre Krankheiten	21.092	0,79	1
5	Benigne Neubildungen	9.965	0,37	2
6	Maligne Neubildungen	4.152	0,15	3
7	Krankheiten der blutbildenden und der lymphatischen Organe	1.715	0,06	3
8	Krankheiten der Organe mit innerer Sekretion, Avitaminosen und sonstige Mangelzustände, allergische Störungen	17.725	0,66	3
9	Akuter (Gelenks)Rheumatismus ohne und mit Herzbeteiligung	4.299	0,16	3
10	Chronische rheumatische Herzleiden	985	0,04	3
11	Andere Herzkrankheiten und Arterienkrankheiten	43.891	1,64	3
12	Krankheiten der Venen	20.880	0,78	3
13	Neurosen und Psychosen	12.578	0,47	1
14	Krankheiten des Zentralnervensystems	14.264	0,53	2
15	Krankheiten des peripheren Nervensystems	42.250	1,58	2
16	Augenkrankheiten	18.643	0,70	2
17	Ohrenkrankheiten	16.981	0,63	1
18	Krankheiten der Tonsillen und akute Pharyngitis	591.987	22,09	3
19	Krankheiten der Atmungsorgane	140.192	5,13	3
20	Krankheiten des Magens und des Darms	253.329	9,45	3
21	Krankheiten der Leber und der Galle	20.421	0,76	3
22	Andere Krankheiten des Verdauungssystems	45.648	1,70	3
23	Krankheiten der Harnorgane	46.901	1,75	3
24	Krankheiten der Geschlechtsorgane einschließlich der weiblichen Brustdrüsen	53.983	2,01	1
25	Anomalien und Krankheiten der Schwangerschaft, der Entbindung und des Wochenbettes	29.839	1,11	2
26	Krankheiten der Haut und des Bindegewebes	61.095	2,28	3
27	Krankheiten des Bewegungs- und Stützapparates	310.362	11,58	3
28	Besondere Krankheiten der ersten Lebenszeit und angeborene Mißbildungen	2.612	0,10	2
29	Arbeitsunfälle	251.000	9,37	0
30	Gewerbliche Vergiftungen	594	0,02	0
31	Andere Schädigungen durch äußere Ursachen	277.100	10,34	0
32	Sonstige Krankheiten	243.361	9,08	2

In der BRD liegen die Verhältnisse ähnlich, wie aus wissenschaftlichen Arbeiten mit haarsträubenden Fehlern hervorgeht.

Trotzdem gibt es in der Fachliteratur der vorgenannten Disziplinen eindeutige Beweise dafür, daß die Summe der Schadwirkungen aus den Ernährungsmängeln und den antiquierten Zahnbehandlungsmethoden den ursächlichen Grund für unseren Gebißverfall darstellen!

Berücksichtigt man diese Erkenntnis, dann müßten sich aus den Angaben der Sozialversicherung folgende Erwägungen ableiten lassen:

Kostenüberlegungen:
Aus der Krankheitsgruppenstatistik der Versicherungen des Jahres 1981 vom 7. März 1983 und aus den Ausgaben im Handbuch der Österreichischen Sozialversicherungen 1981, II. Teil, Seite 86, läßt sich das Ausmaß der Ausgaben für 1981 feststellen.

Handbuch 1981, S. 86, Ausgaben in 1000,– Schilling.

3. Ärztliche Hilfe	10,892.183,–	
4. Heilmittel	5,886.780,–	
5. Heilbehelfe	834.414,–	
8. Spital	10,440.812,–	
10. Hauskrankenpflege	10.880,–	
11. Krankenunterstützung	2,605.507,–	
		30,670.576,–
6. u. 7. Zahnbehandlung insgesamt	3,567.474,–	
Summe		34,238.050,–

Leider hat die Krankenkasse in ihrer Statistik verabsäumt, die Ursachen der Schadwirkungen durch unsere Lebensweise zu erfassen. Ist es doch allgemein bekannt, daß als Hauptursache für das Auftreten vieler Krankheiten unsere Zivilisationskost erkannt wurde. Auf Grund von denaturierenden Maßnahmen an unseren Nahrungsmitteln stellt diese eine für unseren Körper unzuträgliche Ernährungsart dar, die in keiner Weise vollwertig ist und nicht unserer natürlichen Urnahrung entspricht. In einem gesund ernährten Körper treten keine Krankheiten auf, da seine Abwehrkräfte maximal funktionieren.

Um die Schadwirkung unserer „Kost und unseres Lifestyles" zu veranschaulichen, wird diese Beeinflussung in 4 Gruppen je nach dem Ausmaß der Wirkung eingeteilt:

Gruppe 0, keine Wirkung
Gruppe 1, 10 % Wirkung (0–25 %) = Ø 10 %

Gruppe 2, 50 % Wirkung (25–60 %) = Ø 50 %
Gruppe 3, 90 % Wirkung (> 60 %) = Ø 90 %

Die Summe der Schadwirkung unserer Lebensweise laut Tabelle I ergibt somit

von Gruppe 1	3,94 %, davon 10 % =	0,39 %
von Gruppe 2	13,47 %, davon 50 % =	6,73 %
von Gruppe 3	62,86 %, davon 90 % =	56,57 %
Summe:		63,69 %

Zahnbehandlungsausgaben: scheinen in K 41 nicht auf, insgesamt: 3,567.474,– Mrd. werden zum allergrößten Teil ebenfalls durch unsere Zivilisationskost verursacht. Davon ausgenommen sind Kosten für kieferchirurgische Leistungen, die durch Unfälle entstanden sind, die abschließend berücksichtigt werden.

Aus den Ausführungen und Angaben in Tabelle I läßt sich die tatsächliche Schadwirkung, die wir durch unsere Lebensweise erleiden, hinsichtlich der in Formular K 41 angeführten Krankheitsgruppen mit mindestens 63,69 % ermitteln. Somit ergeben sich für die in K 41 angegebenen Krankheitsgruppen Ausgaben in der Höhe von 19,534.090 Schilling.
Dazu kommen Zahnbehandlungskosten von 3,567.474 Schilling,
ergibt eine Summe von 23,101.564 Schilling.

Kieferorthopädische Behandlungsmaßnahmen sind nicht ausnehmbar, da Fehlstellungen usw. bei einer naturbelassenen Kost nicht auftreten!

Wenn man die Kosten für etwaige kieferchirurgische Leistungen durch Abrundung der bisher gewonnenen Gesamtsumme auf 22,500.000 Schilling mitberücksichtigt, dann scheint dies als Maximalannahme statthaft.

Somit wären durch gezielte Änderungen in Ernährung und Lifestyle, im Zahnbehandlungsschema und als Begleitmaßnahme durch bedeutend mehr Zahnhygiene viele Milliarden an Volksvermögen ersparbar!

Die mangelnde Information durch die Sozialversicherungsträger trägt Schuld daran, daß die wahren Gegebenheiten nicht richtig erkannt werden.

Da auch im Obersten Sanitätsrat und in der Sektion Volksgesundheit des Bundesministeriums für Gesundheit und Umweltschutz keine ausreichend qualifizierten Experten vorhanden sind, die dieses komplexe Problem in seiner ganzen Tragweite richtig einschätzen könnten, obwohl sie auf Grund ihrer Position zu einer Aussage berechtigt wären, scheint das Interesse der leidtragenden Patienten derzeit nicht entsprechend vertreten zu sein.

Es ist daher Meinung des gesamten Vorstandes der „Internationalen Interessensgemeinschaft für Patientenschutz, Sektion Zahngesundheitserhaltung", der sich ausschließlich aus Experten der zuständigen Fachgebiete wie Pathologie, Mundbakteriologie, Neurobiologie, Molekularbiologie, analytische Chemie, Onkologie, Interne Medizin, Augenheilkunde, Ernährungswissenschaft, Naturheilmedizin, Elektroakupunktur und Zahnheilkunde zusammensetzt, daß es unbedingt im Interesse des Patienten nötig ist, das in Notzeiten entstandene Sozialversicherungssystem den heutigen Erkenntnissen entsprechend zu ändern.

Vorrangig wäre nunmehr eine realitätsangepaßte Information auf breitester Basis, und zwar sowohl für die Sozialversicherung als auch für die Patienten, durchzuführen.

Für wissenschaftlich Interessierte erschien bereits im Herbst 1982 „Schach unserem Gebißverfall", eine Broschüre im Großformat, 127 Seiten, die beim Autor, T. Till, zu erwerben ist.

„Keine Zahngesundheit ohne Naturküche", eine Gemeinschaftsarbeit von Frau Hermine Klein und T. Till, erscheint demnächst. Nr. 1, 2 und 3 einer Rezeptsammlung von Frau Hermine Klein unter dem Titel „Naturküche" ist bereits erschienen. Auch J. G. Schnitzers „Intensivkost und Normalkost" ist empfehlenswert. Durch eine derartige Lektüre wird der Patient dazu angeregt, hinsichtlich Koständerung selbst an seiner Genesung mitzuwirken.

Dies liegt ganz im Sinne der Vorstellung des Regierungsprogramms für eine Intensivierung der Gesundheitsberatung und Gesundheitserziehung.

Sollten die Voraussetzungen für eine gedeihliche und weisungsfreie Zusammenarbeit mit einer adäquaten Förderung gegeben sein, erklären sich der Autor dieser Zeilen und Experten der „Internationalen Interessengemeinschaft für Patientenschutz, Sektion Zahngesundheitserhaltung" dazu bereit, ihr Wissen und ihre Erfahrung der Gesundheitsbehörde zum Nutzen der Patienten zur Verfügung zu stellen.

Literatur beim Verfasser.

Aus: Integral, Heft 5, 1982

Mats Hanson

Krank durch Zahnbehandlung — Permanente Quecksilbervergiftungen

Amalgam-Plomben, wie sie die meisten Menschen in reparierten Zähnen tragen, enthalten bis zu 50 Prozent Quecksilber. Zwischen ungleichen Metallen wie Amalgam verschiedener Zusammensetzung oder Amalgam und Gold konnen elektrische Spannungen im Mund entstehen, die zum Phänomen des „oralen Galvanismus" führen. Ähnlich der Arbeitsweise einer galvanischen Stromquelle wird dabei das Amalgam aufgelöst und Quecksilber freigesetzt, das dann als Nervengift im Körper bei genügend hoher Konzentration „unerklärliche" Erkrankungen hevorruft.

In Schweden ist in den letzten zehn Jahren ein Krankenversicherungssystem für Zahnbehandlungen aufgebaut worden. Der Staat bezahlt den Großteil der Kosten für Zahnpflege sowie für umfassende Behandlungen durch Wurzelfüllungen, Goldkronen und Goldbrücken. Die Anwendung von Amalgam hat zugenommen, und Schweden hat nun die höchste Dichte an Amalgamfüllungen in der Welt. Das Ergebnis ist eine große Anzahl von Menschen mit „oralem Galvanismus" — das sind Korrosionsströme, die durch das Freiwerden von Metall aus Zahnlegierungen erzeugt werden. Die Zahninstitute haben erkannt, daß zwischen Metallfüllungen Ströme fließen, die im Mund sensibler Patienten Beschwerden hervorrufen und daß seltene Fälle von Allergie vorkommen können. Die klagenden Patienten wurden jedoch abgewiesen, da sie eines hohen Aufwands an zahnärztlicher und medizinischer Betreuung bedurften, keine objektiven Symptome zeigten und als psychiatrische Fälle mit Symptomen psychogenen Ursprungs betrachtet wurden. Sehr häufig werden diese Patienten zu psychiatrischen Kliniken geschickt. Die Patienten sind dagegen anderer Meinung und haben Organisationen gegründet, denen auch private Zahnärzte als Mitglieder angehören.

Das automatisierte Krankenversicherungssystem kann den oralen Galvanismus nirgends einordnen, und da eine Zahnbehandlung gemäß Definition der Zahnmedizin nur bei oralen Symptomen erfolgt, werden die Patienten oft als arbeitsfähig betrachtet, selbst wenn sie am Boden kriechen. Einige private Zahnärzte haben erkannt, daß Menschen von Zahnbehandlungen sehr krank werden können, und arbeiten nahezu Tag und Nacht, um das wieder herauszunehmen, was andere Zahnärzte ein paar Jahre zuvor konstruiert haben. Heute sind beide Gruppen weit von einer Einigung entfernt, und die meisten Zahnärzte weigern sich zuzugeben, daß sie irgendwelche Fehler gemacht hätten.

Dem schwedischen staatlichen Gesundheits- und Sozialamt wurde (von mir) mitgeteilt, daß das, was hier tatsächlich stattfindet, eine massenweise Vergiftung durch aus Amalgam freigewordenem Quecksilber ist, daß jegliche Zahnbehandlung, die zu einem direkten Kontakt von Gold und Amalgam führt, unverzüglich gestoppt werden sollte und daß ungiftige Alternativen für Amalgam so schnell wie möglich produziert werden sollten.

Ich habe auch die Untersuchung von möglichen kausalen Zusammenhängen zwischen Amalgam und solchen „Zivilisationskrankheiten" wie Rheumatismus, Erkrankungen der Blutgefäße sowie des Zentralnervensystems, Krebs und Hautkrankheiten verlangt.

Andere haben den Behörden mitgeteilt, daß, wenn sie keine Aktivitäten setzen, um eine entsprechende Behandlung für jene zu gewährleisten, die Opfer einer fehlgeleiteten Zahnbehandlung sind, Demonstrationen und Besetzungen im ganzen Land stattfinden würden. Dasselbe geschah auch bei der Quecksilbervergiftung in Minimata in Japan[1], wo die Fischer 15 Jahre hindurch wußten, daß sie von der örtlichen Fabrik vergiftet wurden, sie letzten Endes jedoch die behördlichen Stellen der Regierung besetzen mußten.

Transport im Nervensystem

Ich bin auf den „oralen Galvanismus" auf Grund meiner Studien auf dem Gebiet der Neurobiologie gestoßen. Mich begann die Aufnahme und Weiterleitung von Schwermetallen im Nervensystem zu interessieren. Das ist wahrscheinlich eine wichtige Route für den Eintritt von Metallen in das Zentralnervensystem. Es zeigte sich erst vor kurzem, daß durch Nervenenden in Muskeln Blei aufgenommen und bis zum Rückenmark weiterbefördert wird. Meine Kollegen haben kürzlich gezeigt, daß es sich mit dem hochgiftigen Metall Thallium ähnlich verhält. Ebenso unerwünschte Passagiere im Nervenfaser-Transportsystem sind Viren und Giftstoffe. Wenn die Substanz zu giftig ist, wird sie die Nervenzelle zerstören, sobald sie im Zellkörper jene Stelle erreicht, wo die Synthese neuer Eiweißstoffe stattfindet. Dieses Phänomen wird „Selbstzerstörungs-Transport" genannt und der allgemeine Prozeß der Übertragung von Substanzen in Nervenfasern und Neuriten „Neuriten-Transport".

Eine zahnmedizinische Dissertation vom Herbst 1981 beschreibt die Messung von galvanischen Strömen zwischen einander berührenden Amalgam-Füllungen sowie zwischen Gold und Amalgam. Es konnten keine pathologischen Bedingungen gefunden werden (auf den Mund beschränkt), die in Wechselbeziehung zu den Strömen standen. In einer dazu verfaßten Abhandlung in *Läkartidningen*, der Zeitschrift der Schwedischen Medizinischen Gesellschaft, wurden Patienten mit oralem Galvanismus als psychiatrische Fälle abgetan. Ich konnte mir jedoch auch noch andere Möglichkeiten vorstellen. Ich wußte natürlich, daß in Zahnamalgam auch Quecksilber enthalten war, und wies in einer Abhandlung für dieselbe Zeitschrift darauf hin, daß die Übertragung von Quecksilber durch Neuriten innerhalb des Nervensystems zwischen den Zähnen und dem Gehirn möglich ist. Damals dachte ich – wie die meisten anderen auch –, daß Amalgam haltbar sei, daß jedoch Spurenelemente von Quecksilber freiwerden können, die langfristig ernsthafte Auswirkungen zeigen. In ihrer Antwort darauf verwarfen die Zahnärzte diese Erwägung als völlig belanglos.

Galvanische Zellen

Dann erkannte ich plötzlich, daß der Stromfluß in direktem Verhältnis zu der freigewordenen Metallmenge stand. Tatsächlich wird Strom direkt durch die Ionisierung von Metall erzeugt. Derselbe Vorgang spielt sich in einer gewöhnlichen Taschenlampenbatterie ab, wo die Zinkelektrode zersetzt wird. Eine Berechnung gemäß dem Faradayschen Gesetz ergab, daß bei den registrierten Strömen täglich einige Milligramm Metall frei werden.

Amalgam ist eine komplizierte Legierung aus vier bis fünf verschiedenen

Metallen, und die elektrochemischen Reaktionen sind kompliziert. Quecksilber verhält sich auch sehr unterschiedlich in biologischen Systemen im Vergleich zu künstlichen. Zinn ist das sich am leichtesten zersetzende Metall im Amalgam und wird den Großteil des Stromes führen. Das im Zinn gebundene Quecksilber wird dann frei, und durch den Kontakt mit Sauerstoff und biologischen Molekülen wird es ionisiert.

Ein Strom von 100 Mikroampere (es wurden bis zu 159 gemessen) setzt täglich mindestens 1,5 Milligramm Quecksilber frei, wahrscheinlich jedoch mehr auf Grund galvanischer Zellen in den Zähnen, die sich einer Messung entziehen. Einzelne Amalgam-Füllungen produzieren anfänglich hohe Ströme, die nach einigen Monaten auf weniger als 10 Mikroampere abfallen. Einander berührende Zahnfüllungen von unterschiedlicher Zusammensetzung oder unterschiedlichem Alter erzeugen hohe Ströme, bis sie sich zu derselben Zusammensetzung zersetzt haben. Gold in Berührung mit Amalgam bildet kurzgeschlossene, dauerhafte galvanische Zellen, deren Elektrolyte sich beständig erneuern. Sie erzeugen hohe Ströme, deren Werte vom elektrischen Widerstand der Oberflächen, der Intensität der Berührung zwischen den Metallen und der Durchdringung mit Speichel und Dentinflüssigkeit abhängen. Zwischenschichten unterhalb der Füllungen gewähren nur vorübergehenden Schutz. Der Speichel hat keine schützende Funktion, und Ströme, die im Mund gemessen wurden, sind höher als solche bei Reagenzglas-Versuchen. Das Durchforsten zahnmedizinischer Literatur bestätigte, daß Bestürzung durchaus angebracht ist.

Inzwischen hat auf einem Zahnärztekongreß, wo die Zahnärzte erneut die Patienten abwiesen und bessere Mundhygiene vorschlugen, eine Demonstration von Leuten mit oralem Galvanismus stattgefunden. Es fiel mir auf, daß unter den Demonstranten auch ein Zahnarzt war, daß es also auch „Dissidenten" unter den Zahnärzten gibt. Weil aber die Positionen völlig festgefahren waren, wurde mir klar, daß ich die Informationen so weit verzweigt wie nur möglich verbreiten mußte, wenn eine Feststellung von mir irgendeine Wirkung haben sollte. Ich schrieb ein Manuskript für *Läkartidningen*, schrieb an das Gesundheitsamt, und um zu verhindern, daß die ganze Sache augenblicklich in Vergessenheit geriet, sandte ich auch das ganze Material über das Informationszentrum für Biologische Forschung in Lund an die meisten schwedischen Tageszeitungen.

Die Auswirkungen waren dramatis . Einige Tage hindurch mußte ich ständig Telefonanrufe entgegennehmen und erhielt Berge von Briefen. Was bis zu diesem Zeitpunkt erkennbar gewesen war, erwies sich lediglich als die Spitze des Eisberges. Ich lernte dissidente Zahnärzte und die Organisation der „oralen Galvanisten" kennen. Ich versuchte auch, Kontakte zwischen Fällen, bei denen man galvanische Zellen aus Gold-Amalgam vermutete, und aufgeschlossenen Zahnärzten herzustellen. Ich habe einige Rückmeldungen bekommen, und die Ergebnisse nach der Entfernung der ärgsten Quecksilberquellen sind oft bemerkenswert. Leute, die seit einigen Jahren schwer erkrankt waren, erholten sich plötzlich. Dieselben Erfahrungen haben jene Zahnärzte gemacht, die die Ursache des Problems erkannt haben. Es gibt natürlich auch einige „falsche Positi — Menschen, deren Probleme durch andere Faktoren verursacht wurden.

Ein paar Tage nach meiner Presseaussendung erließ das Amt für Umweltschutz an alle Zahnkliniken die Verordnung, Amalgam-Auffänger zu installieren (kein kausaler Zusammenhang). Experimente hatten gezeigt, daß Amalgam im Wasser sehr schnell korrodiert und daß Fische in 28 Tagen das 60fache der normalen Menge an anorganischem Quecksilber ansammeln. Die Behörde rezensierte auch zahnmedizinische Literatur, in der das Freiwerden von Quecksilber aus Amalgam dargelegt wurde. Der Bericht kommt zu der Schlußfolgerung, daß Amalgam nicht so haltbar ist, wie manchmal angenommen wurde, und daß der Hauptgrund für die Anwendung von Amalgam in der Zahnmedizin in seiner einfachen Handhabung liegt.

Der erste und der zweite Amalgam-Krieg

Legierungen von Quecksilber mit anderen Metallen werden Amalgam genannt. Seine Anwendung bei der Behandlung von Zähnen erfolgte erstmals um 1839, und sogleich begann der erste Amalgam-Krieg. Die giftigen Eigenschaften von Quecksilber sorgten für Aufregung, und viele Zahnärzte hatten auch wirtschaftliches Interesse am Goldgeschäft. Danach wurde Gold als Füllmaterial verwendet. Die Amerikanische Vereinigung der Zahnchirurgen weigerte sich bis weit in dieses Jahrhundert hinein, Amalgam zu verwenden.

1925 begann ein deutscher Professor für Chemie, A. Stock, den zweiten Amalgam-Krieg. Er beobachtete, daß Amalgam Quecksilber freisetzte, und begann, den Quecksilbergehalt bei Toten mit und ohne Amalgam beziehungsweise aus Amalgam freigesetztem Quecksilberdampf zu untersuchen. Seine analytische Methode wurde nach und nach verbessert, und wahrscheinlich haben wir es ihm zu verdanken, daß die sich sehr schnell zersetzenden Kupferamalgame mit der Zeit verschwanden. Kupferamalgame setzten während der Vorbereitung und auch im Mund selbst weit mehr Quecksilberdampf frei als Silberamalgame. Heute gelangen jedoch wieder Silberamalgame mit einem hohen Kupfergehalt in Verwendung. Bei diesen verhält sich die Kupfer-Zinn-Zustandsform wie eine Verlust-Anode, und große Mengen Kupfer werden freigesetzt. Niemand hat untersucht, wieviel Quecksilber unter realen Bedingungen freigesetzt wird. Stocks Arbeiten sind nach dem Krieg weitgehend in Vergessenheit geraten. Heute ist klar, daß seine Auffassung richtig war: jeder, der Amalgam trägt, ist mehr oder weniger quecksilbervergiftet.

Korrosion von Amalgam

Die Durchsicht zahnmedizinischer Literatur hat gezeigt, daß das Auftreten von Korrosionsströmen bei Amalgam seit 1879 oder sogar noch länger bekannt ist. Es wurde wiederholt darauf hingewiesen, daß diese Ströme und das Freiwerden von Metallionen krankheitserregende Bedingungen schaffen könnten sowohl im Mund als auch in anderen Teilen des Körpers. 1941 wurde die beschleunigte Korrosion auf Grund des Kontaktes von verschiedenen Füllungen und von Gold mit Amalgam beschrieben. Seit damals haben die meisten zahnmedizinischen Lehrbücher vor der Anwendung von Gold gemeinsam mit Amalgam gewarnt. Tatsache ist jedoch, daß viele Zahnkliniken routinemäßig beides gemeinsam verwenden. Die schlimmsten Auswirkungen treten bei Wurzelfüllungen auf, wo goldüberzogene Messingschrauben verwendet werden, die direkt in Berührung kommen mit Amalgam und Goldkronen oder Brücken über Amalgam. Sie bilden dauerhafte kurzgeschlossene Zellen, da das Elektrolyt aus Dentinflüssigkeit und Speichel ständig erneuert wird. 1952 wurde gezeigt, daß jede Amalgam-Füllung ihre eigene galvanische Zelle bildet, unabhängig von anderen, und es wurde erneut vor der Berührung verschiedener Füllungen gewarnt. Die Autoren (Schoonover und Souder) kamen zu dem Schluß, daß schwerwiegende pathologische Bedingungen im Mund durch galvanische Ströme und das Freiwerden von Metall entstehen könnten.

Ein Vorstadium des Krebses, Leukoplakie genannt[2], wurde oftmals mit diesen Strömen in Verbindung gebracht und wird folglich oft „leukoplakia electrogalvanica" genannt. Schoonover und Souder empfahlen daher, eine Überempfindlichkeit gegenüber Metallionen in Betracht zu ziehen, wann immer die Vermutung naheliegt, pathologische Bedingungen wären durch Amalgam verursacht worden. Es wurde auch von anderen darauf hingewiesen, daß allergische Reaktionen, hervorgerufen durch Amalgam, überall im Körper auftreten können.

Jörgensen, von der Abteilung für Zahnmedizin in Kopenhagen, zeigte 1965, daß die Korrosion direkt durch das Amalgam hindurch erfolgt und daß die Zinn-Quecksilber-Bestandteile aufgelöst werden. Diese Korrosion ist von außen nicht sichtbar, außer am Rande der Füllung. Die Hauptzone der Korrosion befindet sich zwischen der Plombe und dem Zahn in der Zahnhöhle. Jörgensen schreibt, die Untersuchung gezogener oder absichtlich zerstörter Zähne ergab, daß die Korrosion so stark sein kann, daß das Amalgam einen Großteil seiner Festigkeit verloren hat. Es zeigte sich, daß die Randbereiche von einem Übermaß an Quecksilber, freigeworden durch die Korrosion, anschwollen, brüchig wurden und zerbrachen. Daher wurde ein Naßverfahren eingeführt, das heute in Skandinavien weitgehend verwendet wird. Bei dieser Methode wird kein überschüssiges Quecksilber herausgepreßt, das Amalgam ist bereits von Anfang an übersättigt mit Quecksilber und kann nicht mehr anschwellen. Alles Quecksilber, das durch Korrosion frei wird, wird dann unmittelbar ins angrenzende Gewebe wandern. Jörgensen zeigte auch, wie sich zahlreiche kleine Quecksilbertröpfchen auf einer Amalgam-Oberfläche bildeten, wenn in einer Salzlösung mit einer Temperatur von 37 Grad Amalgam auf Gold gelegt wurde. Korrosion, nicht Karies, ist der Hauptgrund, warum Amalgam-Füllungen ausgetauscht werden müssen.

Mehrere Untersuchungen haben gezeigt, daß Quecksilber aus Amalgam geradewegs durch den Zahn in die Zahnhöhle wandert und von dort wegtransportiert wird. Radics, am Zahnärztlichen Institut der Universität Basel tätig, hat gezeigt, daß die freiliegende Amalgam-Oberfläche arm an Quecksilber ist, und berechnete, daß der Verlust in einem Mund mit vielen Plomben mehr als 500 Milligramm über mehrere Jahre verteilt beträgt. Das ist weit mehr als die durchschnittliche Quecksilberaufnahme durch Nahrung. Professor Gasser vom selben Institut ist ebenso besorgt über mögliche schädliche Auswirkungen von Amalgam und meint, daß gute Alternativen an Kompositfüllungen vorhanden seien. Er zeigte auch, daß Menschen mit Amalgam eine zweimal so hohe Konzentration von Quecksilber im Blut haben wie Menschen, die nicht Amalgam-Träger sind. Eine italienische Studie bestätigt diese Beobachtung.

Selbst der Quecksilbergehalt ausgeatmeter Luft erwies sich, wie kürzlich gezeigt wurde, bei Menschen mit Amalgam beträchtlich höher als im Durchschnitt. Nach einem zehnminütigen Kauen von Kaugummi waren die Quecksilberkonzentrationen bei Amalgam-Trägern um vieles höher (im Durchschnitt 15mal) und überstiegen in einigen Fällen die industrielle Grenze von 50 Mikrogramm pro Kubikmeter. Die sowjetische Grenze beträgt 10 Mikrogramm pro Kubikmeter. Schwangere Frauen sollten Werten, die über dem sowjetischen Grenzwert liegen, nicht ausgesetzt werden, da Quecksilberdämpfe sehr schnell die Plazenta erreichen und dem Kind schaden können. Es wurde auch gezeigt, daß neue Amalgam-Füllungen beträchtliche Mengen an Dämpfen abgeben; bei der Temperatur von heißen Speisen einige Milligramm. In Schweden werden die Frauen aufgefordert, während der Schwangerschaft zum Zahnarzt zu gehen.

Giftigkeit von Quecksilber und Vergiftungserscheinungen

Quecksilber in atomarer oder fein verteilter Form wird im Blut oder Gewebe sehr schnell in geladene Ionen umgewandelt. Das meiste innerhalb eines Zahnes freigewordene Quecksilber wird wahrscheinlich aufgenommen. Von geschluckten Quecksilbersalzen werden 10 bis 15 Prozent in den Gedärmen aufgenommen; große Tropfen von metallischem Quecksilber sind relativ ungiftig. Je kleiner die Tropfen sind, um so mehr werden sie aufgenommen. Inhalierter Dampf wird zu 80 Prozent aufgenommen und innerhalb von Minuten in Ionen umgewandelt. Bei seiner Verbreitung als Dampf dringt Quecksilber schnell in das Gehirn ein, und es treten vorwiegend Krankheitssymptome des Zentralnervensystems auf. Sobald die Luftkonzentration über 100

Mikrogramm pro Kubikmeter liegt, steigt das Ausmaß an Patienten mit Symptomen. Die Luftkonzentration entspricht einer Aufnahme von 250–300 Mikrogramm pro 8 Stunden bei normaler Atmung. Einige Teile des Zentralnervensystems liegen außerhalb der schützenden Blut-Hirn-Schranke und sind sowohl durch Dampf als auch ionisiertes Quecksilber angreifbar. Insbesondere die Hypophyse ist dem direkt ausgesetzt. Nervenzellen außerhalb des Zentralnervensystems, wie die Nebennieren, die Schilddrüse und die Augen, sind ebensolche sensible Angriffspunkte für Quecksilber. Bei einer Konzentration von ungefähr 2 Mikrogramm pro Gramm Gewebe treten schwere Auswirkungen an voll entwickelten Nervenzellen auf; dasselbe gilt bei 0,06 Mikrogramm pro Gramm Gewebe an in Entwicklung begriffenen Nervenzellen. Die Speicherung und Ablagerung von Quecksilber ist sehr ungleichmäßig, einige Teile des Gehirns können 250mal mehr aufnehmen als andere. Die Halbwertszeit von Quecksilber im Gehirn kann über ein Jahr betragen, in den Nieren 2–3 Monate. Die Gesamtkörper-Halbwertszeit beträgt 42 Tage bei beträchtlicher Neuverteilung. Der Anteil im Gehirn wird nach und nach zunehmen. Eine sehr alarmierende Auswirkung des Quecksilbers ist das Auslösen eines erhöhten Cholesterinspiegels im Blut und eine erhöhte Ablagerung in den Arterien.

Andere Auswirkungen von anorganischem Quecksilber sind: Kopfschmerzen, Schwächegefühl, Schlaflosigkeit, Appetitmangel und Gewichtsverlust, Magen-Darm-Beschwerden, Gelenks- und Muskelschmerzen, metallischer Geschmack, entzündetes Zahnfleisch und Zunge, erhöhte Speichelbildung oder trockener Mund, lose Zähne, schwarze Striche auf den Zähnen, geringe Widerstandskraft Infektionen gegenüber, häufige Probleme mit der Schilddrüse, Leber oder Nieren, das Gefühl, nicht atmen zu können, Schwindel, unregelmäßiger Herzschlag, Reizbarkeit, Nervosität, Schüchternheit, schlechtes Erinnerungsvermögen, Depressionen, Angstzustände, Zittern und Schütteln, manisch-depressive Psychose, doppelt Sehen, ungewollte Augenbewegungen, Farbreflexe der Linse und leichte bis schwere Hautveränderungen. Quecksilber ist wahrscheinlich ein Stoff, der Mutationen auslöst, und vermutlich auch eine karzinogene Substanz.

Unterschiede zwischen organischem und anorganischem Quecksilber

Organisches Quecksilber, Methyl-Quecksilber wie in Minimata, ist fettlöslich und wird – im Gegensatz zu anorganischem Quecksilber – sehr effektiv aus der Nahrung aufgenommen. Es tritt sehr schnell in das Gehirn, den Sehnerv und die Nervenzellen entlang des Rückenmarks ein und hat schwere geistige sowie den Bewegungsablauf betreffende Auswirkungen. Auf ungeborene Kinder werden höhere Konzentrationen übertragen als auf die Mütter. Das ist der Hauptunterschied zwischen den beiden Formen. Es wurde die These vertreten, daß Methyl-Quecksilber Nervenzellen erreicht, die anorganisches Quecksilber nicht erreichen kann, und in sie eindringt, daß jedoch die giftige Wirkung durch die freigewordene anorganische Form verursacht wird. Der Abbau von Methyl ist beträchtlich, und kurze Zeit nach der Verabreichung von Methyl-Quecksilber ist der Spiegel an anorganischem Quecksilber sehr hoch und vergleichbar mit jenem, der nach der Einnahme von anorganischem Quecksilber erst um vieles später auftritt. Bei tödlichen und schwerkranken Fällen im Irak wurde die Gesamteinnahme von Methyl-Quecksilber mit 200–300 Milligramm berechnet, über lange Zeit hindurch eingenommen. Die Prognose für eine Genesung nach einer anorganischen Quecksilbervergiftung ist bei weitem besser als bei Methyl-Quecksilber. Es gibt Anzeichen dafür, daß sich Methyl-Quecksilber aus anorganischen Formen im Gewebe bilden kann. Wie man kürzlich entdeckte, wiesen Zahnärzte in Schottland einen fünfmal höheren Methyl-Quecksilber-Spiegel im Blut auf als der Durchschnitt. Eine japanische Studie über Exponierung gegenüber anorganischem Quecksilberdampf in der Industrie bestätigt, daß eine Biotransformation stattfindet. Dieser Prozeß wird wahrscheinlich durch das Bindeglied Methylcobalamin, einer Form des Vitamin B_{12}, ausgelöst.

Zahnarzt-Assistentinnen sind einem hohen Risiko ausgesetzt. Eine Untersuchung zeigte, daß 14,4 Prozent unfruchtbar waren im Vergleich zu 3,5 Prozent im Durchschnitt. Eine weitere Untersuchung ergab, daß das Plazenta-Gewebe bei Zahnarzt-Assistentinnen in hohem Maße anorganisches Quecksilber enthielt, obwohl der Luftgehalt unter den erlaubten Werten lag. In Schweden ist die Höchstgrenze für die Aufnahme von Quecksilber aus der Nahrung bei 0,4 Mikrogramm pro Kilogramm Körpergewicht und Tag festgesetzt, das heißt, 30 Mikrogramm pro Tag für einen Erwachsenen. Die FAO/WHO-Grenze liegt bei 5 Mikrogramm pro Kilogramm und Woche, mit einem Höchstmaß von 3 Mikrogramm an Methyl-Quecksilber. Die durchschnittliche tägliche Aufnahme liegt bei 10 bis 20 Mikrogramm. Wenn es geschluckt wird, ist Methyl-Quecksilber zweifellos viel giftiger als anorganische Formen. Bei einer ähnlichen Einnahmemenge sind die Unterschiede geringer. Als man die Grenze bei Nahrungsmitteln festsetzte, dachte man an Methyl-Quecksilber in der Nahrung. Da der Großteil an Quecksilber in der Nahrung in Form von Methyl-Quecksilber auftritt, kann der Beitrag von anorganischen Formen außer acht gelassen werden.

Wenn Quecksilber im Inneren eines Zahnes freigesetzt wird oder in Form von Dampf, dann sieht die Sache völlig anders aus, und die Meßwerte von Dampf sind die einzigen Werte, die verwendbar sind und zur Verfügung stehen.

Ausblick

Es wurde betont, daß noch mehr Studien bezüglich der Auswirkungen von chronischer Quecksilber-Exponierung in geringer Dosis gemacht werden sollten. Da Krebs, Arteriosklerose, Nervenerkrankungen wie multiple Sklerose und andere „Zivilisationskrankheiten" ihre Ursac in Umweltfaktoren haben könnten, wäre es sehr wichtig, die Beziehung zwischen Amalgam und einer Reihe von Krankheiten zu untersuchen. Solche Studien sind in Schweden auf privater Basis geplant. Als Hinweis auf die mögliche Tragweite des Amalgam-Problems ist eine Abhandlung des Augenspezialisten E. Raue erschienen: „Therapieresistenz: Denken Sie an die Amalgamfüllungen" in der *Deutschen Medizinischen Wochenschrift* vom 16. September 1980. Er schätzte, ausgehend vom Anteil an Patienten, deren Augenbeschwerden durch das Entfernen von Amalgam geheilt werden konnten, daß in einem Zeitraum von zwei Jahren ungefähr 200 000 Menschen in der Bundesrepublik Deutschland Augenkliniken besucht haben auf Grund von Schwierigkeiten, die durch Amalgam verursac wurden. Und das allein bei den Augenkliniken! Die Kosten und die Schmerzen müssen wirklich enorm sein.

Quecksilber hat die ganze Geschichte hindurch wahrscheinlich mehr Menschen vergiftet als irgendeine andere Substanz. Es wurde für verschiedene Zwecke verwendet. Als Medizin hat es sich nie als wirkungsvoll erwiesen. Unter „Quecksilber" kann man im Wörterbuch der Giftlehre lesen: „Es wurde lange als eine Droge ohne angemessenen Sicherheitsfaktor verworfen. Der Mensch ist augenscheinlich ein schlechter Schüler der Geschichte." O

Literaturhinweise können vom Autor auf Anfrage bezogen werden.

1 In Japan wurde die Minimata-Krankheit durch Methyl-Quecksilberabfälle über die Nahrungskette Muschel – Fisch – Mensch verursacht.

2 Leukoplakie: Auftreten weißlicher, verhornter Flecke auf Schleimhäuten.

Aus: raum & zeit, Heft 9, April 1984

Information des Zentrums zur Dokumentation für Naturheilverfahren e.V.

ZDN Zentrum zur Dokumentation für Naturheilverfahren e.V. **Information**

Kirlian-Fotografie: Die Energetische Terminalpunkt-Diagnose (ETD)

von Peter Mandel

Die Diagnostik der „klassischen" Medizin setzt üblicherweise dann ein, wenn klinisch manifeste Symptome erkennbar sind.

Das Verfahren ist insofern unbefriedigend, als es zur Zielvorstellung jedes Therapeuten gehört, die Behandlung möglichst weit in das Vorfeld des akuten Krankheitsgeschehens zu verlagern. Zweckmäßig erscheint dabei nicht allein die analytische Rückführung einer Kausalkette vom Finalzustand in lokalisierbare Ursachen, sondern vor allem die induktive Vorhersagbarkeit möglicher Konsequenzen aus bestehenden, substantiell nicht unbedingt faßbaren Anomalien.

Die Energetische Terminalpunkt-Diagnose (ETD), die ich in den letzten Jahren entwickelte, wird diesen Anforderungen so weit gerecht, daß sie bereits heute als sinnvolle Ergänzung der klinischen Diagnose betrachtet werden kann.

Grundlagen der Energetischen Terminalpunkt-Diagnose

Die **energetische** Komponente der ETD orientiert sich an informativen Elementen des Energieaustauschs mit der Umgebung, insbesondere der Wechselwirkung mit der Hautoberfläche. **Terminalpunkte** bezeichnen die Sonderstellen der Haut, die eine Bestimmung der Reaktionslage des Patienten zulassen. Wir stützen uns dabei auf die Anfangs- und Endpunkte der klassischen Akupunkturmeridiane, wie sie R. Voll seinem bekannten Elektroakupunkturverfahren zugrunde legt. Der **diagnostische** Aspekt folgt aus der Erfahrungstatsache, daß das ETD-Bild dieser Terminalbereiche Charakteristika aufweist, die aus den Sektoren der zugeordneten Organbereiche eine ganzheitlich orientierte Beurteilung der Situation des jeweiligen Patienten ermöglichen.

Die physikalischen Grundlagen und die Technik des Verfahrens wurden in diesem Heft (ZDN-Informationen) bereits gestreift. Anhand einiger Dokumente soll nun das Prinzip der Diagnose aufgezeigt werden.

Farbige Kirlian-Fotos, wie das hier dargestellte, weisen drei deutlich voneinander abgrenzbare Farbzonen auf:

Sie entsprechen mit den Farben weiß, grün-blau und violett einem zunehmenden Abstand von der Hautoberfläche. Wir ordnen diesen Bereichen aus Erfahrung die folgende Bedeutung zu:

(1) Weiße Strahlen knüpfen am stärksten an rein physische (materielle) Komponenten des Menschen an („Leib").

(2) Die grün-blauen Zonen korrelieren mit Zuständen, die etwas über die Psyche („Seele") des Patienten aussagen können.

(3) Die violetten äußeren Bereiche dokumentieren eine gewisse „geistige" Struktur, insbesondere auf die Umgebung gerichtete Zugewandtheit.

Je weiter wir uns in den Strahlenzonen vom Körper entfernen, um so mehr verlegen wir die Interpretation des zugrundeliegenden Geschehens von „innen" nach „außen", vom „leiblichen" über den „seelischen" zum „geistigen" Aspekt. Der Strahlenabdruck wird so ein korrespondierendes Abbild des Patienten in seiner Wechselwirkung mit der Umgebung.

Unter Zuhilfenahme geeigneter Parameter muß es demnach möglich sein, frühzeitig Störungen des physiologischen Zustands eines Menschen zu erfassen.

Zunächst suchten wir Parallelen zwischen Kirlian-Fotos und der bioelektronischen Funktionsdiagnostik nach R. Voll. Obwohl ein solcher Zusammenhang vermutbar war – schließlich spielt die Leitfähigkeit der Akupunkturpunkte auch eine Rolle für die aufgezeigten Strahleneruptionen –, sollte sich herausstellen, daß die Meridian-Indikationen nicht auf die ETD übertragbar waren. Aus diesem Grunde

ZDN

wurde es notwendig, eine neue Topographie zu erschlüsseln.

Die endlos mannigfaltigen Eigenarten der Strahlengebilde, die sich in der Praxis auf Tausenden von Kirlian-Fotos zeigen, erlauben zunächst eine Grobeinteilung in drei Strahlentypen:

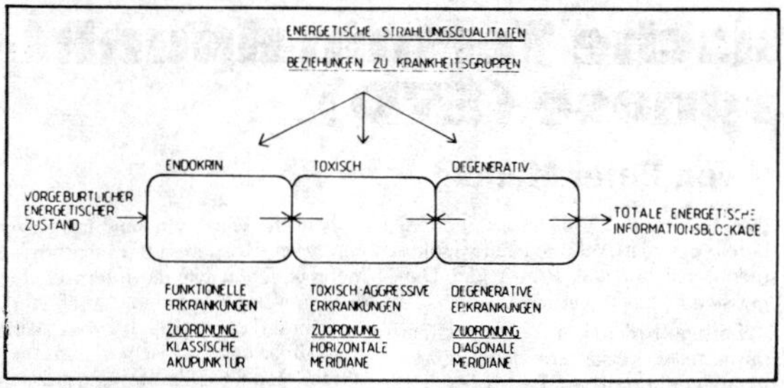

1. Der endokrine oder hormonelle Strahlungstyp. Dieser Typ weist auf endokrine oder hormonelle Dysregulation hin.
2. Der toxische Strahlungstyp zeigt den überwiegend toxischen Zustand an.
3. Der degenerative Strahlungstyp. Er läßt energetische Degeneration des Zustandsbildes erkennen.

Diese schematische „Dreiteilung" ist nicht zu umgehen; denn ohne sie bekäme man keinen vorläufigen Überblick. Die Einteilung der Typen erfolgt nach dem Grundsatz: „Vom Leichten zum Schweren, vom Normalen zum Abnormalen".

Setzen irgendwo irgendwann energetische Fehlinformationen ein, dann befindet sich der Organismus auf der ersten, am wenigsten kranken Stufe, deren Strahlungsqualität das Stadium endokriner Dysregulation anzeigt. Verstärkt sich die Fehlsteuerung unter ungünstigen Umständen im Laufe eines Lebens, dann gleitet der Organismus ins zweite, schwerwiegendere toxische Zustandsbild. Oder er gerät gar in die dritte, degenerative Verfassungsphase. Die beiden letztgenannten Strahlungsqualitäten lassen auf immer erenstere Erkrankungen schließen.

Stadium endokriner Insuffizienz

Insuffizienz und Dysfunktion der endokrinen Drüsen erkennt man an der schwachen und zerrissenen Strahlung. Zur Diagnose ist vor allem die Kausalachse des Endokrinums zu beachten: Hypophyse, Schilddrüse und Nebenschilddrüse, Nebenniere, Bauchspeicheldrüse, Geschlechtsdrüsen. Ist die Selbstregulierung des endokrinen Systems gestört, dann wirkt sich das psychisch und somatisch aus.

Unter endokriner oder hormoneller Insuffizienz verstehen wir eine Schwäche einer oder mehrerer der genannten Drüsen. Diese partielle Defizienz zieht stets den Gesamtorganismus in Mitleidenschaft. Zeigt ein Foto einen Gesamtorganismus im Verfassungsstadium endokriner Insuffizienz und Dysregulation, ist zunächst daraus zu schließen, daß der Patient hypersensibel ist und man auf eine Reihe jener bekannten Symptome der vegetativen Dystonie und Störung gefaßt sein muß. Die Strahlungsphä-

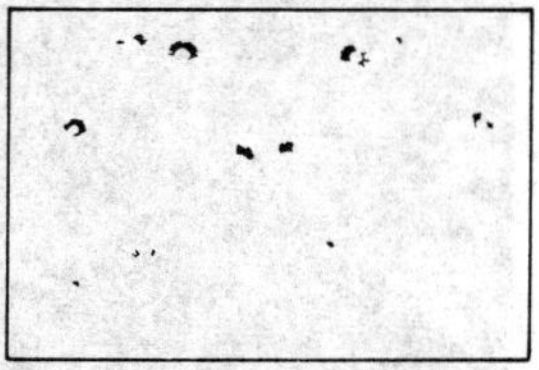
Stadium endokriner Insuffizienz.

nomene des endokrinen Typs weisen in der Diagnostik vor allem auf Unruhezustände, seelische und leibliche Verkrampfungen, Depressionen, Neurosen etc. hin.

Ich bin persönlich davon überzeugt, daß alle sog. psychosomatischen Erkrankungen aus endokriner Dysregulation hervorgehen.

Die toxische Strahlungsqualität

Das Charakteristikum der anomalen Strahlungsphänomene beim Typ des toxischen Zustandsbildes sind die starken Punktprotuberanzen im Energieumlauf der Meridiane. Dem Foto ist zu entnehmen, daß die fundamentale Selbstregulation des Patienten gestört ist und sein Organismus deshalb zu aggressiv entzündlichen Veränderungen neigt. Zum toxischen Typ gehört auch die sog. fokale Intoxikation. Hier vergiften streuende Krankheitsherde durch ihre energetisch toxischen Fernstörungen genetisch angelegte Organ-

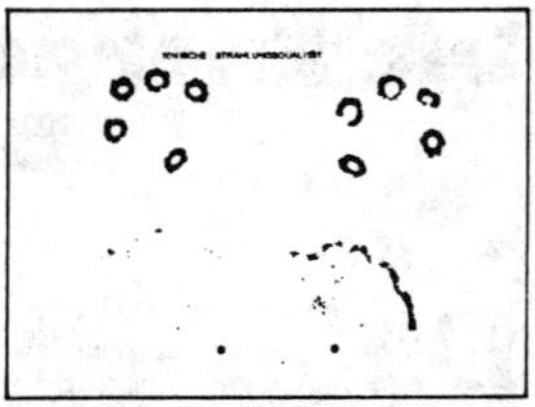
Die toxische Strahlungsqualität.

oder Systemschwächen und bringen diese erst richtig zum Vorschein.

Die degenerative Strahlungsqualität

Der Typ der degenerativen Strahlungsqualität ist durch eine starke Energiekonzentration im Gesamtbild gekennzeichnet. Gleichzeitig verringern sich die Lumineszenzen bzw. bleiben aus.

Diese Phänomene deuten auf Erkrankungen degenerativer Natur

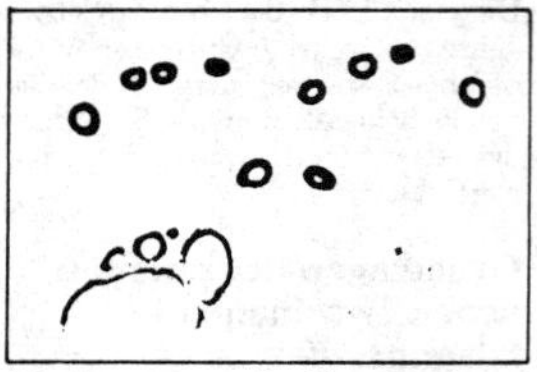
Die degenerative Strahlungsqualität.

hin, z. B. rheumatische Veränderungen, Gicht, Organ-Degeneration, Arteriosklerose.

Schematische Einteilungen dieser Art ignorieren die komplexe Realität des Individuums. Will man aber den Individualfall diagnostisch einkreisen, kommt man ohne diese vorläufige „Drei-Typen-Klassifizierung" nicht aus, auch wenn letzten Endes ein kranker Mensch nie restlos in einem reinen Typ aufgeht, sondern sein Gesamtbild meist eine Mischform aller drei Typen darstellt. Hat man das Foto eines Kranken in einem ersten Überblick auszuwerten, ordnet man ihn dem Typ zu, dessen charakteristische Phänomen-

ZDN

Anomalien im Gesamtbild überwiegen. Nachdem man sich auf diese Weise einen allgemeinen Einblick in die genetische Veranlagung und den aktuellen Gesundheitszustand des Patienten verschafft hat, geht man ins Detail. Anomale Strahlenphänomene, wie sie sich im Gesamtumlauf der Meridiane repräsentieren und projizieren, werden nun beurteilt.

Auch hier gibt es drei Kategorien anomaler Strahlungsphänomene:

1. Ausfälle = Insuffizienz im Organ oder System

tischen Umfluß gruppiert auf. Je nach Lage der Punktprotuberanzen weisen sie auf Erkrankungen jener Organe hin, deren Energien an dieser Stelle repräsentiert sind.

Für die diagnostische Interpretation, die nur im Zusammenhang mit der noch folgenden Topographie möglich ist, ist es unerläßlich, die Wertigkeit der Punktprotuberanzen festzulegen. Die Punkte, die sich von der Umflußstrahlung absondern, müssen vorrangig interpretiert werden.

In den topographischen Segmenten, in denen Punkte auftreten, ist mit aggressiv entzündlichen Prozessen zu rechnen.

3. Degeneration mit oder ohne Lumineszenz = Hinweis auf Organ- oder Systemdegeneration. Informationsblockade und Starre des Systems

Die kompakte Verdichtung des Strahlenkranzes zeigt degenerative Prozesse im Organismus an.

Man unterscheidet zwei Arten von Verdichtungen:

a) breite, ringförmige (mit und ohne Lumineszenz);

b) fleckenhafte, kompakte (mit und ohne Lumineszenz).

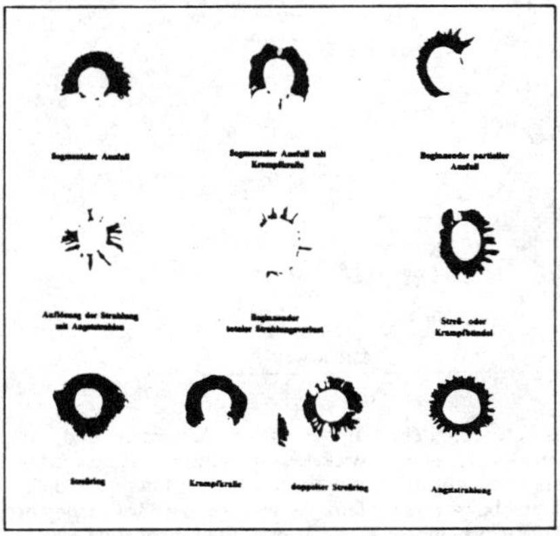

Ausfälle = Insuffizienz im Organ oder System.

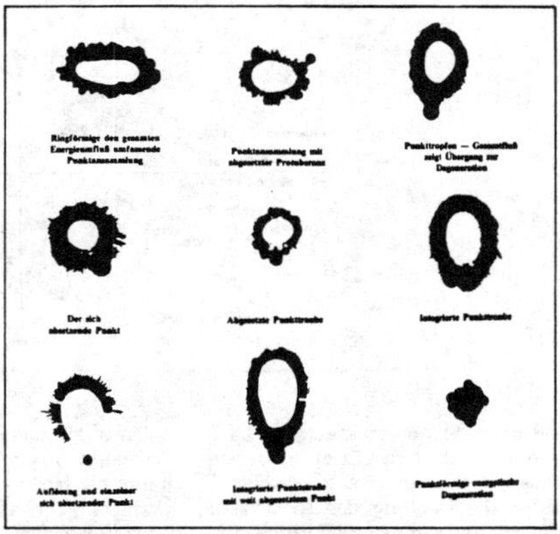

Punktförmige Phänomene = Aggression im Sektor, Entzündung und Intoxikation. Reaktives Verhalten des Gesamtsystems.

Der Strahlungskranz ist unterbrochen. Man erkennt deutlich segmentär scharf abgegrenzte Strecken oder Bezirke, wo die Strahlung versiegt bzw. sich auflöst.

Ausfälle bedeuten immer energetische Insuffizienz der Organe oder Organgruppen, deren zugehörige Energie sich an den Orten der Ausfälle projizieren sollte. Die Anomalie der Ausfälle ist die am häufigsten vorkommende Art negativer Strahlenphänomene.

2. Punktförmige Phänomene = Aggression im Sektor, Entzündung und Intoxikation. Reaktives Verhalten des Gesamtsystems

Punktförmige Strahlengebilde treten einzeln oder dicht um einen energe-

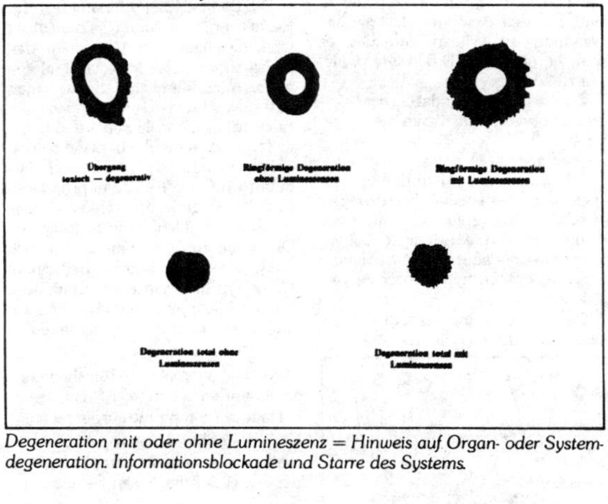

Degeneration mit oder ohne Lumineszenz = Hinweis auf Organ- oder Systemdegeneration. Informationsblockade und Starre des Systems.

ZDN

Luminesziert die Verdichtung, läßt sich der degenerative Prozeß noch relativ gut beeinflussen.

In der Interpretation setzt man die Strahlungsanomalien in Beziehung zu den Strahlungstypen und wertet gemäß der Topographie die unregelmäßigen Strahlungen aus, die im Energieumfluß auftreten.

Man sieht die 40 Abstrahlungsstellen, die sich in einem energetischen Umfluß der einzelnen Meridianpaare darstellen. Es ist ausdrücklich darauf hinzuweisen, daß die ETD keineswegs von der Beurteilung eines einzigen Terminalpunktes ausgeht, sondern alle Strahlenphänomene, die im Energieumlauf auftreten, in ihrer Gesamtheit diagnostisch zu werten und zu interpretieren sind. Gemäß dieser Konzeption wurde diese Topographie erarbeitet und zusammengestellt. Der Terminalpunkt als Stellvertreter des Meridians ist ein Bestandteil des energieführenden Kanals und hat somit für den Therapeuten eine präzise definierte Funktion und Indikation.

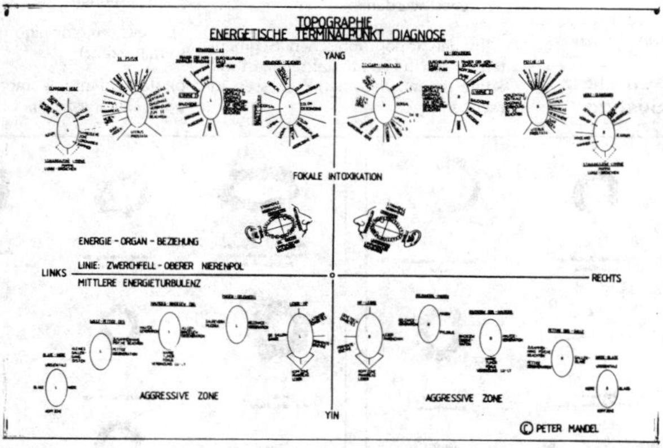

Im Hochfrequenzfeld zeigt die ETD den energetischen „Leib" in seinen Polaritäten oben – unten, rechts – links. Die Deutung des so sichtbar gemachten energetischen Profils richtet sich nach den empirisch gefundenen Projektionsstellen der Organe, wie sie in der Topographie festgehalten sind. Für den Anfänger stellt sie das Minimum an Wissen dar, das er braucht, um ein ETD-Bild interpretieren zu können.

Zwei wichtige Grundsätze des Interpretationsverfahrens seien hervorgehoben:

1. Alle diagnostisch relevanten Hinweise erhält man nur durch das Vergleichen und Gegeneinander-Abwägen sämtlicher Abstrahlungen. Selbst bei Anomalien von vorrangiger Bedeutung ist es unerläßlich, alle Strahlungsfelder synoptisch miteinander zu vergleichen.

Der zweite Grundsatz läßt sich an dieser Abbildung erklären.

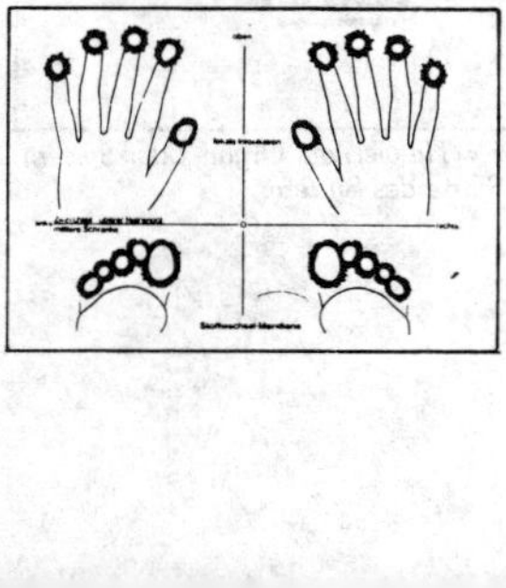

Unterteilt man das Foto durch ein gedachtes Koordinatenkreuz, dann trennt die Horizontale (Abszisse) das Oben vom Unten. Sie symbolisiert die Linie Zwerchfell – oberer Nierenpol. Zugleich scheidet sie das Yang, die Hände, vom Yin, den Füßen.

Die Senkrechte (Ordinate) teilt das Rechts vom Links und versinnbildlicht nach der Theorie der Akupunktur den Konzeptions-Gefäß-Meridian und den Gouverneur-Meridian. Sucht man pathologische Veränderungen im Energiefluß, dann lassen sie sich mit Hilfe dieser symbolischen Vierteilung leichter lokalisieren. Ist z. B. ein Individuum ein Oben-Typ, dann projizieren sich die negativen, krankheitsanzeigenden Strahlenphänomene oben. Die aktuellen Symptome sind jedoch meist unten zu finden. Bei einem Unten-Typ hat man analog Hinweise auf aktuelle Symptome oben und auf latente eigentliche Ursachen unten zu suchen.

Wenn anomale Abstrahlungen rechts vorherrschen, weist das direkt auf aktuelle Symptome auf der rechten Körperseite hin; überwiegen die Anomalien links, so ist die Symptomatik in der Regel auf der linken Seite zu finden.

Soweit einige wesentliche Aspekte zur Diagnose, die selbstverständlich immer weiter verbessert und entwickelt werden muß. Allein die Erfahrung kann uns diese Interpretation liefern, wenngleich die Grundlagenforschung die Zusammenhänge zu den physiologischen Parametern noch klarer zutage fördern muß.

Selbstverständlich ist eine – wie in diesem Fall vergleichsweise unriskante – Diagnose gleichzeitig die Basis für eine brauchbare Therapie. Darüber und über weitere Details des diagnostischen Verfahrens informiert mein Buch: P. Mandel, Energetische Terminalpunkt-Diagnose, Synthesis-Verlag, Essen 1983.

Anschrift des Verfassers
Peter Mandel
Hildastraße 8 · 7520 Bruchsal